FREIER WILLE

KÖNNEN WIR TUN, WAS WIR WOLLEN?

Zu den Steiner-Zitatangaben in den FLENSBURGER HEFTEN: Die GA-Nummern beziehen sich auf die jeweilige Bibliographie-Nummer der Rudolf Steiner Gesamtausgabe im Rudolf Steiner Verlag, Dornach/Schweiz. Danach sind in der Regel das Erscheinungsjahr der benutzten Ausgabe, das Vortragsdatum bzw. Kapitel und die Seitenzahl angegeben, von der Autor-, Titel- und Ortsnennung wird abgesehen. Nach Bibliographie-Nummern geordnet ist die Rudolf Steiner Gesamtausgabe im Katalog des Rudolf Steiner Verlags aufgeführt. Der Katalog ist durch den Buchhandel erhältlich.

Aus dem Inhalt

Interview mit Dr. Erhard Kröner, *Priester (em.) der Christengemeinschaft*
von Wolfgang Weirauch
Dr. Erhard Kröner spricht über den Willen, wie er sich in den menschlichen
Wesensgliedern offenbart und welche Bedeutung er mittlerweile für das
strukturierte Denken hat. Er weist hin auf die Bedeutung des Entschlusses als
Keim menschlichen Handelns, welches auf dem Willen basiert, und schildert
anhand von Beispielen aus den Evangelien den Einfluß der Widersacher auf
den menschlichen Willen sowie die Möglichkeit der Überwindung dieses
Einflusses.

Artikel von Anne Sophie Pehrs, *Studentin der Rehabilitationspsychologie*
Der Streit der Gelehrten über die Existenz des freien menschlichen Willens
beschäftigt Anne Sophie Pehrs in ihrem Artikel. Sie stellt den Gegensatz
dar zwischen Neurologen, welche den freien Willen ablehnen, und Geisteswissenschaftlern, welche diesen befürworten. Sie schildert den Aufbau
und die Funktionsweise des menschlichen Gehirns und wehrt sich gegen
den irdisch-wissenschaftlichen Standpunkt, daß alles, was das Menschsein
ausmacht, im Gehirn verankert und damit unabwendbar sei.

Interview mit Maria Thun, *Forscherin für die Anwendung biolog.-dyn.*
Präparate
von Wolfgang Weirauch
Jahrzehnte praktizierten Durchhaltens und gelebter Disziplin sind das Ergebnis der Willenskraft von Maria Thun. Ihre unter den im biologischen
Landbau Tätigen weit verbreiteten Veröffentlichungen sind entstanden
durch akribisch durchgeführte Pflanzenversuche im Zusammenhang mit
eigener Gestirnsforschung und unter Berücksichtigung des landwirtschaftlichen Kurses Rudolf Steiners. Maria Thun berichtet, wie sie ihren Lebens-
auftrag von Christian Rosenkreutz erhielt und daraufhin ihr Leben in den
Dienst der Gesundung der Erde stellte.

Interview mit Lyna Puong, *Verkäuferin in einem Uhren – und Bijouterie-*
Geschäft
von Elisabeth Hüttermann
Die Schreckensherrschaft der Roten Khmer in Kambodscha mußte Lyna
Puong als Kind miterleben. Ihre Familie wurde auseinandergerissen, und sie
wurde gezwungen, im Reisfeld zu arbeiten. Quälender Hunger, Krankheit
und die Angst vor Mißhandlung und gewaltsamem Tod prägten Jahre ihres
Lebens. Am Leben hielt sie ihr Glaube und die Sorge um ihre Familie. Sie
erzählt von ihrer Flucht nach Vietnam nach dem Ende des Terrors und wie

sie durch den Willen, besser zu sein und durch Lerneifer ihr weiteres Leben gestalten konnte.

Liebe Leserinnen und Leser!

Haben Sie schon einmal gründlich darüber nachgedacht, was eigentlich die menschliche Willenskraft ist? Wenn Sie sich nur ein wenig in den Willen vertiefen, werden Sie vermutlich auf den ersten Blick feststellen, daß der Wille nur schwer zu greifen ist, eigentlich ein Rätsel bleibt. Schauen Sie aber tiefer, werden Sie feststellen, welche entscheidende Rolle der Wille spielt, welche Dimensionen mit ihm zusammenhängen – im Menschen wie in der Welt.

Wille ist allerdings nicht gleich Wille. Wille kann sich egoistisch und blind in Gewalt äußern, Wille kann sich aber genauso selbstlos als freier Wille in einer Liebestat, in einem Geschenk verwirklichen.

Die Ergebnisse schöpferischer Willenstaten sehen wir in der uns umgebenden Natur; die Ergebnisse menschlicher Willenstaten sehen wir in der Welt, die wir aufbauen und für die Zukunft gestalten. Was wir heute durch unseren Willen veranlagen, wird die Welt von morgen.

In diesem Flensburger Heft finden Sie zum einen Interviews aus anthroposophischer, religiöser, pädagogischer und ärztlicher Sicht über das weite Feld des Willens, seine verschiedenen Erscheinungsformen und Wirkensfelder, zum anderen Biographien von Menschen, die mit besonderer Willenskraft ihr Leben und ihr schweres Schicksal gestaltet und in eine neue Richtung gelenkt haben.

Es grüßt Sie
Ihre
FLENSBURGER HEFTE-Redaktion

Liebestaten für die Ewigkeit

Interview mit Erhard Kröner

von Wolfgang Weirauch

Dr. Erhard Kröner, *geboren 1930 in Lübeck/Katharineum. 1950-55 Studium der Naturwissenschaften in Göttingen, Heidelberg, Freiburg, Kiel: Dr. rer. nat., Priesterseminar Stuttgart, Priesterweihe 1956, Pfarrer in Hannover bis 2000. Heirat 1958, 3 Kinder.*

Besondere Arbeitsfelder: ab 1963 Studentenarbeit; Verfassungsfragen (Körperschaftsrechte; Status der Pfarrerschaft. 1967-92 im Vorstand der Anthroposophischen Gesellschaft in Deutschland. 1972-95 Lenker im Siebenerkreis (Leitung der Christen-gemeinschaft), 1977-1990 Lenker in Norddeutschland. 1979-92 Kuratorium Kirchenbau. 1994-2004 Kultus-Kommission. Evangelien-Übersetzung. Sakramentstheologie.

Leidenschaften: Religionsunterricht, Musik (auch im Kultus), Ausbildung und Fortbildung, Vorträge.

Der Wille ist eine geheimnisvolle Kraft, die für den Menschen in vielfältigen Schichten im Unbewußten bleibt. Aber das muß nicht unbedingt so sein.

Wenn der Mensch seinen Blick auf die Welt richtet, die eigenen Vorstellungen dabei zurücknimmt, öffnet er sich einem gewaltigen Willenswesen. Denn die ganze Schöpfung ist Wille und wartet darauf, daß wir sie wahrnehmen. Geschaffen wurde sie einst durch hohe geistige Wesen, aus Willenskräften, aus Opferkräften heraus.

Ähnlich, wenn auch im Kleinen, kann der Mensch handeln, wollen. Wenn er seinen freien Willen – durch seine Ichkräfte impulsiert – schöpferisch betätigt, aus Freiheit etwas schenkt oder opfert, bringt er etwas Neues in die Welt, was nur durch seine Willenskräfte Wirklichkeit wird. Und im unvoreingenommenen Blick auf die Willensschöpfung der Welt kann der Mensch schauen und erkennen, wozu auch er selbst sich im Kleinen befähigen kann.

Wie der Mensch seinen Willen betätigen kann – im Geistigen, im Religiösen, in der konkreten Tat – und wie er dabei im Gesamt der Weltenschöpfung steht, besprach ich im folgenden Interview mit Erhard Kröner.

Wolfgang Weirauch: Wenn man einmal die Willenskraft unabhängig vom Menschen anschaut, was ist diese Willenskraft als geistige Kraft, als Weltenwille?

Erhard Kröner: Die unmittelbare Erfahrung von Willenskräften beruht immer auf der Selbstwahrnehmung des Menschen, des menschlichen Ichs. Deshalb ist der Wille immer mit der Individualität verbunden. Das drücken wir dann damit aus, daß jeder Mensch seinen eigenen Willen hat; und das stimmt sogar. Die große Frage aber ist es – und die begleitet immer das menschliche Leben –, ob der Mensch auch einen freien Willen hat. Darüber, daß es der eigene Wille des Menschen ist, gibt es keine Diskussion, aber ob dieser Wille gebunden oder ob er frei ist, das ist die entscheidende Frage.

Der Wille kann befreit werden

Luther ist an dieser Frage gescheitert; für ihn war die Lehre vom freien Willen eine Irrlehre, und er vertrat die Auffassung, daß der menschliche Wille gebunden sei. Vor allem sei er an den sündigen Menschen gebunden, und Luther vertrat die Auffassung, daß nur die Gnade ihn davon befreien könne usw. Aber wir Anthroposophen sind kühn und behaupten, daß der Wille, obwohl er großenteils gebunden ist, unter Umständen befreit werden kann. Und wie macht man das? Das ist eines der spannenden Themen unserer Zeit. Kurzum: Ein Kennzeichen der freien Individualität ist auch der freie Wille.

Wenn man darüber hinaus versteht, daß auch die Schöpfergeister Individualitäten sind, und wenn man mit hinzunimmt, was Rudolf Steiner in seinen „Anthroposophischen Leitsätzen" (GA 26) über diese Schöpfergeister schreibt, nämlich über die Vierstufigkeit von Wesen-Offenbarung-

Wirksamkeit-Werk, dann hat man den Schlüssel zum Verständnis der Evolution in der Hand. Wenn diese Wesen aber aus ihrem eigenen Wesen heraus schöpferisch tätig sind, dann bedeutet das, daß diese Wesen auch über eine eigene freie Willenskraft verfügen. Es gibt sogar eine eigene Hierarchie mit diesem Namen: die Geister des Willens, die Throne. Der Mensch ist in diese Hierarchien eingereiht, als unterste, als zehnte Hierarchie – und der Wille ist Ausdruck seiner Wesenhaftigkeit.

© gemeinfrei   unbekannt

Johann Gottlieb Fichte

Das Menschen-Ich ist reiner Wille

Auch bei Fichte kann man noch eine Anleihe machen, denn Fichte weist darauf hin, daß das Menschen-Ich reiner Wille ist. Und das hat dieser Mensch vielfältig demonstriert. Wenn man sein Werk und sein Leben betrachtet, so sieht man, daß dieser Fichte vor Willenskraft birst. Er sagt, daß er seinen Willen in seinen Gliedern, in seinen Knochen, in seiner Seele, in seinem Wesen habe – und das ist der Ausdruck für seine Ich-Philosophie, für die Willens-Philosophie.

Die gesamte idealistische Bemühung geht nun darum, ob wir mit dem Denken an den Willen heranreichen können oder wie der Wille im Denken wirkt. Das ist für Rudolf Steiner der Knackpunkt. Bekommen wir den Willen in unser Denken, oder *haben* wir Gedanken? Können wir willentlich in dem geistigen Prozeß des Verbindens von Gedanken, von Inhalten oder Ideen geistig tätig sein, schöpferisch tätig sein?

W.W.: Und wie steht es mit der schöpferischen Welt, unserer Sinneswelt – ist diese Ausdruck des Weltenwillens der Schöpfermächte? Wie kann der Mensch den Weltenwillen wahrnehmen?

Durch das Opfer entstehen erst Bewegung und Evolution

E. Kröner: Das ist eine geheimnisvolle Angelegenheit, und aus der Anthroposophie wird verständlich – weil die Weltenevolution damit verbunden ist –, daß ein Wesen aus dem Willen heraus opferfähig wird. Die gesamte Evolution um uns herum ist nicht aus dem Zufall entstanden, sondern sie ist das Willensopfer der Throne, der Geister des Willens. Diese Wesenheiten haben etwas, aber dies behalten sie nicht egoistisch für sich, sondern sie opfern es. Durch dieses Opfer entstehen überhaupt erst Bewegung und Evolution. Diese Entwicklung können wir als Menschen ein Stückweit ahnend begreifen. Denn auch wir haben einen freien Willen, und das Opfer ist abhängig vom freien Willen. Ohne den freien Willen gibt es nur Gewalt, aber kein Opfer. Die Throne sind sozusagen die Garanten dafür, daß die Evolution begann – und zwar um des Menschen willen, damit wir in der Evolution zu Wesen werden, die aus ihrem eigenen Ich heraus opfern können. Das hat eine ungeheure Perspektive!

Aber schauen wir uns einmal in unserer heutigen Welt um – was regiert überall? Der Egoismus! Egoismus aber ist das Gegenteil des Opferns. Warum?

Wenn es keinen eigenen egoistischen Willen gäbe, gäbe es nichts zu entwickeln; und Luzifer war so schlau, dem Menschen den Gedanken einzublasen: Sei doch einmal so wie Gott, du hast einen eigenen Willen, du weißt selbst, was Gut und Böse ist. Seitdem hat der Mensch das Ich-Vermögen, sein Ego; aber dieses Ego ist nicht von alleine opferfähig. Das ist zwar schade, aber es ist so. Wäre es nicht so, wäre alles schon fertig, und es gäbe keine Evolution.

Christus hat jedem Menschen ein Stück seines eigenen Ichs geschenkt

W.W.: Und wie kommt das Ich dazu, opferfähig zu werden?

E. Kröner: Das ist das eigentliche Geheimnis des Christentums. Jeder Mensch trägt ein göttliches Urbild in sich, denn aus dem Christuswesen gehen die Ich-Keime der Individualitäten hervor. Christus hat jedem Menschen ein Stück seines eigenen Ichs geschenkt; dieses Ich des Christus vervielfältigt sich in die einzelnen Menschen hinein. Und so hat jeder Mensch die Ich-Anlage in sich. Und hier entspringt die spannende Frage, wie dieses Ich opferfähig werden kann. Aus Zwang heraus geht dies nicht, sondern allein aus der Freiheit des Menschen. Die Menschen haben nun alle ein Ich, sie könnten opfern; aber die meisten denken überhaupt nicht daran. Und in der menschlichen Entwicklung entsteht daraus der Homo novus: Ich bin ich. Diese Ansicht regiert seit der Zeitenwende, denn in der griechischen Zeit und in den Zeiten vor dem Griechentum regierte noch mehr die Gruppenseele. Aber in der nachchristlichen Zeit kulminiert das Ich, etwa im 19. Jahrhundert, dazu, daß das Ich quasi auf der Straße liegt; daß jeder Mensch entdecken kann, daß er ein Ich hat. Jeder Mensch kann entdecken, daß er ein Eigenwesen, ein eigenes Ego hat – und nun entsteht die spannende von Ihnen gestellte Frage: Warum soll ich denn opfern?

Wenn ich immer bemüht bin, etwas zu nehmen, immer mehr zu bekommen, bin ich alles andere als opferfähig. Und Paulus weist daraufhin, daß Geben seliger denn Nehmen sei.

W.W.: Dann hat der Mensch also eine Doppelwesenheit in sich – ein Abbild des Christus-Ichs und die luziferische Kraft; und mit der Christuskraft könnte er die luziferische Kraft in sich überwinden?

E. Kröner: Genau. Um diese Paradoxie kommt man nicht herum. Jeder Mensch hat sein eigenes Ich und muß zugleich wissen, daß er es nicht für sich selbst allein hat. Das ist paradox, aber richtig.

W.W.: Können Sie das Abbild des Christus-Ichs im Menschen noch ein wenig darstellen?

E. Kröner: Dieses Abbild des Christus-Ichs hat der Mensch seit der Schöpfung. Und bleiben wir einmal bei Adam und Eva: Wenn diese beiden nicht ichfähig gewesen wären, also eine Ich-Anlage in sich getragen hätten, hätte Luzifer so lange reden können, wie er wollte, sie hätten überhaupt nicht verstehen können, was er von ihnen wollte. Sie hätten gar nicht das Selbst erkennen können.

Im Kleinen sehen wir das in jeder menschlichen Biographie, wenn die kleinen Kinder im zweiten oder dritten Lebensjahr anfangen, „ich" zu sich zu sagen, und sich auch entsprechend benehmen. In der Weltenevolution ist dieser Schöpfungsvorgang das eigentliche zentrale Thema, und Paulus versteht dies auf ganz grandiose Weise, indem er ausspricht: Meine ganze Ich-Gestalt ist nur so viel und so wenig wirklich lebendig, wie in meinem Ich das Christus-Ich wirkt.

Aber diese Anschauung ist unter der Autorität der Kirche verlorengegangen. Die Kirche wollte nicht, daß die vielen Iche freigelassen werden. Der Großinquisitor bei Dostojewski spricht z.B.: „Komm doch nicht, um uns zu stören." Die Zukunftsperspektive besteht darin, Individuen aus freien Stücken, aus freiem Willen, für eine Gemeinschaft gewinnen zu können, füreinander.

Die geistige, seelische und leibliche Willensorganisation

W.W.: Wenn man auf den menschlichen Willen schaut, schaut man meist auf die seelische Kraft des Willens. Diese seelische Kraft ist aber nicht das einzige. Was genau ist der Wille im Leiblichen, im Seelischen und im Geistigen?

E. Kröner: Menschenkundlich ist das eine ziemlich aufregende Angelegenheit, denn hiermit kommen wir nicht nur zu der Dreigliederung der menschlichen Seele, sondern auch zu der Dreigliederung der menschlichen Konstitution. Ich denke dabei an die Dreigliederung in Leib, Seele und Geist. In allen drei Bereichen ist der Mensch denkend, fühlend und wollend.

Man kann sich z.B. fragen, wo der Wille im Leib steckt. Hierzu führt Rudolf Steiner aus, daß dies das Stoffwechsel-Gliedmaßensystem ist. Ich habe zwei Arme, zwei Beine und einen Stoffwechsel; aber was in und mit diesen geschieht, weiß ich nicht. Leiblich gesehen ist der Bewegungsmensch der Willensmensch. Der Wille steckt primär nicht im Kopf und in der Brust, sondern in den Gliedern. Wenn ich Kinder also im Kindergarten und in der Schule richtig erziehen will, vor allem in den unteren Klassen, dann muß ich sie dazu bringen, daß sie sich bewegen. Wer einen gesunden Willen ausbilden will, muß sich bewegen und darf nicht vor dem PC oder vor dem Fernseher sitzen. Die Beschäftigung der Menschen mit den Medien macht die Menschen willensschwach. Das kann man sogar physiologisch nachweisen.

W.W.: Wer zu lange am Computer sitzt, dem schlafen die Glieder ein. Das kommt ziemlich oft vor.

E. Kröner: Ja. In Deutschland gibt es schon Millionen Onlinesüchtige. Und das ist ein großes Willensproblem der zukünftigen Menschheit. Gerade neulich erfuhr ich von einer promovierten Ärztin, die computersüchtig ist und die vom Dienst nach Hause kommt und sich sofort an den Computer setzen muß. Und Montagmorgen hört sie wieder auf und geht zur Arbeit. Sie geht nicht eine Stunde spazieren, macht nichts anderes mehr als Chatten und ähnliches. So etwas ist ungeheuer tragisch, und wir haben mittlerweile Kliniken für Onlinesüchtige. Deshalb ist die vielseitige Bewegung im Kindesalter dringend notwendig; u.a. deswegen gibt es in der Waldorfschule Eurythmie.

W.W.: Wie steht es mit dem Willen im Seelischen? Seit wann spricht man überhaupt von Denken, Fühlen und Wollen?

E. Kröner: Von Denken, Fühlen und Wollen spricht man seit dem Moment, in dem Nicolaus Tetens von der „Thätigkeitskraft" des Menschen spricht und dafür den Begriff des Willens einsetzt: *„Auf diese Art zähle ich drey Grundvermögen der Seele. Das Gefühl, den Verstand und ihre Thätigkeitskraft. Das Gefühl begreifet sowohl ihre Modifikabilität, oder Empfänglichkeit, als auch das bloße Gefühl der neuen Veränderungen in sich. Die vorstellende Kraft und die Denkkraft zusammen, gehören alsdann zum Verstande, und das übrige Vermögen, welches nun mit dem Gefühl und dem Verstand zu vergleichen ist, hat den letzten Namen, Thätigkeitskraft (Willen)."* (J. Nicolaus Tetens: „Philosophische Versuche über die menschliche Natur und ihre Entwicklung", 1. Band, Leipzig 1777, S.613)

Das Wort Wille gibt es natürlich schon sehr viel länger, aber Tetens weist darauf hin, daß der Wille die dritte, gleichermaßen mit dem Gefühl und dem Denken konstitutive Kraft der menschlichen Seele ist.

Drittens gibt es noch die geistige Konstitution des Menschen. Der Inbegriff unserer menschlichen Autorität ist unser menschliches Ich. Und auch hier, im Bereich des Ichs, spielt der Wille eine besondere Rolle, denn ich kann willentlich in meine seelische Organisation eingreifen. Ich befeure meinen Willen aus Idealen heraus, aus dem Geistigen heraus.

Wir können also jetzt konstatieren, daß wir geistig, seelisch und leiblich ein Bewußtsein unserer Willensorganisation haben. Dieses Bewußtsein haben wir seit etwa 250 Jahren, und der springende Punkt ist, daß alle menschlichen und sozialen Fragen Willensfragen sind.

An dieser Stelle könnte man ein Gedicht von Goethe einfügen:

*„**Sollen, Wollen, Können***
- diese drei Dinge gehören in aller Kunst zusammen,
damit etwas gemacht werde. Häufig findet sich im
Leben nur eins von diesen dreien, oder nur zwei, als

Sollen und Wollen, aber nicht als Können;
Sollen und Können, aber nicht als Wollen;
Wollen und Können, aber nicht als Sollen.

Das heißt, es will einer, was er soll,
aber er kann's nicht machen;
es kann einer, was er soll,

aber er will's nicht;
es will und kann einer, aber er weiß nicht, was er soll."
(Goethe 1805)

Mit Lessing bricht der freie Wille herauf

Damit sind wir bei dem von mir so geliebten Zeitalter der Aufklärung. Lessing beispielsweise ist mein Kirchenvater, und zwar aus vielerlei Gründen. Man kann sich z.B. die letzten Lebensjahre von Lessing hier in Wolfenbüttel anschauen – ein einziger Jammer, ein einziges Drama! Aber er ist unerschütterlich darin, daß er sagt, daß der freie Mensch, das freie Denken, Fühlen und Wollen, Kennzeichen des freien Menschen sind. Für ihn haben alle alten Autoritäten abgewirtschaftet. Aus „Emilia Galotti",

© gemeinfrei   unbekannt
Gotthold Ephraim Lessing im
42. Lebensjahr

erster Vers, erster Akt: Der Hofschranze kommt und sagt zum Fürsten: „Ein Todesurteil." Und was antwortet der Fürst: „Recht gern." Das schreibt Lessing als ersten Vers im Zeitalter des totalitären Absolutismus!

Lessing ist Vertreter des freien Willens, und mit ihm bricht dieser freie Wille herauf. Das alles geschieht im 18. und 19. Jahrhundert, und dann kommt am Ende des 19. Jahrhunderts der eigentliche Erkenntnistheoretiker des Willens: Rudolf Steiner.

Und Steiner sagt, daß wir gehalten sind, das Denken zu wollen, daß wir den Willen ins Denken bringen müssen.

Vom Mitdenken zum eigenständigen Denken

W.W.: Auf der einen Seite sagt Steiner, daß der Wille, besonders im Leiblichen, schlafend ist; auf der anderen Seite wird der Wille im Seelischen, vor allem im Geistigen, doch zunehmend bewußter. Können Sie das ein wenig näher erläutern?

E. Kröner: Das abendländische Denken ist eine Errungenschaft der griechischen Kultur, etwa des 4. Jahrhunderts vor Christus. Der Altvater, der Hebammendienste für das Denken geleistet hat, ist Sokrates. Man kann ihn nicht hoch genug preisen. Er hielt diese sogenannten Dialoge, und Platon hat sie aufgeschrieben. Eigentlich ist dies die erste Denkschule des Abendlandes. Wenn man sieht, wie Sokrates unterrichtet hat, dann sieht man, daß er eigentlich seinen Schülern vorgedacht hat. Und wenn er wieder einmal einen Denkstrang dargestellt hatte, fragte er einen seiner Schüler: „Meinst du nicht auch, Phidias?" Und Phidias antwortet: „Ja, recht gesprochen." Und dann fährt Sokrates fort. Er hat keinen Dialog mit seinen Schülern geführt, insofern ist der Begriff „Platonische Dialoge" eigentlich falsch. Er hat seinen Schülern die Gedanken eingesprochen, und sie haben in diesem Moment mitgedacht.

Ich selber nehme ein Kind an die Hand, ich selbst kann schon gehen, und das Kind geht mit. Warum? Weil es meine Hand ergreift. Und irgendwann geht das Kind von selbst. Genauso hat es Sokrates mit seinen Schülern gemacht: Sie haben mitgedacht, und dann haben sie selbst gedacht.

Das heißt also, daß sich das Denken durch den Willen entwickelt, und der Wille beruht darauf, daß man zunächst einmal nachahmt. Frei wird man nur, wenn man zunächst als Kind ein möglichst intensiver Nachahmer war. Wir müssen Nachahmer im Denken werden. Zur abendländischen Philosophie sagt Steiner, daß dies die Gymnastik des Denkens sei, und ob ich nun Sensualist, Phänomenalist oder Realist bin – gleich, welcher Weltanschauung ich angehöre, alles sind nur Standpunkte, die mich üben lassen, im Denken den Willen zu betätigen.

Deswegen ist es auch zweitrangig, welche Inhalte ich denke, denn der Prozeß, die Tätigkeit ist das Entscheidende.

Aufmerksamkeitskraft, Ausdauer und Freude an der Initiative

W.W.: Auf welche Weise greift der Wille beim Denkprozeß ein, wenn man selbständig denkt?

E. Kröner: Als erstes brauche ich dafür die Aufmerksamkeitskraft, denn sonst bekomme ich den Willen nicht in Bewegung. Als zweites brauche ich die Ausdauer. Ich darf nicht gleich verzweifeln und aufgeben. Auch hier ist Steiner ein guter Lehrer, wenn er sagt: „Es ist besser, ein gutes Buch 25mal zu lesen, als 25 schlechte Bücher einmal." Ausdauer und Geduld sind Werkzeuge des Willens. Der Wille ist nur durch Wiederholung zu trainieren. Das gilt aber auch für den geistigen Willen. Ich kann ein gutes Buch jedes Jahr von neuem lesen. Mit dem Evangelium machen wir es ebenso. Jedes Jahr werden die gleichen Evangelien im Kultus gelesen: Dafür gibt es die Perikopenordnung. Sie ist hoch sinnvoll. Denn hier steckt der Wille in einem gesamten Jahresrhythmus. Dann gibt es die Jahresfeste wie Weihnachten, Ostern usw., und hier wird der Wille bewußt auf das jeweilige Fest gerichtet.

Als dritte Kraft kommt die Freude an der Initiative hinzu, daß man nicht erlahmt, weil man müde wird und Langeweile bekommt, sondern daß man aus dem Augenblick heraus den Einsatz erneuert.

W.W.: Das ist die Begeisterungsfähigkeit, z.B. für eine Idee.

E. Kröner: Ganz genau. Diese Begeisterung muß ich nicht lebenslänglich brüten, sondern ich habe z.B. jugendliche Ideale und merke, daß sie nach zehn Jahren immer noch vorhanden sind. Und das ist das Geheimnis großer Biographien: Die Menschen stricken nicht immer nach demselben Muster; aber die Kraft, die sie beflügelt, die Willenskraft, entwickelt sich und bringt die Menschen zu immer neuen Zielen.

W.W.: Woher nimmt das Ich für diese drei Schritte die Willenskraft? Oder ist das Ich – wie schon kurz erwähnt – selbst Wille?

E. Kröner: Das ist die Konstitution des menschlichen Ich. Man kann fichtegläubig sein oder nicht, aber man wird bemerken, daß es ohne einen individuellen Willen eigentlich keine Betätigung dessen gibt, was wir hier in unserem Gespräch Willen nennen. Wille ist also ein Ausfluß der Ich-Substanz. Und dann bekommt man z.B. die Erleuchtung: In jeder Willenshandlung erlebe ich die Individualität des Betreffenden. Und dann heißt es: Das sieht dir ähnlich! Denn sein Wille ist in seiner Handlung offenbar geworden. Der Willenstätigkeitsquell ist immer die Substanz des Ich.

Das Ich kann natürlich von allen möglichen Dingen angekränkelt sein, und einer, der sich darauf sehr gut versteht, ist Luzifer. Und Luzifer sagt: Das sollten wir doch wohl hinbekommen! Und dann entspringen aus dieser luziferischen Kraft Eigenschaften, die uns ähnlich sind. Man entwickelt Eigenschaften wie Hochmut oder Stolz und wird stolz auf sein eigenes Ich, oder man entwickelt die Eitelkeit, den Ergeiz ...

W.W.: ... aber das sind auch u.a. Willenskräfte.

E. Kröner: Auf jeden Fall. Wenn ich eitel bin, muß ich mich willentlich betätigen. Wenn ich Ergeiz entwickle, muß ich ausdauernd sein.

An dem Christuswesen lernt der Mensch das Opfern

W.W.: Man hat also einen luziferischen und einen christlichen Willen in sich?

© GFDL   Guillaume Geefs, Foto: Luc Viatour
Marmorstatue des Lucifer
(Kathedrale Saint-Paul de Liège (Belgien))

E. Kröner: Ja. Der eine ist immer zur Stelle, ob ich es merke oder nicht, und er entwickelt sich entsprechend den gesellschaftlichen Verhältnissen schon vom Kleinkind an, wenn man über Mein und Dein hadert. Das ewige Mein und Dein beginnt bereits bei den kleinen Kindern. Ein kleines Kind sagt z.B.: „Das ist meins." Aber schön wäre es, wenn man dem kleinen Kind beibringen würde, daß es doch auch trefflich wäre, wenn es seiner kleinen Schwester auch etwas abgäbe, wenn es ihr etwas schenkte. Das Mein und Dein ist nur die umgesetzte Form des Egoismus. In diesen Bereichen kann man sehen, daß der Mensch zum Egoismus hin angelegt ist. Und diesen Egoismus hat der Mensch als eine Art Rohmaterial zur Entwicklung des freien Willens. Die Kraft, die ihn zum freien Willen befeuert, ist die Ich-Kraft, die Christuskraft. Christus wirkt im menschlichen Willen.

W.W.: Das bedeutet, daß der Keim des Bösen, der Egoismus, durch Luzifer in den Astralleib gelegt worden ist; gleichzeitig bedeutet es, daß der christliche Wille mit dem menschlichen Ich verbunden ist.

E. Kröner: So könnte man es ausdrücken, ja. Aber man kann noch einen Schritt weiter gehen, z.B. in den Kultus der Christengemeinschaft, in die Menschenweihehandlung, wo es z.B. heißt, daß man zum Opfer zusammenkommt. Ohne dieses Opfer hat die Weihehandlung keinen Sinn. Und dann folgt das zweite Offertoriumsgebet, in dem es heißt, daß dieses Wollens Kraft aus einem Fühlen entspringe, das sich eint mit Christus. Das ist ein Offenbarungssatz ersten Ranges!

Ich will opfern. Mein Wollen entspringt aus einem Fühlen. Was fühlt das Fühlen? Das Fühlen fühlt, daß es eine Weltmacht gibt, die sich selber hingibt. An dem Christuswesen lernt der Mensch das Opfern. Deswegen ist die Menschwerdung Gottes, im Christus, ungeheuer paradox, und das kann man mit einem Muslim leider nicht diskutieren, da er davon überzeugt ist, daß Allah dies nicht macht. Allah wird nicht Mensch. Er macht zwar Menschen, aber er macht sich nicht selbst zu einem Menschen. Christus aber ist einmal in einem Menschen geboren worden, hat sich selbst zum Menschen gemacht. Das ist eigentlich viel bescheidener.

Aus Liebe schenken

Und an dieser Stelle entsteht die entscheidende Frage, ob die Menschen dies bemerken. Denn dazu kann ich niemanden zwingen. Jeder Mensch muß fühlen, ob er bemerken kann, daß die größte Offenbarung im Opfer liegt, und dafür gibt es ein einziges Wort, das heute leider völlig inflationär gebraucht wird – und das ist die Liebe. Christus kommt zu den Menschen rein aus der Liebe zu seinen Geschöpfen, zu seinen Ich-Wesen.

W.W.: Die Liebeskraft ist ja eigentlich eine Willenskraft.

E. Kröner: Natürlich. Der Begriff Liebe ist heutzutage ziemlich verdorben, aber man kann an die Stelle, an der normalerweise von Liebe geredet werden müßte, den Begriff der Opferkraft einsetzen. Und dann denke ich nicht an mich, wenn ich einen Menschen liebhabe, und auch nicht an die Liebe, die ich empfinde, wenn ich jemanden liebe, sondern an das, was ich dem anderen schenken möchte. Insofern ist das Willensthema eine zentral christologische Angelegenheit. Aber das Christentum muß zunächst einmal den Mut haben zu entdecken, daß der eigentliche tiefere Sinn des Christentums ist, daß die individuellen Menschen opferfähig werden und mit dem Opfer ihrer Ich-Substanz die Evolution weiterbringen, Zukunft gestalten. Und Luzifer schaut bei der gesamten Geschichte zu und klinkt sich ein, wo er nur kann.

W.W.: Wie kann es der Mensch erreichen, seinen freien Willen zu entwickeln, und wie kann er es erreichen, in dem von Ihnen angesprochenen Sinne christlich, opferbereit zu handeln?

E. Kröner: Dazu braucht der Mensch die Aufmerksamkeit, die Ausdauer und die Initiative. In der Aufmerksamkeit steckt alles das drinnen, was Goethe mit dem Phänomenolismus gelehrt hat. Ich schaue in die Welt und sage dabei nicht, daß das, was ich schaue, diesen oder jenen Begriff besitzt, sondern ich nehme mich selbst ganz zurück und schaue erst einmal das an, was mir entgegenkommt. Ich darf nicht gleich meine Theorie oder meine Begrifflichkeit über eine Wahrnehmung stülpen, denn dann kann ich sie nicht mehr unvoreingenommen anschauen. Dies hat Rudolf Steiner in seiner Erkenntnistheorie aufgegriffen und weiter fortentwickelt. Ich schaue einen Menschen an und stülpe nicht gleich mein Urteil über ihn, sondern ich versuche, ihn so wahrzunehmen, wie er ist.

Nehmen Sie Obama, er ist schwarz. Das ist doch wunderbar! Und nun wird er Präsident, und viele Menschen müssen ihre Vorurteile beiseiteräumen. Sie müssen sich freischaufeln von all den gesellschaftlichen Vorbehalten, die sie vielleicht hatten.

Die Weltmaschine

Es gibt natürlich immer Mächte, die diese freie Betrachtung, diese unvoreingenommene Betrachtung der Welt verhindern wollen, die genauso die menschliche Individualität verhindern wollen. Diese Wesen hat Rudolf Steiner in den ahrimanischen Wesen, besonders gegen Ende seines Lebens, sehr deutlich dargestellt. Diese ahrimanischen Wesen haben als Ziel, daß sie aus der Welt eine Maschine machen wollen. Sie wollen die gesamte Welt vernetzen. Wir bauen jedem Menschen einen Chip ein, natürlich damit wir ihn auch finden, wenn er sich im Urlaub verlaufen hat oder damit wir ihm gleich helfen können, wenn er krank ist. Dann läuft die Evolution plötzlich durch eine einzige Maschine, wie eine Weltmaschine. Das ist die totale und eindeutige Perspektive der ahrimanischen Zukunftsgestaltung. Und es soll nicht nur der Mensch zu einer Maschine gemacht werden, sondern die gesamte Erde und darüber hinaus auch das gesamte Sonnensystem. Dann haben wir eine Weltmaschine errichtet. Das soll möglichst schnell erreicht werden. Und dann haben alle diejenigen Wesen, die liebesfähig und opferfähig sind, in dieser Weltmaschine nichts mehr zu melden. Dann brauchen wir auch keine Ich-Wesen mehr. Und dort, wo das Ich sitzt, welches in Freiheit opfern kann, haben wir dann unseren Chip. Der wird immer funktionieren! Und wenn eine Störung eintritt, schicken wir den Mechaniker. Das ist das ahrimanische Weltbild – eine entsetzliche Perspektive! Diese Perspektive kommt aber erst seit 20 oder 30 Jahren in dieser Deutlichkeit zum Vorschein. Um dieses Weltbild, um diesen freien Menschen bzw. die Maschine geht der Kampf heutzutage.

Und wenn wir in die Gegenwart schauen, so haben wir derzeit das Hungerproblem und den Zusammenbruch der Finanzmärkte. Warum hungern die Menschen? Weil sich sehr viele andere Menschen unberechtigterweise an den Ursachen des Hungers bereichern. Es bräuchte überhaupt keine Hungernden zu geben, denn wir haben Nahrungsmittel genug bzw. könnten für doppelt so viele Menschen Nahrungsmittel anbauen – aber es mangelt an der Verteilung, und alles scheitert an dem Egoismus der Menschen.

Der Entschluß ist die höchste Form des Willens

W.W.: Nun ist Wille nicht gleich Wille, sondern er hat viele Seiten, viele Stufen. Können Sie die verschiedenen Willensbereiche ein wenig erläutern?

E. Kröner: Die Willenserziehung ist das A und O der Pädagogik. Und ich muß mir z.b. darüber klarwerden, welche Instinkte ich in einer Gruppe von Kindern veranlage, wenn ich bestimmte pädagogische Schritte unternehme. Der Wille hat eine siebenstufige Gliederung. Im Leiblichen erscheint er als Instinkt, Trieb und Begierde, im Seelischen als Motiv und in den höheren Gliedern als Wunsch, als Vorsatz und letztlich als Entschluß.

Der Entschluß ist die höchste Form des Willens. Ich darf in der Pädagogik also nicht nur die Instinkte anregen, sondern ich muß auch dafür Sorge tragen, daß die Kinder üben, Entschlüsse zu fassen. Ein Kind möchte z.b. seiner Mutter eine Freude zum Muttertag machen und ihr etwas schenken. Die Durchführung kann sehr schwierig werden, aber der Entschluß muß gefaßt werden, und dann kann der Wille in die Tat geführt werden. Wenn ein Kind sich entschließt, etwas durchzuführen, kann das Kind dies, weil es z.b. einen lieben Lehrer oder einen anderen Menschen hat, der das Kind in seinem Entschluß bestärkt. Man sollte also Gelegenheiten suchen, in denen Kinder und auch Jugendliche sich darin üben, sich zu etwas zu entschließen. Vielleicht entschließt sich ein Jugendlicher, ein Jahr in einem Camphill-Dorf zu arbeiten und mit Behinderten seine Zeit zu verbringen. Die Arbeit wird hart, der Jugendliche wird kaum etwas verdienen; aber wenn man ihn fragt, warum er das durchführt, dann sagt er: weil es mein Entschluß war!

Das Spannende an der Biographie von Jugendlichen und Heranwachsenden ist es, zu sehen, wozu sie sich entschließen – wenn sie sich denn überhaupt zu etwas entschließen. Der Entschluß ist die höchste Form des Willens. Aber der Entschluß bedingt die Freiheit, und weil die Freiheit so klein ist, ist es so schwer, einen freien Entschluß zu fassen. Gerade in der Jugend ist man ziemlich eingeschränkt: Man soll z.B. Abitur machen, obwohl man eigentlich Koch werden will. Wozu soll man also Abitur machen?

Die Skala des Willens reicht vom Instinkt bis zum Entschluß, und dazwischen liegt der gesamte Reichtum dieser Willensskala. Die Stufen dieser Willensskala stützen sich entweder im physischen Leib ab oder im ätherischen Leib oder im Seelischen, sind aber alles Ausgestaltungen des eigenen Willens des jeweiligen Menschen. Von dieser Willensskala könnte man auch insofern sprechen, als das Ich in die verschiedenen Wesensglieder einwirkt.

Das dickste Paket dabei ist das Motiv. Wie komme ich zu einem Motiv, was motiviert mich denn? Nach Rudolf Steiner liegt in dem Motiv sowohl die Empfindungsseele als auch die Verstandesseele als auch die Bewußtseinsseele. Die Empfindungsseele muß mit etwas kommunizieren, sonst bekommt sie kein Motiv. Dann muß ich mit meiner Verstandesseele darüber nachdenken, es muß mir einleuchten, es muß einen Sinn ergeben; dann muß es auch noch eine freie Entscheidung werden – und hierin arbeitet die Bewußtseinsseele.

Diese siebenstufige Willensskala bezieht sich aber nur auf den Menschen. Wenn man z.B. Naturgeister vor sich hat, so hat man Wesen ohne ein Ich, und dann wird man erleben, daß der Wille dieser Wesen ein ganz anderer ist, vor allem kein freier.

Im bezug auf den Menschen kann man allerdings nicht davon sprechen, daß der Instinkt schlecht oder der Entschluß gut ist, denn dann stülpt man eine moralische Bewertung darüber; sondern man muß sagen, daß der Wille im physischen Leib nur als Instinkt wirken kann – das ist die Ich-Kraft im Leiblichen. In den höheren geistigen Gliedern des Menschen, in seinem Geistselbst, in seinem Lebensgeist und seinem Geistesmenschen, da wirkt der Wille als Wunsch, Vorsatz und als Entschluß. Das sind Willensqualitäten ganz anderer Dimension.

In jedem Lernen steckt ein empfangsbereiter Wille

W.W.: Der Wille hat ja auch noch andere, verschiedene Gesichter – auf der einen Seite die Durchhaltekraft oder auch der ungeordnete Wille, der sich in der Gewalt äußert, auf der anderen Seite mehr die ruhigeren Willensbereiche wie z.b. die willentliche Empfangsbereitschaft.

E. Kröner: Auf jeden Fall hat der Wille diese verschiedenen Gesichter. Was ist z.b. Empfangsbereitschaft? Das ist, wenn das Ich die Opferfähigkeit realisiert, sich nicht selber zur Geltung bringen will, sondern bereit ist, etwas anderes aufzunehmen. Dann muß ich ein Stück meiner Seele freigeben, denn sonst bin ich überhaupt nicht empfangsbereit. Diese Empfangsbereitschaft ist das Pendant dazu, daß ich nicht von mir aus willentlich etwas produziere, sondern daß ich bereit bin, etwas anderes aufzunehmen. Man muß nicht immer produzieren, sondern man kann auch reproduzieren. Im künstlerischen Unterricht z.b. ist es doch besonders herrlich, wenn ich auch größere Künstler und ihre Werke reproduziere. Der Lehrer macht z.b. etwas vor, und die Schüler machen es nach. Das ist genau wie bei Sokrates, der etwas vordenkt, so daß seine Schüler es nachdenken können. Das geht aber nur dann, wenn man seinen eigenen Willen zumindest zu einem Teil auf Empfangsbereitschaft schaltet. Ein Lehrer kann etwas vormachen, der Schüler kann etwas lernen, und gleichzeitig lernt dabei der Schüler die Empfangsbereitschaft. In jedem Lernen steckt ein empfangsbereiter Wille. Das gilt für sämtliche Bereiche des Lernens.

„Willst du gesund werden?"

W.W.: Inwieweit ist Religion bzw. religiöse Betätigung des Menschen nahtlos mit dem Willen verknüpft?

E. Kröner: Das religiöse Leben ist die aus dem freien Ich praktizierte Bereitschaft, den eigenen Willen mit einem höheren Willen zu einen. Diesen höheren Willen nennen wir das Wirken Christi. Christus ist darauf angewiesen, daß der Mensch will. „Willst du gesund werden?" heißt es im Johannesevangelium. Wenn man das mit Kindern im Religionsunterricht bespricht, ist das immer ein sehr spannender Moment; denn diejenigen, die von Christus so gefragt werden, sind schon sehr viele Jahre krank, und nun werden sie gefragt, ob sie gesund werden wollen. Was soll denn das heißen? Vordergründig betrachtet ist das Unsinn. Aber wenn man tiefer blickt, merkt man, daß der Wille erfragt und erweckt werden muß, und wenn dies nicht geschieht, kann Christus nicht helfen.

Dann kommt vielleicht von den Kindern die Einwendung, daß es Gottes Sohn sei und daß dieser kann, was er will. Trotzdem fragt dieser

Sohn Gottes den Menschen, ob er gesund werden will. Und dann kommt Christus und sieht die elendige Situation des Mannes am Teich Bethesda, der bereits 38 Jahre gelähmt ist, und er fragt ihn, ob er gesund werden will. Diese Situation ist ungeheuer grandios! Eine solche Beziehung gibt es in keiner anderen Weltreligion. Der Inspirator dessen, was in der Zukunft geschehen soll, wendet sich einem einzigen Menschen auf diese Weise zu. Und wonach fragt er? Nach seinem Willen. Von dieser Frage und ihrer Beantwortung macht er abhängig, ob er auch helfen kann. Der Mann am Teich Bethesda macht verschiedene Ausflüchte – letztlich aber *will* er, und nur so kann ihm geholfen werden.

Religiöse Übung muß freiwillig sein

Das bedeutet, daß man in der religiösen Übung, vor allem in der Gemeinschaft, an keiner einzelnen Stelle irgendeinen Zwang einführen darf. Niemals darf es heißen: Du mußt beten! Du mußt zur Kirche gehen! Und in der Christengemeinschaft machen wir es unseren Mitgliedern ungeheuer schwer, weil wir überhaupt keine Regeln haben. Wie oft muß ich denn zur Menschenweihehandlung gehen? Ist es besser, jeden Sonntag zur Weihehandlung zu gehen oder öfter oder nicht so oft? Wenn man hier Antworten geben würde, dann gäbe es Regeln oder Verbote oder Gebote. Deshalb ist bei uns alles frei. Aber damit wird die gesamte Angelegenheit ungeheuer schwierig. Denn im Idealfall hat man es mit lauter Menschen zu tun, die nicht deswegen zur Weihehandlung kommen, weil ein Priester so sympathisch ist, sondern sie kommen aus freiem Willen.

Und dann heißt es im Kultus über das Opfer: „Mit mir bringen es alle, die hier weilen." Dieser Satz im Offertorium ist für mich einer der größten Sätze der Weihehandlung. Denn dann weiß ich, daß nicht nur die physisch Anwesenden dieses Opfer bringen, sondern auch alle Verstorbenen, denn die sind von ganz alleine da. Die anderen müssen ihren physischen Leib in die Kirche bringen.

Der freie Wille ist das Unterpfand des religiösen Lebens. Wenn das nicht beachtet wird, gelange ich zur Organisation der Schwäche, und dann habe ich eine autoritäre Kirche. Dann richte ich ein unfehlbares Lehramt ein, damit auch alle richtig denken, und gleichzeitig bestimme ich einen ganzen Kanon von Vorschriften, was zu tun und was zu lassen ist. Wenn ich aber alle diese Dinge streiche, habe ich überhaupt keine Handhabe mehr, jemanden zu etwas zu nötigen. Eigentlich ist das eine fabelhafte Situation, weil ich wissen kann, daß jede kleinste Regung des freien Willens im Religiösen eigentlich ein riesiger Schritt ist, vor allem für die Gemeinschaft. Und wenn viele alte Menschen in der Weihehandlung sitzen, so kann man sich darüber freuen, denn diese alten Menschen haben ein riesiges Paket. Woraus besteht dieses Paket? Aus einem gelebten Leben, reich an Erfahrungen, mit all dem, was das Schicksal von ihnen gefordert hat. Und dann setzen sie den freien Willen dazu ein, sich religiös zu betätigen. Das ist jedesmal ein großes Fest, das ist die Basis für das religiöse Leben. Und dieser Wille entspringt ausschließlich der Freiheit.

Das Seelenleben des Menschen – ein Tummelfeld luziferischer Dämonen

W.W.: Dann ist die religiöse Betätigung per se also Wille, aber sie kann einerseits in die Unfreiheit, andererseits in die Freiheit führen?

E. Kröner: Genau. Ich kann niemanden dazu nötigen, ich kann auch niemandem Versprechungen machen. Niemand bekommt einen besseren Platz im Himmel, wenn er z.B. in die Kirche geht; denn wenn ich so sprechen würde, würde ich einen Menschen über sein Begehren in die Kirche locken – und schon wäre es nicht mehr sein freier Wille.

W.W.: Über dieses Begehren würde man dann Luzifer in die Kirche tragen.

E. Kröner: Natürlich! Das Seelenleben des Menschen ist ein Tummelfeld für die luziferischen Dämonen.

W.W.: Dann ist die Weihehandlung die Begegnungsstätte von Luzifer und Christus, und zwar durch den und in dem Menschen selbst.

E. Kröner: Auf jeden Fall, und Luzifer ist immer zur Stelle. Ihn muß man nicht einladen. Der kommt ganz von alleine. Christus dagegen muß man einladen. Diese Situation ist eigentlich ziemlich fatal, aber man kann sie mit gutem Willen relativ leicht durchschauen. Wenn z.B. jemand äußert: „Was hab ich heute wieder von der Weihehandlung gehabt! Es war so schön!" Dann bekomme ich immer eine Gänsehaut. Denn aus einem solchen Menschen spricht eigentlich Luzifer. Denn das ist reines Begehren. Dieses Motiv, diese Begehrensseite ist mit dem religiösen Leben verstrickt, und deshalb ist das religiöse Leben eigentlich ein sehr gefährliches Gebiet, wenn man nicht aufpaßt.

Darüber hinaus gibt es die Ersatzreligionen. Hier sieht man, welche Begeisterung Menschen dafür aufbringen, und zwar an einer Stelle, an der eigentlich die religiöse Betätigung sein sollte. Mit wieviel Hingabe,

Opferbereitschaft und Einsatzbereitschaft widmen sich die Menschen ihren Hobbys oder Ersatzreligionen!

Das Urbild des schöpferischen Menschen

W.W.: Wie kann sich ein religiös tätiger Mensch, z.B. innerhalb der Christengemeinschaft, bemühen, seinen luziferisch-egoistischen Willen in einen christlichen zu verwandeln?

E. Kröner: In aller Regel ist es damit verbunden, daß man sich in Augenblicken der Selbsterkenntnis fragt, was man eigentlich will, was mit einem selbst los ist; was man im Laufe der Tage, Wochen und Monate vollbringt, was eigentlich von wirklicher Bedeutung für einen selbst ist. Dann kommt die nächste große Frage, die Frage nach der eigenen religiösen Betätigung. Wo und an welcher Stelle kann ich religiös tätig sein? Die Antwort heißt: im Gebet. Damit muß ich beginnen, und ich muß es selber machen.

Warum soll ich das machen? – Du *sollst* gar nichts machen! – Warum will ich es machen? – Weil du es willst!

So könnte ein Dialog über dieses Thema sein. Das wird jeder Mensch verstehen. Bei dieser Entscheidung ist jeder Mensch mutterseelenallein.

Und dann kommt der dritte Schritt: Gibt es für diese Einsamkeit in der menschlichen Seele eine Hilfe, die ich in der Einsamkeit annehmen kann? Gibt es eine Hilfe, die ich in Freiheit annehmen kann und die mich nicht zwingt? Gibt es eine Hilfe, die sich mir selbstlos schenkt? Und dann entdecke ich plötzlich, daß ich im Gebet die Erfahrung mache, daß ich etwas tun will, kann, darf – und zugleich die Empfindung haben kann, daß ich dies nicht für mich selbst mache, damit ich dafür in irgendeiner Weise belohnt werde, sondern ich mache es um der Sache willen, um eines anderen Wesens willen.

Du kannst es, wenn du willst!

So gesehen stiftet der produktiv selbstlos tätige Mensch der Welt etwas, und durch ein solches Gebet entsteht nur dann etwas, wenn er selbst etwas macht. Sonst würde es nicht geschehen. Das ist das Urbild des schöpferischen Menschen. Der betende Mensch ist dieses Urbild des schöpferischen Menschen. Und durch diesen Akt aus freiem Willen heraus wandelt der Mensch egoistische Kräfte in selbstlos-christliche Kräfte. Auf diese Weise schafft der Mensch nicht irgendein großes Olympiastadion, sondern er wirkt im Verborgenen, er wirkt still und macht etwas ganz Kleines.

Ein solches Gebet dauert auch gar nicht lange, es ist kein riesiges Opus, sondern eine bescheidene kleine Tätigkeit in selbstloser Hingabe an ein anderes Wesen. Gleichzeitig gibt man sich selbstlos an einen geoffenbarten Inhalt hin.

Man selbst bringt das Gebet nicht inhaltlich selbst hervor, sondern man erfüllt es – einer der Hauptvokabeln des Johannesevangeliums. Es heißt z.B.: „...daß eure Freude erfüllt sei". Man kann z.B. den ersten Satz der Menschenweihehandlung anders betonen: „Lasset uns die Menschenweihehandlung würdig *voll*bringen." Das bedeutet: erfüllen. Und man erfüllt diesen Kultus mit dem, was man nun in Freiheit innerhalb der nächsten Stunde gestaltet. Man hat die heilige Gestalt des Kultus nicht selbst geschaffen, aber man vollbringt etwas aus freiem Willen, man füllt etwas hinein. Es besteht eine geistig geoffenbarte heilige Form, und wir können sie aufnehmen; aber wir müssen sie erfüllen. Wir erfüllen sie mit jedem Wort, mit jedem Satz, mit jeder Geste. Und wenn sie nicht erfüllt wird, bleibt sie ein leeres Ritual. Dann bekommt man einen heiligen Schrecken, weil man sich sagt, daß man eine so schöne geoffenbarte heilige Form nicht leer lassen kann. Denn eine solche leere Form wäre ein Zerrbild.

Was hier von den anderen Kirchen heute alles unternommen wird, um die Menschen noch in Verbindung mit der Kirche zu halten, ist oft sehr grotesk. In der katholischen Kirche in Freiburg kann man jetzt sogar über das Internet am Gebet teilnehmen. Da kann man eigentlich nur noch den Atem anhalten. Ich sage dann aber immer: Ich kenne den Herrn, der dieses alles inszeniert.

Das religiöse Leben – ganz allgemein gesprochen – urständet in allen Religionen, bei allen Völkern, im individuellen Gebet. Das kann jeder Mensch; und wenn man daran zweifelt, so antwortet Christus: Geh in dein Kämmerlein, du kannst es! Du kannst es, wenn du willst! In anderen Religionen fehlt oft dieses individuelle Bemühen aus der Freiheit heraus, und man treibt deswegen die Menschen zusammen zu großen Scharen, damit man in der großen Gruppe, ohne ein eigenes Ich zu aktivieren, religiös wirken kann. Aber im christlichen Gebet ist man ganz allein. Und siehe da, das ist der Quellort des freien Willens. Dann kann ein solches Gebet – weil nur selber ich es mache – etwas zum Schaffensprozeß in der Welt beitragen, weil ich es in Freiheit selbst mache und welches nur deshalb in der Welt entsteht, *weil* ich es mache.

Durch den freien Willen zur Kommunion

W.W.: Inwiefern verbindet sich der freie Wille des Menschen im religiösen Tun mit dem Willen der Welt? Was geschieht in diesem Moment?

E. Kröner: Dafür gibt es ein großartiges Wort. Wenn der individuelle menschliche Wille mit dem Willen des Christus zusammenkommt, dann nennen wir dies Kommunion. Kommunion heißt nichts anderes, als daß aus zwei Dingen eines wird. Der Wille des Menschen muß auch von Christus her als ein Du anerkannt werden. Wenn Christus sagen würde: Das ist meins, dann wäre es keine Kommunion. Wenn der Mensch sagt: Ich bin ohnehin von Natur Christ, das weiß ja jeder, dann hat er einen Spleen. Von vornherein ist man niemals etwas, sondern man muß den Willen, den freien Willen, impulsieren. Wenn man diesen Zusammenhang erkennt, dann bemerkt man auch, wie unvollkommen man ist, und dann realisiert man, was in der Passionszeit in der Epistel der Christengemeinschaft ausgesprochen wird, nämlich daß das eigene Ich klagend am Boden liegt. Diese Situation muß einmal im Jahr auch durchgehalten werden. Dabei kann deutlich werden, daß nicht nur wir allein etwas empfangen, sondern daß Christus auch etwas von uns empfängt. Und dann kann man sich die Frage stellen, ob die Gottheit es wirklich nötig hat, auf den Willen des Menschen zu warten. Und die Antwort ist ein eindeutiges Ja. Gott sucht Seelen, die ihm im Geiste und in der Wahrheit begegnen. Denn nur durch Menschen mit einem freien Willen kann es überhaupt zu einer Kommunion kommen.

W.W.: Was geschieht in dem Moment, in dem der menschliche freie Wille und der göttliche Wille eine Kommunion eingehen? Was erscheint dadurch an neuen Schöpferkräften in der Welt, und was geschieht durch diese?

E. Kröner: Das haben Sie damit eigentlich schon beantwortet. Von diesem menschlichen Willen geht ein Keim für künftige Evolutionen aus, für künftiges Werden. Das sind die Bildekräfte der künftigen Menschheitsentwicklung. Aus dieser Art der Gesinnung, aus dieser selbstlosen Opfergesinnung – dadurch, daß ich durch meine eigene Initiative tätig werde – entstehen die eigentlichen Liebestaten.

Wenn man hier die Bilanz zieht und sich fragt, was von diesen Taten für die Ewigkeit ist, für die Ewigkeit qualitativ brauchbar von alledem, was ein Mensch sein Leben lang geleistet hat, dann kommt man zu der erschreckenden Erkenntnis: Für die Ewigkeit ist nur so viel brauchbar, wie in diesem Sinne aus der Selbstlosigkeit getan worden ist. Alles andere kommt auf den Kompost. Aus der Begegnung des Menschen, der aus seinem freien Willen heraus agiert, mit einem göttlichen Wesen entstehen die Keimkräfte der zukünftigen Evolution. Wenn diese Keimkräfte nicht entstehen und wirken, kommt das, was in der Apokalypse des Johannes in furchtbarer Weise geschildert wird, nämlich der Untergang. In dieser Apokalypse kommt z.B. der Drache vor, der mit seinem Schweif ein Drittel der Sterne vom Himmel reißt. Sie leuchten zwar, aber er kann sie wegfegen, weil sie alle nicht aus der Kraft des freien Willens geschaffen worden sind.

Den reinen Fortschrittsglauben haben wir eigentlich mit Kaiser Wilhelm endgültig begraben. Jetzt werden die Zeiten immer dramatischer, weil es immer mehr auf den einzelnen Menschen ankommt. Ich begeistere mich z.B. für einen Menschen wie Rupert Neudeck und für die Art und Weise, wie er selbstlos in der Welt wirkt. Sie haben ihn auch in Ihrem FLENSBURGER HEFT 100 („Dein Hunger ist mein Hunger") interviewt. Rupert Neudeck sagt ganz schlicht: Das einzige, was zählt, ist der Helferwille. Und Heinrich Böll hat ihn zu seinen Taten damals im Südchinesischen Meer impulsiert. Neudeck ist ein wahrer Samariter. Er kommt aus dem Jesuitenorden, hat diesem aber den Rücken gekehrt. Der Jesuitenorden ist ein Willensorden, aber es treten immer mehr Menschen aus, weil sie begreifen, daß diese Art von Willen in der heutigen Zeit nicht mehr möglich ist. Das Autoritätsprinzip hat abgewirtschaftet. Einzig zählt nur noch der freie Wille. Ein freier Mensch läßt sich nicht mehr von einem General vorschreiben, was er sagen darf und was er nicht sagen darf.

In der größten Gottesferne geht er in sich

W.W.: Wenn wir einmal an das Gleichnis vom verlorenen Sohn denken, welche Willenskomponente liegt hier bei dem Sohn, der in die Fremde geht – sowohl in der Verschwendung als auch in der Umkehr?

E. Kröner: Zunächst einmal: es ist kein Gleichnis...

W.W.: ... sondern?

E. Kröner: Ein Schicksal. Auch die Geschichte vom barmherzigen Samariter ist kein Gleichnis. Es gibt Gleichnisse wie das Gleichnis vom Weinberg, das Jungfrauengleichnis usw., und dann gibt es unmittelbare einfache Geschichten wie die vom barmherzigen Samariter und vom verlorenen Sohn. Die Katholiken nennen die Geschichte vom verlorenen

Pompeo Batoni

Gleichnis vom verlorenen Sohn (1773)
Kunsthistorisches Museum, Wien

Sohn die Geschichte vom barmherzigen Vater. Und hier bekommt man die beiden Komponenten: zum einen den Willen des Vaters, zum anderen den des verlorenen Sohnes. Daß der eine Sohn verlorengeht, daran ist nicht zu zweifeln. Aber daß er sich seines Verlustes bewußt wird, daß er in sich geht, daß er in sein eigenes Selbst, in sein eigenes Ich geht, das ist das Entscheidende. Er geht in der größten Gottesferne in sich. Das entspricht dem Zeitalter des Egoismus. Und er findet links und rechts von sich Schweine vor. Der Akt der Selbsterkenntnis ist der eigentliche Wendepunkt dieser Geschichte. Durch den Verlust wird er sich bewußt, und er erinnert sich an seinen Vater. Dann kehrt er zurück, will aber nicht wie der andere Sohn werden, sondern lediglich Tagelöhner, also schlicht überleben.

Aber dann eilt der Vater ihm entgegen, in seiner unendlichen Güte, und er küßt ihn, er küßt denjenigen, der mit den Schweinen gelebt hat. Dabei hat mich immer bewegt, daß der Vater ihn von ferne sieht. Das liegt daran, weil er immer wieder nach seinem Sohn schaut.

W.W.: Er hält es sogar aus, daß sein Sohn bei den Schweinen lebt und mit ihnen ißt und nicht einmal mehr den Schweinefraß bekommt, und so lange hilft er ihm nicht. So frei läßt er ihn.

E. Kröner: Genau, er eilt ihm erst entgegen, als der Sohn in sich gegangen ist. Daß er ihm entgegeneilt, ist einfach überwältigend.

Zur Willenskomponente: Der Vater ist schon grandios, indem er sein Erbe teilt, denn darin liegt eine Willenskomponente, eine Opferkomponente. Es ist ein Verzicht, und er schenkt seinem Sohn einen Teil von sich. Der eine Sohn bekommt es geschenkt, auf der anderen Seite steht der opfernde Vater. Der Vater schenkt das Schönste, was er hat. Das Schönste ist die Freiheit, und der Sohn muß nicht zu Hause bleiben. Er muß nichts, er kann machen, was er selber will. Und dann kommt Luzifer und sagt: Nimm doch einmal alles das, was dir gehört, und mach dich auf in die Welt. In seinem Saus und Braus lebt dieser verlorene Sohn die luziferische Willenskraft gänzlich aus.

Das Drama in der Seele des Vaters

W.W.: Welche Willenskomponente hat der Vater, wenn er lediglich aushält, daß sein Sohn in die Fremde geht, sein Erbteil verschwendet, sich Luzifer oder Ahriman hingibt, sich nicht mehr an sein Zuhause erinnert und seinen freien Willen ungestüm auslebt? Wie ist dabei die Willenskomponente des Vaters, wenn er dies sehenden Auges begleitet, nicht eingreift, nicht hilft?

E. Kröner: Er nimmt seinen eigenen Willen total zurück. Es ist ein Drama in der Seele des Vaters, was viel zuwenig beachtet wird. Denn der

Vater leidet unendlich. Den verlorenen Sohn kann man nicht ohne den barmherzigen Vater denken. Die Barmherzigkeit des Vaters offenbart sich zuerst darin, daß er seinem Sohn die Freiheit schenkt, dann, indem er sein Scheitern sehenden Auges begleitet; und dann, indem er ihn empfängt, als der Sohn zu sich gekommen ist und zurückkehrt.

Er geht in sich und sieht sich selber

Die spannende Frage ist natürlich, wodurch der Sohn zu sich selbst kommt. Er kommt zu sich durch die Prüfungen an anderen Menschen. Solange er etwas hat und mit den anderen schön feiern kann, kommt er nicht zu sich.

W.W.: Er kommt zu sich, als von außen die Not an ihn herantritt – auch das ist eine Willenskomponente von außen.

E. Kröner: Und wie. Und dann geben die anderen Menschen ihm noch nicht einmal das Schweinefutter. Das ist ein ungeheurer Superlativ. Er bekommt nicht einmal das, was die Schweine bekommen. Dadurch wird seine Not existentiell, und er stiehlt das Schweinefutter. Das Äußere wird immer weniger und weniger, bis er nichts mehr hat als sich selbst – und dann geht er in sich. Er sieht sich selber, er wird mit sich selbst konfrontiert. Aber er hat noch sein Ich, und das kann ihm auch kein Schwein wegfressen. Das ist eine Vertiefung des Selbstbewußtseins. Diese Vertiefung entsteht in der größten Gottesferne. Diese existentielle Erfahrung kann jeder Mensch machen, wenn er erkennt, daß es auf ihn selbst ankommt. Man muß nicht nach den Schweinen gucken, man muß auch nicht nach den Freunden gucken, mit denen man lange gefeiert hat, sondern man kann nur in sich selbst gucken.

Und dann erkennt man, daß es eine andere Welt gibt, die man einstmals gehabt hat. Früher war das selbstverständlich: Man hat für diese Welt gar nichts getan, denn man war Sohn im Hause des Vaters. Aber dann entsteht der Skrupel: Ich sollte eigentlich in das Haus des Vaters zurückkehren, aber ich bin es nicht wert, dort zu leben. Denn ich bin es nicht wert, der Sohn des Vaters zu sein. Dieser verlorene Sohn möchte eigentlich von dem Reich seines Vaters partizipieren, aber er hat doch so viel Selbsterkenntnis, daß er begreift, daß es eigentlich nicht geht.

W.W.: Wird der andere Sohn in dem Moment luziferisch, indem er auf seinen Bruder eifersüchtig wird und ihm das Lamm nicht gönnt?

E. Kröner: Nein, er kommt zu spät zum Fest, will aber nicht daran teilnehmen, und der Vater muß ihn bitten. Der Vater spricht zu ihm, daß das Fest für seinen Bruder sei, aber der andere Bruder nennt den verlorenen Sohn den Sohn des Vaters, nicht seinen Bruder. Er habe sein Vermögen mit Dirnen durchgebracht, und für diesen wird nun ein Fest gefeiert! Und er weigert sich, an diesem Fest teilzunehmen.

Bei diesen Schilderungen sieht man immer die Schicksalswege der einzelnen Betroffenen; und in diesem Fall kann man den Sohn, der beim Vater geblieben ist, verstehen, denn das Leben seines Bruders paßt nicht in sein Weltbild. Er hat den Bestand des väterlichen Vermögens von früh bis spät bewahrt, und ihm wurde niemals einen Bock gegeben, damit er fröhlich sein konnte. Und was sagt der Vater? Alles, was mein ist, ist dein. Beide sind in Kommunion. Wie kann der Vater ihm da einen Bock geben.

W.W.: Er hätte ihn sich nehmen können.

E. Kröner: Auf jeden Fall. Und der Vater hätte sich mitgefreut. Zuvor hatte der Vater noch den ergreifenden Satz ausgesprochen: „Denn dieser mein Sohn war tot und ist zum Leben zurückgekehrt. Er war verloren und ist wiedergefunden." (Lukas 15,24)

Der Verlust, den der verlorene Sohn durchlebt, ist ein Abbild dessen, was die Menschen in dieser Zeit in der Welt erleben, ist ein Abbild der Welt, in die die Menschen geraten sind. Und wenn man nun an den Christus denkt, so bleibt dieser nicht wie der Vater in seinem Reich und wartet, sondern der Christus geht dem verlorenen Sohn nach.

W.W.: Ist der sogenannte verlorene Sohn ein Prototyp desjenigen Menschen, der in diese Erde hineingeht und dann durch Erkenntnis seinen freien Willen entwickelt?

E. Kröner: Ja.

W.W.: Und hat der andere Sohn noch keinen freien Willen?

E. Kröner: Nein. Er braucht auch keinen freien Willen; denn die Welt, in der er lebt, benötigt diesen freien Willen nicht. Er ist immer zu Hause geblieben. Er hat das Risiko der Ich-Werdung nicht angetreten.

Sein Fühlen einte sich mit Christus

W.W.: Welche Willenskomponente liegt in dem barmherzigen Samariter?

E. Kröner: Hierzu wird immer gesagt, daß dies das Vorbild der Nächstenliebe sei. Aber das muß man differenziert betrachten: Der Nächste ist nicht derjenige, der unter die Räuber gefallen ist, wie man immer meint; sondern derjenige, der die Barmherzigkeit erweist, *wird* der Nächste. Und wenn man es bei Lukas richtig übersetzt, dann heißt es: Wer ist der Nächste geworden dessen, der unter die Räuber gefallen ist? Der die Barmherzigkeit erwiesen hat. Dieser barmherzige Samariter guckt nicht nach seinem Herrn oder seinem Chef, er schaut auch nicht zu denen, die vorangelaufen sind und den unter die Räuber Gefallenen angeblich nicht gesehen haben, sondern er beugt sich nieder und hilft. Er erkennt und handelt. Und er hat Mitleid. Er fühlte, und sein Fühlen einte sich mit Christus.

Das Fühlen ist das Einfallstor jeglicher luziferischen Verführung

W.W.: Inwieweit entspringt der religiöse Wille dem Fühlen?

E. Kröner: Das ist ein zentrales Thema, und keineswegs ist es richtig, daß das Fühlen in irgendeiner Weise nicht wichtig wäre. Das Schlimme lediglich ist, daß das Fühlen das Einfallstor jeglicher luziferischen Verführung ist. Denn das Fühlen hängt mit den höchst subjektiven Befindlichkeiten meines Ichs zusammen: „Daß du mir das angetan hast; fühlst du, was ich fühle ..." usw.

Diese Subjektivismen sind sehr gefährlich. Der springende Punkt ist allerdings dabei, daß wir im Fühlen am meisten bei uns selbst sind. Und nun geht es darum, ob man das Fühlen ein Stückweit vom Willen und ein Stückweit vom Denken her läutern kann, selbstlos machen kann. Das geht nur, wenn ich es selber mache. Ich kann keinen Menschen zur Selbstlosigkeit verdonnern. Ich kann auch niemanden zur Einsicht zwingen. Ich kann auch niemandem beweisen, daß es Gott gibt, denn der Gottesbeweis ist die schrecklichste Form, jemandem seine Freiheit zu nehmen.

Wenn sich aber das Fühlen mit Christus eint, hat es Teil an der Selbstlosigkeit Christi. Bei der Selbstlosigkeit besteht allerdings die Gefahr, daß der Mensch auch sein Selbst verliert. Deshalb geht es um eine selbsthafte Selbstlosigkeit – ein schrecklicher Begriff, aber ganz genau richtig. Ich muß es selbst wollen, selbstlos zu sein. Und hierfür ist das Fühlen der Ausgangspunkt. Wenn ich meinen Willen und meine Opferbereitschaft nicht fühlen kann, können Sie mir erzählen, was Sie wollen – ich werde nie und nimmer verstehen, was Selbstlosigkeit ist.

Der Egoismus wird an allen Ecken gefüttert

W.W.: Würden Sie sagen, daß die Menschen heute besonders willensstark oder eher besonders willensschwach sind – oder kann man hier gar keine Tendenzen ausmachen, weil jeder Mensch ganz individuell gesehen werden muß?

E. Kröner: Auf jeden Fall ist jeder Mensch individuell zu betrachten, auch in bezug auf seinen Willen. Aber die gesellschaftlichen Verhältnisse machen die Menschen willensschwach. Andererseits machen sie seinen egoistischen Willen stark. Der Egoismus wird von allen Ecken und Enden gefüttert. Es gibt eine ganze Industrie, die nur darauf angelegt ist, den Egoismus zu ködern. Und an dieser Stelle steht der individuelle Mensch und überlegt sich, wo er frei schalten und walten kann.

Dann sieht man die unzähligen Bereiche, in denen der Mensch unfrei ist, z.B. sämtliche leiblichen Funktionen. Der Mensch muß essen, trinken und schlafen usw. Wenn ich nicht einsehe, daß dieses notwendig ist, zerstöre ich die Konstitution des Menschen. In großen Bereichen ist der Mensch unfrei.

Und wenn der Mensch nun schauen will, wo er frei sein kann, dann steht er vor der Mission des Religiösen. Wir haben schon vom Gebet und vom gemeinschaftlichen Gebet im Kultus gesprochen, und insofern kann man sagen, daß dieses religiöse Leben die Schule des freien Willens ist. Und dabei kann ich die Entdeckung machen, daß mir in diesem freien Willen auch von anderer Seite geholfen wird, so daß ich im Gebet nicht überheblich werde. Und das wäre das große Thema der Gnade.

Im religiösen Leben bekomme ich eine Ahnung des freien Willens, ich kann fühlen, daß dieser freie Wille wachsen kann, daß er meine Initiative ist; gleichzeitig kann ich aber auch fühlen, daß diese Initiative nicht mein Verdienst ist, denn dann steht schon wieder der rote Mann neben mir und grinst.

W.W.: Der Wille hat ja ungeheuer viele Facetten. Ich kenne einen Obdachlosen, der von morgens bis abends durch die Stadt geht und dabei einen ungeheuren Willenseinsatz leistet – aber andererseits ist er so willensschwach, daß er nicht aus seinem eingefahrenen Leben herauskommt. Ist ein solcher Mensch nun willensstark oder willensschwach oder beides?

E. Kröner: Sowohl als auch. Der Wille steckt in den Gliedern. Es gibt ja die sogenannten Tippelbrüder, die können gar nicht anders als zu gehen. Der, den Sie beschrieben haben, ist so einer. Er *muß* gehen. Da er muß, ist dies keine Willensstärke, sondern die vollständige Abhängigkeit von dem Trieb zu gehen. Diese Gewohnheit liegt in seinem Ätherleib. Von freiem Willen kann man dabei überhaupt nicht reden. Dieser freie

Wille würde dann entspringen, wenn er auf seinem Weg eine Situation entdeckt, in der er helfen kann und auch tatsächlich hilft. Wenn er wie ein Samariter hilft oder auch eine entsprechende Erkenntnis hat und diese in die Tat umsetzt, würde er zum ersten Mal erleben, daß auch er einen freien Willen haben kann.

Der Tag ist voller Aufmerksamkeitschancen

W.W.: Wie kann ein Mensch heute seinen Willen befeuern? Welche Willensübung würden Sie den Menschen empfehlen?

E. Kröner: Das geht nur, wenn ich die Begeisterung für die Aufmerksamkeit, die Ausdauer und die Initiative erwecken kann. Worauf ich diese drei Kräfte richte, ist letztendlich gleichgültig – es kann ein Schrebergarten sein, es kann der Garten einer Schule sein oder irgendeine andere Tat in der Welt. Zuerst mache ich etwas, weil ich sehe, daß es nötig ist; das ist die Aufmerksamkeit. Zweitens geht es darum, ob ich die Kraft und Ausdauer habe, eine Tat nicht nur einmal, sondern ständig zu machen. Drittens habe ich für diese Tat die Initiative, ich leiste sie aus freiem Willen und nicht deswegen, weil ich von irgendwem genötigt werde. Dies alles sind Übungsfelder, die es überall in Fülle gibt.

Ich selbst entdecke solche Übungsfelder immer im Augenblick. Z.B. begegnet mir jemand, und ich begrüße ihn. Ich begrüße z.B. irgendeine Frau auf dem Wochenmarkt, wir tauschen uns kurz aus, aber im Grunde haben wir nichts miteinander zu tun. Aber in diesem Moment nutze ich die Aufmerksamkeit. Und so ist der gesamte Tageslauf voller Momente, ist voll mit lauter Aufmerksamkeitschancen. Ob ich diese wahrnehme oder nicht, liegt an mir. Und hier liegt das Übungsfeld eines jeden Menschen. Dann gibt es den Kraftquell, daß ich meine Aufmerksamkeit auf etwas lenke, z.B. in der Meditation, im Gebet. Ich richte meine Aufmerksamkeit willentlich auf geistigem Felde auf einen ganz bestimmten Gegenstand, auf ein ganz bestimmtes Wesen. Das mache ich immer wieder. Und das macht den Willen stark.

W.W.: Was würden Sie bei der Betrachtung Ihres Lebens als Ihren größten Willenseinsatz sehen?

E. Kröner: Durchhalten. Durchhalten bei vielfältigem Scheitern. Das geht nur, wenn man gewisse Willensreserven hat.

Der Mensch, sein Gehirn und die Freiheit

von Anne Sophie Pehrs

Von der breiten Öffentlichkeit vielleicht noch unbemerkt, ist schon seit geraumer Zeit ein Streit entbrannt, der uns Menschen ganz unmittelbar in unserer Substanz, unserem Selbstbild angreift. Die eine Seite – hauptsächlich bestehend aus Neurowissenschaftlern und auch Psychologen – und die andere Seite, bestehend aus Philosophen und Geisteswissenschaftlern. Die eine Seite behauptet nun, es gebe keinen freien Willen; der Mensch sei determiniert durch Schaltströme und Strukturen seines Gehirns und *glaube* nur, er sei frei in seinen Entscheidungen. Dies jedoch, so ein Großteil der Neurowissenschaftler, sei eine Illusion. Eine Illusion, die unser Gehirn uns vorgaukelt, um unser Weltbild im Gleichgewicht zu halten. Die andere Seite nun behauptet, dies sei Unsinn, da es das menschliche Wesen, der menschliche Geist, unser Ich sei, welches letztendlich die Entscheidungen unserer Handlungen treffe. Das Gehirn sei zugegebenermaßen ein wichtiger Faktor für die Ausführungen unserer Handlungen, jedoch nicht der entscheidende. Doch wer ist nun im Recht?

Intuitiv und aus dem Bauch heraus würde wohl jeder von uns aus vollem Herzen für die Freiheit seines Willens sprechen und sich gegen ein Menschenbild wenden, welches uns im Endeffekt zu willenlosen Hüllen degradiert. Doch ist dies so einfach? Können all die Wissenschaftler, die seit Jahrzehnten forschen und zu den klügsten Köpfen unserer Gesellschaft gehören, irren? Unterliegen wir vielleicht doch einer Illusion, können die Wahrheit nicht erblicken, da wir – wie Kant es sagte – nicht wissen, ob wir die Wirklichkeit durch grüne oder blaue Gläser vor unseren Augen betrachten? Oder wie die Konstruktivisten es behaupten, da wir unsere Wirklichkeit möglichst kohärent konstruieren, um uns im Einklang mit unserem Selbst zu befinden? Sind es die Neurowissenschaftler, die durch moderne Verfahren wie Magnetresonanztomographie (MRT, auch Kernspintomographie genannt) die Brille der Illusion ablegen können und uns die schonungslose Wahrheit vermitteln können?

Der Mensch, eine Marionette?

Die Frage, ob der Mensch eine Marionette sei oder ob er, seiner selbst bewußt, frei im Leben steht, ist nicht neu. Schon Kant brachte durch seine scharfgründigen Analysen so manches Selbstbild ins Wanken. Jedoch war es in seiner Philosophie die selbstverschuldete Unmündigkeit des Menschen, die jedes Individuum gefangenhalte und unsere Gesellschaft völlig durchdringe. Dabei sprach er von Zwängen und Normen, derer sich das Individuum nicht bewußt ist und welche es zu Handlungen zwingt, für die der Mensch sich nicht aus seiner Freiheit heraus entschieden hat. Die Kantsche Philosophie sprach sich dafür aus, daß wir nichts, aber auch gar nichts über die Wahrheit wissen. Damit zerbrach für einige ihr Selbstbild, beispielsweise für Kleist, der es sich zum Ziel gesetzt hatte, nach der absoluten Wahrheit zu streben und dadurch Freiheit zu erlangen. Hätte Kleist damals gewußt, was die Wissenschaft heute weiß, hätte er sich vielleicht viel früher für den Freitod entschieden. Denn so mancher romantische Geist muß sich selbst heute durch die Erkenntnisse der Wissenschaft in seinem Selbst bedroht fühlen.

Unser Gehirn ist ein unglaublich kompliziertes Ding, von dem wir eigentlich nichts wissen. Es vollzieht seine Arbeit weitgehend im Stillen, vom menschlichen Bewußtsein unbemerkt.

Auf verschiedenen Ebenen läßt sich der Mensch in seinen Handlungen und seinem Willen beeinflussen. Auf sozialpsychologischer Ebene vollzieht sich dies beispielsweise durch unterschwellige Reize, die unser Bewußtsein nicht wahrnehmen kann, unser Gehirn aber verarbeitet. So kann man durch unterschwellige Reize die Kaufabsichten eines Menschen ändern; im nachhinein wird diese Person jedoch behaupten, sie habe genau dies kaufen *wollen*. Unser Gehirn ist stets um Kohärenz bemüht. Auf hirnanatomischer Basis ergeben sich jedoch weitaus erschreckendere Ergebnisse.

Heutzutage ist die Wissenschaft in der Lage, am offenen Schädel Versuche durchzuführen. Allein diese Vorstellung scheint einem schlechten Science-Fiction-Film zu entstammen. Stimuliert man nun durch elektrische Impulse die motorischen Zentren unseres Gehirns, die z.B. für die Armbewegung verantwortlich sind, hebt der Proband wie eine ferngesteuerte Marionette seinen Arm. Dies allein ist noch nicht verwunderlich; jedoch behaupteten alle Probanden, sie hätten die Absicht und den Willen gehabt, ihren Arm zu bewegen, und sie führten gleichzeitig plausible Gründe dafür an, wie beispielsweise den, daß sie sich kratzen müßten.

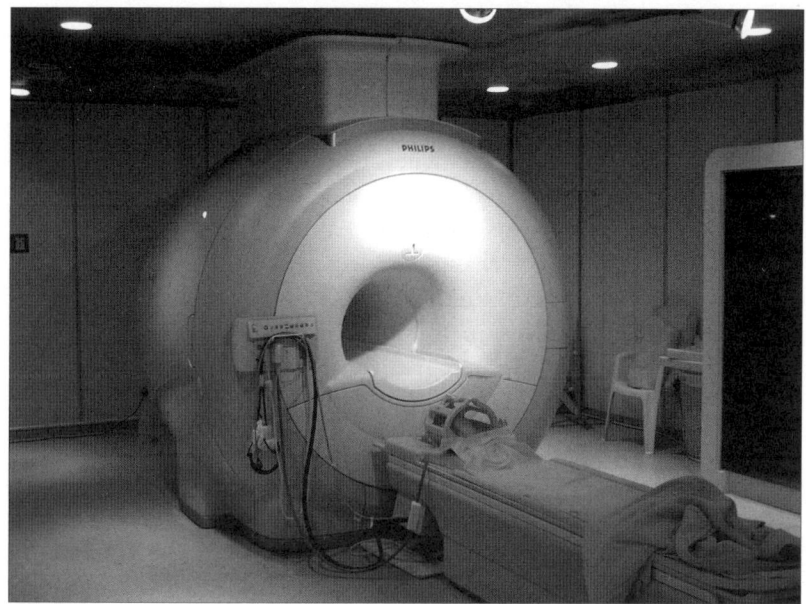

Foto: KasugaHuang

MRT-Gerät (Philips 3T Achieva)

Die entscheidende Frage innerhalb dieser Versuche ist nun: Weiß denn unser Gehirn, was richtig ist, oder spielt es uns nur vor, wir hätten die Absicht gehabt, unseren Arm zu bewegen?

Auf diese Frage gibt ein anderes Experiment Antwort. Einer Testperson wurden in einem Bielefelder Institut ganz alltägliche Szenen von einem Video vorgespielt. Im Anschluß wurden der Testperson in einem Kernspintomographen (MRT) verschiedene Bilder vorgespielt. Einige entstammten den Filmsequenzen, andere nicht. Glaubte die Testperson, sich an ein Bild zu erinnern, sollte sie rechts einen Knopf drücken; glaubte sie, es sei falsch, sollte sie links einen Knopf drücken. Innerhalb des gesamten Vorganges wurden ihre Hirnströme gemessen. Die Ergebnisse waren verblüffend. Bei einigen Bildern lag die Testperson falsch, bei anderen richtig. Diese Tatsache allein ist nicht verblüffend, sondern zutiefst menschlich; verblüffend jedoch ist die Aktivität des Gehirns der jeweiligen Testperson. Lag die Patientin falsch, glaubte aber richtig zu liegen, wurden andere Regionen in ihrem Gehirn aktiviert, als wenn sie richtig lag.

Das heißt also: Nicht der bewußte Glaube der Person bestimmt die Aktivität in unserem Gehirn. Das Gehirn scheint zu wissen, wenn die

Person falsch liegt; es erkennt, ob sie ein Bild tatsächlich gesehen hat oder nur glaubt, es gesehen zu haben. Je nachdem, ob tatsächlich oder vermeintlich, sind unterschiedliche Regionen im Gehirn aktiv. Dem Bewußtsein des Menschen wird dies jedoch nicht zugänglich.

Sind wir also, wie die Wissenschaft es mit derartigen Tests beweisen will, nicht einmal Herr unserer Erinnerungen? Spielt das Gehirn uns nur etwas vor? Genauso wie Marx sagte: „Wir müssen in den Nebel der religiösen Welt flüchten"[1], scheint der Mensch in eine Welt der Illusionen zu flüchten. In das Bewußtsein dringt nur jenes, was die Wahrnehmungswelt, das Weltbild des Menschen, nicht zerstört. Würden wir nicht alle verrückt werden, wenn wir ständig wahrnehmen würden, wie das Gehirn für uns Entscheidungen trifft? Würde aber nicht auch ein Großteil der Menschen verzweifeln, wenn es die Religion nicht geben würde? Kant sagte, die Freiheit sei nur ein Produkt unseres Gehirns; bestätigen diese These die neuesten wissenschaftlichen Erkenntnisse nun aufs Deutlichste?

Doch die Wissenschaft geht noch weiter. So sind nicht nur viele unserer Handlungen und Gedanken determiniert, sondern auch das Wesen unserer Individualität ist durch die Strukturen und Prozesse unseres Gehirns determiniert. Auf die Spitze getrieben heißt dies: Ob ich Raubmörder werde, Schläger, Sozialarbeiter oder Priester, liegt weder in meiner Hand noch in der Gottes. Unser Gehirn ist es, welches die Richtung unseres Werdegangs bestimmt.

Diese Behauptung mutet einem Rückgang in die Denkweise des Dritten Reiches an. Sind es Gene und Erbmaterial, die einen Menschen zu dem machen, was er ist? Schon im 17. Jahrhundert behauptete F.J. Gall ähnliches. An Aufwölbungen des Schädels meinte er die Stärke des Mordsinnes oder Raufsinnes eines Menschen ermitteln zu können. Heute wissen wir glücklicherweise, daß dies wissenschaftlicher Humbug ist. Ein ausgeprägter Schädelknochen kann nicht über das Wesen eines Menschen bestimmen. Dennoch scheint die Wissenschaft wieder in eine ganz ähnliche Richtung zu gehen.

© gemeinfrei   unbekannt
Franz Joseph Gall (1758–1828),
deutscher Arzt und Anatom

1 Marx, 1986, S.86 f.

Das Frontalhirn

Verschiedenste Faktoren beeinflussen uns auf unserem Lebensweg. Unser Geschlecht, unsere Lebensbedingungen, unsere frühkindlichen Erfahrungen wirken auf unsere Persönlichkeit, bilden unsere Individualität. Doch wie ist es nun mit unserem Gehirn, welche Rolle spielt es in der Entwicklung unserer Persönlichkeit?

Hirnanatomische Untersuchungen zeigen, daß Gewalttäter häufig Veränderungen im Frontalhirn aufweisen. Untersuchungen im Kernspintomographen zeigen bei Gewaltverbrechern dort eine deutliche Unterfunktion, im Gegensatz zu Menschen, deren Frontalhirn eine normale Aktivität aufweist.

Vereinfacht gesagt ist das Stirnhirn für all das zuständig, was mit Persönlichkeit, Sozialität, Emotionen, Mitgefühl und der Fähigkeit, sich in andere hineinzudenken, zusammenhängt. Ist die Funktion hier gestört, kann es zu deutlichen Beeinträchtigungen im Sozialverhalten, bis hin zur Soziopathie, kommen. So fällt es einigen Menschen, die eine deutliche Unterfunktion im Frontalhirnbereich aufwiesen, beispielsweise schwer zu erkennen, welche Emotionen ein Gesicht ausdrückt.

Die Grammatik der Emotionalität wird in sehr frühen Jahren gelernt. Frühkindlicher Streß oder Verletzungen des Gehirns durch Unfälle oder Mißhandlungen hinterlassen unwiderrufliche Spuren im Gehirn eines Menschen, die sich ganz entscheidend auf die Entwicklung seiner Persönlichkeit auswirken. Eine Verminderung der Aktivität des Frontalhirns führt zu einer erhöhten Risikobereitschaft, einer gesteigerten Impulsivität und erhöht damit die Möglichkeit kriminellen Verhaltens um ein Vielfaches. Das bedeutet also: Ob ein Mensch Gewalttäter wird oder nicht, ob er seine Impulse kontrollieren kann, Mitleid empfinden kann, sich in die Gefühle anderer hineinversetzen kann, entscheidet sich schon in den ersten Jahren seines Lebens. Es bilden sich also Strukturen im Gehirn aus, die der Willensbildung des späteren Täters nicht unterliegen. Welches Kind kann etwas für seine Gene, seine Familie, seine traumatischen Erlebnisse und letztendlich für seine Gehirnentwicklung?

Hierbei stellt sich einem die Frage, wie frei sich der Wille eines Kindes ausbilden kann, welches unter stark traumatisierenden Verhältnissen aufwächst. Können wir einen Menschen, der eine deutliche Unterfunktion in seinem Frontalhirn aufweist, nach heutiger Rechtsprechung überhaupt verurteilen? Einige Wissenschaftler treten dafür ein, von dem Begriff der persönlichen Schuld Abstand zu nehmen, da laut ihrem Urteil ein Großteil der Gewalttäter durch hirnanatomische Prädispositionen zu ihren Taten veranlaßt wurde, ohne sich dabei frei entscheiden zu können.

Jedoch – würde dies nicht das Ende des Menschen bedeuten, das Ende des Menschen, wie wir ihn sehen, ihn sehen wollen? Daß das Gehirn innerhalb unserer Handlungen und unserer Entwicklung von herausragender Bedeutung ist, zeigen all jene Tests. Doch beantworten all diese Tests eine ganz entscheidende Frage nicht: Sie enthüllen nicht die elementarste Wahrheit des Menschen, die Descartes bereits ermittelte. Der Mensch denkt! Sie, gerade jetzt in diesem Augenblick, denken! Natürlich ist es Ihr Gehirn, welches Ihnen dabei behilflich ist; dennoch sind es doch Sie, die bzw. der da denkt. Das bedeutet ja, ein Stückchen Individualität, ein kleines bißchen Freiheit sollte uns auch innerhalb der Wissenschaft zugestanden werden.

Das würde also heißen, daß wir trotz der Bedeutung unseres Gehirns, trotz der erdrückenden Übermacht der wissenschaftlichen Forschung, uns einer Sache absolut sicher sein können, nämlich der fundamentalsten aller Wahrheiten: Wir denken! Unsere Augen erblicken vielleicht nicht die Realität, unser Bewußtsein hüllt sich vielleicht in einen Nebel angenehmer Wahrheiten, unser Gehirn ist uns vielleicht so manchen Schritt voraus; dennoch – nicht unser Gehirn denkt, wir werden nicht gedacht, sondern wir denken selbst! Auch wenn es vielleicht mehr ein Träumen ist, kein analytisches Denken, und auch wenn wir Menschen dazu neigen, uns in einen „religiösen Nebel" zu flüchten, so ist doch zumindest der Gedanke ganz und gar unser.

Ich will nun behaupten, daß uns diese Basis zu den kühnsten Träumen der menschlichen Freiheit, des menschlichen Selbst, berechtigt. Denn wo kommen unsere Gedanken her? Niemand hat sie bisher ausmachen können, einfangen können, vermochte es, ihren Ursprung zu explorieren. Klammern wir also all die Hoffnungen unseres menschlichen Seins an diese eine Basis? Denn ist diese Basis doch denkbar groß, ist ein Gedanke nicht oft der Ursprung herausragender Geschehnisse?

Ist es also vielleicht doch nicht ganz so abwegig, daß es unser Ich ist, welches Entscheidungen trifft? Denn dann kann es ja ebenso sein, daß es unser ganz individueller Gedankenstrom ist, welcher sich auf die Entwicklung unseres Gehirns auswirkt. Dies alles würde ja nicht dem widersprechen, daß dieser Strom unserer Gedanken verhindert oder gestört sein kann.

So kann es doch sein, daß es einem Kind, welches täglich Mißhandlungen ausgesetzt ist, nicht mehr möglich ist, seinen Gedankenstrom frei aus seiner Seele fließen zu lassen, wie Goethe es ausdrückte (in seinem Gedicht „Eigentum", s.u.). So mag es auch sein, daß wir sehr an unsere irdische Hülle gebunden sind, somit auch an unser Gehirn, und es so bei einer Verletzung unseres Gehirns dazu kommen kann, daß sich die Individualität nicht mehr frei entwickeln kann.

Ebenso glaube ich, daß wir unseren Begriff von Freiheit und von Willensfreiheit überdenken müssen, da nicht nur neuroanatomische, sondern auch soziale Einflüsse eine große Wirkung auf diesen Begriff haben. Dennoch sollte all dies nicht bedeuten, daß dem Menschen nicht die Möglichkeit der Freiheit gegeben ist, die Möglichkeit, seine Handlungen zu überdenken und die Möglichkeit, regulierend auf sein Handeln einzuwirken. Es sollte nicht bedeuten, daß man die menschliche Existenz auf die Schaltströme in seinem Gehirn degradieren kann.

So möchte ich doch abschließend behaupten, daß wir keine Träumer sind, nicht durch Nebelwelten wandern, wenn wir aus vollem Herzen für die gegebene Möglichkeit des freien Willens sprechen. Was wir aus dieser Möglichkeit machen oder was einem Menschen auf seinem Lebensweg geschieht und auf diese Möglichkeit einwirkt, bedeutet nicht, daß uns nicht die Möglichkeit der Freiheit gegeben ist.

Eigentum

Ich weiß, daß mir nichts angehört
Als der Gedanke, der ungestört
Aus meiner Seele will fließen,
Und jeder günstige Augenblick,
Den mich ein liebendes Geschick
Von Grund aus läßt genießen.

(Johann Wolfgang von Goethe)

Ein Leben für die Lebenskräfte der Erde

Interview mit Maria Thun

von Wolfgang Weirauch

Maria Thun, *geb. Jung, geb. am 24.4.1922 in Marburg, aufgewachsen in der Landwirtschaft, verheiratet mit Walter Thun, mit dem sie zwei Kinder hat. Seit 1952 bis in die Gegenwart werden landwirtschaftliche Versuche auf dem biologisch-dynamischen Hintergrund durchgeführt. In erster Linie werden die Auswirkungen der kosmischen Wirksamkeiten auf das Pflanzenwachstum und die biologisch-dynamischen Präparate erforscht. Die „Maria Thun Aussaattage" sind mittlerweile im 47. Jahrgang erschienen und werden in 28 Sprachen übersetzt. Etwa 15 weitere Veröffentlichungen in Buchform sind entstanden.*

Seit 47 Jahren veröffentlicht die Grande dame der biologisch-dynamischen Bewegung ihren Kalender „Aussaattage", in dem es jährlich wertvolle und praktische Tips für die Pflanz-, Hack- und Erntezeiten der verschiedensten Kulturpflanzen gibt.

Alle ihre Ergebnisse hat sie in jahrzehntelangen Feldversuchen in mühevolle Arbeit selbst erforscht, teilweise unter tatkräftiger Unterstützung von Freunden und Verwandten, wie z.B. von ihrem Sohn Matthias.

Impulsiert durch die Anthroposophie und den „Landwirtschaftlichen Kurs" von Rudolf Steiner fand sie während des Zweiten Weltkriegs ihr Lebensmotiv – die Erforschung des Zusammenhangs zwischen dem Wachstum der Pflanzen und den verschiedensten kosmischen Kräften, den Rhythmen in dieser Beziehung sowie der Zubereitung der biologisch-dynamischen Präparate und ihre Weiterentwicklung und praktische

Anwendung. Diesen Zielen hat sie mit ungeheurem Willenseinsatz ihr Leben gewidmet, nicht zuletzt impulsiert durch Aufträge aus der geistigen Welt, von denen sie in diesem Interview erzählt.

© Matthias Thun   Quelle: Matthias Thun
Matthias Thun beim Plügen

Ganz besonders betonen sollte man die Entwicklung des Fladenpräparats, welches sie durch ihre Grundlagenforschung entwickelt hat. Neben dem Kuhmist benötigte Maria Thun dazu Eierschalen, Basaltsand sowie die biologisch-dynamischen Kompostpräparate und das Baldrianpräparat. Immer deutlicher wurde bei ihren Forschungen, daß das Fladenpräparat nicht nur die Fruchtbarkeit und die Lebenskräfte im Boden anregt, organische und anorganische Substanzen schneller abbaut, den Boden harmonisiert, sondern daß dieses Fladenpräparat eine ganz besondere Schutzwirkung gegen schwerwiegende Bodenverunreinigungen hat. Wissenschaftlich wurde festgestellt, daß dieses Präparat nicht nur gegen Schwermetalle, sondern sogar weitgehend gegen die Radioaktivität schützt, und zwar in der Weise, daß die radioaktiven Substanzen, wenn sie mit dem Fladenpräparat gespritzt wurden, signifikant weniger radioaktive Substanzen aufnehmen.

In diesem Interview erzählt Maria Thun über ihr Leben, wie sie der Anthroposophie und der biologisch-dynamischen Landwirtschaft begegnet ist und wie sie mit ihren Feldforschungen begonnen und ihr gesamtes Leben mit ungeheurem Willenseinsatz in den Dienst der Verlebendigung der Erde gestellt hat. Exemplarisch kann man an ihrem Leben erkennen, was ein Mensch leisten kann, der zum einen mit ungeheurem Krafteinsatz und Konsequenz ein Ziel verfolgt, zum anderen bereit ist, Opferkräfte in den Dienst einer höheren Sache zu stellen.

Wolfgang Weirauch: Wo haben Sie Ihre Kindheit verbracht, und welche Eindrücke haben Sie noch von dieser Zeit?

Maria Thun: Ich bin in der Nähe von Marburg auf dem Land aufgewachsen, und meine Eltern hatten einen Bauernhof. Mein Vater stammte aus dem Dorf, hatte aber ein Fuhrgeschäft in Marburg. Aber weil er in den Ersten Weltkrieg ziehen mußte, konnte er das Geschäft nicht aufrechterhalten, so daß es verkauft werden mußte. Aber er hatte einen Patenonkel, der keine eigenen Kinder hatte, und übernahm seinen Hof in der Nähe von Marburg. Während der Inflation löste sich sein Geld aus dem vorherigen Betrieb auf, und wir mußten auf fünf Hektar mit neun Personen leben. So viel landwirtschaftliche Fläche haben wir heute für unsere Pflanzenversuche.

W.W.: Konnte man damals von diesen fünf Hektar landwirtschaftlicher Fläche leben?

M. Thun: Einigermaßen, aber keineswegs üppig. Wir verwerteten alles, was irgendwie möglich war. Mein Vater hatte z.B. mehr Kühe, als eigentlich auf dem kleinen Gelände möglich waren. Von meinem siebten Lebensjahr an mußte ich neben der Schule die Kühe hüten – immer vor der Schule –, und die Schule begann bereits um sieben Uhr.

Für mich waren die Kühe richtige Monster

W.W.: Dann war also Ihr Leben bereits seit frühester Kindheit von Arbeits- und Willenseinsatz geprägt.

M. Thun: Auf jeden Fall. Ich mußte eigentlich immer um vier Uhr morgens aufstehen und dann die Kühe hüten – und für mich als kleines Mädchen waren diese Kühe riesige Monster. Diese Arbeit habe ich etwa bis zu meinem 14. Lebensjahr gemacht.

Schon sehr früh erlebte ich die sich abzeichnende politische Katastrophe

W.W.: Wie verlief Ihre Schulzeit in der Weimarer Republik bis zum Dritten Reich?

M. Thun: In meinem 10. Lebensjahr, 1932, hatte ich einen Lehrer, einen Sozialdemokraten, der uns die politischen Ereignisse immer sehr miterleben ließ. Ich erinnere mich z.B. noch ganz genau an die Wahlen im Jahr 1932, und er hat uns bei dieser, und auch den anderen Wahlen, immer ausrechnen lassen, was die umliegenden Dörfer für Parteien gewählt hatten. In unserem Nachbardorf Wehrda, in dem sich der Diakonieverband befand, in dem auch Hunderte von Schwestern ausgebildet wurden, rechneten wir aus, daß sie Hitler gewählt hatten. Ich erinnere mich auch an eine katholische Frau, die bei uns zu Gast war und eine Zeitung mit dem Hitlerbild auf dem Tisch liegen sah, und sie deutete an, daß sie die NSDAP gewählt hatte. Meine Großmutter wandte ein, daß sie doch katholisch sei und eigentlich das Zentrum hätte wählen müssen, aber sie erwiderte, daß der Pfarrer von der Kanzel gesagt hatte, daß man Hitler wählen solle, weil er allein verhindern könne, daß die Sowjets siegen würden. So erlebte ich schon sehr früh die sich abzeichnende politische Katastrophe.

Meine Eltern waren übrigens sehr fromm, vor allem mein Vater las täglich dreimal aus der Bibel vor – was für mich eigentlich eine Plage war.

W.W.: Wie haben Sie damals die Nazis und auch Hitler erlebt, z.B. 1932?

M. Thun: Mein Vater war anfangs für Hitler, weil er für Arbeit sorgte, allerdings lehnte er ab, daß ich und meine vier Geschwister organisiert werden wollten. Daß wir nicht organisiert waren, bekamen wir immer wieder zu spüren. Ich selbst hatte eine Jüdin in meiner Klasse, und ich bekam natürlich die Beeinträchtigungen gegenüber den Juden mit. Deshalb bestand ich darauf, daß meine Bekannte überall mitgenommen wurde, z.B. zu den Feiern am 1. Mai. Mein sozialdemokratischer Lehrer ermahnte mich allerdings, daß ich dieses nicht meiner jüdischen Klassenkameradin antun könne – aber soweit reichte unser politischer Verstand damals noch nicht.

W.W.: Wie haben Sie die Zeit des Dritten Reiches bis zum Zweiten Weltkrieg verbracht?

M. Thun: Mit 14 wurde ich konfirmiert und mußte dann mein Pflichtjahr absolvieren. Da ich vom Land kam, mußte ich in einen städtischen Haushalt; die Stadtbewohner mußten aufs Land auf einen Bauernhof. Diese Zeit verbrachte ich in einer Arztfamilie, die absolut hitlertreu war, und sie forderten mich immer auf, dem BdM (Bund deutscher Mädchen) beizutreten. Aber das habe ich nicht gemacht.

Eigentlich wollte ich Lehrerin werden; eine vorbereitende Voraussetzung dafür war aber, zwei Jahre in einem kinderreichen Haushalt gearbeitet zu haben. Außerdem mußte man noch eine Haushaltsschule besuchen. Nach meinem Pflichtjahr ging ich zum Arbeitsamt und traf dort auf eine Dame in der Verwaltung, Frl. von Wussow, die mich an eine Freundin von ihr vermittelte, die ein Töchterheim leitete. In dieses Heim in Marburg ging ich und lernte dort alles, was den Haushalt betraf. Als ich ankam, teilte ich der Leiterin gleich mit, daß ich nicht dem BdM angehöre, worauf sie mir entgegnete: „Mädchen, dann verstehen wir uns aber sehr gut!"

Man machte mich ohne mein Wissen zum Mitglied in der Frauenschaft

Nach 1½ Jahren vermittelte mich dieselbe Dame vom Arbeitsamt an eine kinderreiche Familie, in der ich ein Jahr arbeitete. Dieses Jahr wurde dann um ein zweites Jahr verlängert. Aber bevor das zweite Jahr zu Ende war, begann der Zweite Weltkrieg. Eine Woche zuvor kam ein neues Gesetz, daß man seinen Arbeitsplatz nicht mehr wechseln dürfte, und somit blieb ich in dieser Familie – und das war ein Nazihaushalt! An sich war diese Familie mit mir sehr zufrieden, da ich sehr fleißig war. Die Dame des Hauses war allerdings regionale Leiterin der Frauenschaft, und ich mußte immer alles mögliche für sie organisieren, z.B. während des Krieges Tee-Kräuter für die Soldaten sammeln. Also zog ich mit den Frauenschaftdamen in den Wald und sammelte Kräuter für Tee. Einmal kam die Zellenleiterin – die im Rang noch eine Stufe höher stand –, als ich gerade Wäsche gewaschen hatte, und sie war ungeheuer erstaunt darüber, wie es mir gelungen war, die Wäsche so weiß zu waschen. Daraus ergab sich, daß ich nun für die Frauenschaftdamen Kurse im Wäschewaschen geben mußte. Ich hatte es mir angewöhnt, diejenige Wäsche, die ich am Sonnabendabend kochte, über das Wochenende stehenzulassen und am Montag noch einmal aufzukochen – und dadurch wurde die Wäsche entsprechend weiß. Ich hatte natürlich kein anderes Waschpulver, wie die Zellenleiterin zuerst vermutete.

W.W.: Wie hielten Sie es aus, in diesem Nazihaushalt zu leben und im weitesten Sinne für das Nazireich zu arbeiten?

M. Thun: Auf jeden Fall sah ich alles kritisch, trotzdem hatte mein Vater uns eingebleut, daß man, gleich wo man sich befindet, ordentliche Arbeit zu verrichten habe. Deshalb wollte ich an dem Ort, an den mich das Schicksal gestellt hatte, meine Sache auch immer richtig absolvieren. Trotzdem strebte ich aus diesem Haushalt weg und machte abends eine Ausbildung zur Rotkreuzhelferin, und in diesem Zusammenhang gelang es mir, den Haushalt zu verlassen, um in einem Lazarett einer Nervenklinik in Marburg/L. zu arbeiten. Allerdings bemerkte ich etwas später, daß mich die Dame des Haushalts, in dem ich bis vor kurzem beschäftigt war, als Mitglied in der Frauenschaft und beim BdM angemeldet hatte, und zwar ohne mein Wissen. Sie hatte auch die fälligen Beiträge bezahlt.

Während meiner Zeit beim Roten Kreuz wollte ich nicht unnütz Däumchen drehen. Ich besorgte mir Wolle, von einer staatlichen Stelle, vom NSV und strickte in meiner freien Zeit Pullover für die Soldaten.

Denn viele Soldaten waren in Rußland mit Sommerkleidung. Im Laufe der Zeit strickte ich so etwa 30 Pullover.

Und dann geschah etwas Ungeheuerliches, weswegen ich mich eigentlich heute noch schäme: Wegen dieser Arbeit des Pulloverstrickens wurde ich zum Ehrenmitglied der Partei und der Frauenschaft befördert.

W.W.: War das nicht ein Schock für Sie?

M. Thun: Ich ging sofort zu den entsprechenden Behörden, gab meine Mitgliedskarten zurück und machte ihnen klar, daß ich diese Mitgliedschaften nicht wollte. Ich wurde aber nicht als Mitglied gestrichen. Hier zeigt sich auch ein Willensmotiv in meinem Leben, und zwar derjenige Wille eines anderen Menschen, der über einen bestimmt, der Machtwille von anderen Menschen. So war damals fast alles, und man mußte sich einfach damit abfinden.

Er riß die ganzen Hitler-Bücher aus den Regalen

W.W.: Wie kamen Sie während des Krieges mit der Anthroposophie in Kontakt?

M. Thun: Mein Vater war ungeheuer fromm, und für ihn war jeder, der nicht in die Kirche ging, gottlos. Mir aber reichte das nicht, und ich überlegte immer wieder intensiv, daß es doch noch mehr als die Kirche geben müsse. Dann lernte ich 1942 meinen Mann kennen, und er war Anthroposoph.

W.W.: Wo haben Sie ihn kennengelernt?

M. Thun: In einer sehr komischen Situation. Ich war in Marburg in einer Buchhandlung und wollte ein kleines Neues Testament kaufen. Das waren kleine Büchlein, die es hin und wieder gab, aber man durfte immer nur eines kaufen. Ich hatte aber mehrere Brüder im Krieg, denen ich die Büchlein schicken wollte. Und plötzlich betrat ein Soldat die Buchhandlung und fragte nach dem Neuen Testament und Goethes Faust. Er suchte den Faust in einem möglichst kleinen Format. Aber überall in der Buchhandlung standen die Regale voll mit Hitlers „Mein Kampf". Da wurde dieser Soldat so wütend, daß er ganze Reihen von Hitlers Büchern runterriß.

Wenn ich je einen Mann heiraten sollte, dann diesen!

Und dieser Soldat wurde später mein Mann. Gleichzeitig war eine Bekannte von mir, ursprünglich eine Waldorflehrerin, in der Buchhandlung.

Sie war ganz entsetzt, daß dieser Soldat die Hitlerbücher runterriß, wir sammelten gemeinsam die ganzen Hitlerbände wieder auf, und meine Freundin fragte den Soldaten, was er denn genau suche. Und er äußerte noch einmal seinen Wunsch nach einem Neuen Testament und einem kleinformatigen Faust. Ich antwortete ihm, daß er das Neue Testament von mir haben könne, und meine Freundin sagte ihm,

© Matthias Thun   Quelle: Matthias Thun
Walter Thun

daß sie einen kleinen Faust hätte. Wir drei verabredeten uns dann im Hause meiner Freundin, und das war der Anfang der Beziehung zwischen meinem Mann und mir.

Nach dieser Begegnung sagte ich zu einer Freundin: „Wenn ich je einen Mann heiraten sollte, dann diesen!"

W.W.: Und Ihr Mann war damals schon Anthroposoph?

M. Thun: Ja. Er war Maler und wurde bereits 1937 Mitglied in der Christengemeinschaft. Ursprünglich kam er aus Erfurt. Die Pfarrer der Christengemeinschaft, die den Raum Erfurt-Jena-Weimar zu versorgen hatten, holten meinen Mann immer, damit er ihnen die Kulträume gestaltete. Er hat ihnen die Räume viele Male umgestaltet.

W.W.: Hat er auch Altarbilder gemalt?

M. Thun: Ja, aber die Pfarrer waren mit diesen Bildern nicht einverstanden.

W.W.: Sie erwähnten vorhin, daß Ihnen die Kirche nicht reichte. Wie war es für Sie, als Ihnen Ihr zukünftiger Mann von der Anthroposophie erzählte?

M. Thun: Ich habe eigentlich immer nach spirituellen Antworten gesucht, hatte Kontakt mit den Methodisten und dann mit den Baptisten, aber überall bemerkte ich, daß das nichts für mich war. Als mein Mann mir von der Anthroposophie berichtete, war das für mich einfach wahr und zukünftig – und es war überhaupt keine Frage, daß dies der Weg für mich sein würde. Nach dem Zweiten Weltkrieg konnte man wieder Mitglied der Anthroposophischen Gesellschaft werden, und ich trat 1945 ein und arbeitete längere Zeit in Marburg und im hessischen Arbeitszentrum mit.

Begegnung mit dem „Landwirtschaftlichen Kurs"

W.W.: Wie kamen Sie zum ersten Mal mit dem „Landwirtschaftlichen Kurs" (GA 327) von Rudolf Steiner in Berührung? Wann haben Sie ihn zum ersten Mal gelesen, und wie gestaltete sich die weitere Arbeit mit diesem Text?

M. Thun: Schon bei der ersten Begegnung erzählte mir mein Mann von der biologisch-dynamischen Wirtschaftsweise. Wir heirateten in Erfurt, und ich war dort eine gewisse Zeit in einem Lazarett tätig. Das war noch während des Zweiten Weltkriegs. Mein Mann kannte alle biologisch-dynamischen Höfe in Thüringen, auch wenn die meisten von ihnen mittlerweile aufgegeben hatten. Wir fuhren mit unseren Rädern zu den einzelnen Höfen, besuchten die Bauern, und sie erzählten von ihrer Arbeit. Dadurch erhielt ich eine erste gute Orientierung über die biologisch-dynamische Wirtschaftsweise, und es war für mich weitaus sinnvoller als das, was ich zu Hause in der Landwirtschaft erlebt hatte.

Nach dem Zweiten Weltkrieg war es während der politischen Verhandlungen klar, daß Thüringen unter die sowjetische Besatzungszone fallen würde; deshalb wollte ich dort nicht mehr leben und ging zurück nach Marburg.

Einige Monate zuvor, im Januar 1945, wurde meine Tochter geboren, und wir rechneten jeden Tag damit, daß die Russen nach Erfurt kommen würden, da sie bereits in Sachsen waren. Meinem Schwiegervater hatte ich schon gesagt, wo der Kinderwagen stand und forderte ihn auf, ihn mir ins Krankenhaus zu bringen; ich war also jede Minute bereit, mit meinem neugeborenen Kind aus dem Krankenhaus zu fliehen. Die Russen kamen aber doch nicht ganz so schnell, wie wir gedacht hatten, und so hatte ich ein paar Wochen Zeit und fuhr dann mit einem Güterzug Richtung Marburg zu meinen Verwandten. Mein Mann war zu dieser Zeit Soldat in Italien und wurde mit einem Offizier zusammen nach Prag geschickt, um dort Kriegstagebücher hinzubringen. In Prag saßen aber längst die Russen, und der meinen Mann begleitende Offizier verabschiedete ihn und verabredete sich mit ihm in Eisenach – etwa Ostern 1945. Aber auch in Eisenach waren natürlich längst die Russen, und so kam mein Mann im April 1945 mit dem Fahrrad bis nach Marburg.

Mittlerweile hatte ich die Pfarrer der Christengemeinschaft in Marburg kennengelernt, und da dort amerikanische Besatzungszone war, durften die Pfarrer die Menschenweihehandlung zunächst lesen; allerdings hatten sie noch keinen eigenen Kultraum. Als mein Mann dann in Marburg eintraf, hat er die äußere Gestaltung der zukünftigen Räume der Christengemeinschaft übernommen. Wir selbst fanden dann in Marburg eine Wohnung und lebten fortan dort.

An den „Landwirtschaftlichen Kurs" kamen wir direkt nicht heran, da nur die Leute, die in der Arbeit standen, diesen Kursus zu Hause hatten. Damals gab es ihn schon in Buchform, numeriert, aber man konnte ihn nicht kaufen. Ein Freund lieh mir sein Exemplar aus.

Im Sommer 1947 besuchten wir einen Imker, der auch Mitglied in der Christengemeinschaft war, und dieser Imker hatte den „Landwirtschaftlichen Kurs". In einem kleinen Holzhaus auf seinem Grundstück wohnten wir eine Zeitlang: Mein Mann malte dort, und der Imker lieh mir den Kurs, was er damals noch gar nicht durfte. In dieser Zeit las ich ihn, und von diesem Moment an wollte ich mit den biologisch-dynamischen Präparaten arbeiten. Aber in der damaligen Zeit war es keineswegs leicht, an diese Präparate zu gelangen, und so sammelte ich für meinen kleinen Garten in Marburg und einen dort von mir eingerichteten Komposthaufen die Pflanzen für die Präparate und brachte die entsprechenden Pflanzen in einen Komposthaufen hinein, in einen weiteren nicht. Ich wollte einfach wissen, ob die Wirkung der Pflanzen in dem einen Komposthaufen anders als in dem ohne Pflanzen war. Aber als ich die beiden Komposthaufen im Frühjahr umsetzte, war die Wirkung beider völlig gleich, und ich wußte, daß man auf diese Weise nicht arbeiten konnte.

W.W.: Wie kamen Sie dann an die ersten biologisch-dynamischen Präparate?

M. Thun: Das war im nächsten Jahr. Wir bekamen Kontakt zu Carl Jung, der in Loheland die Beratung für die biologisch-dynamischen Bauern in unserem Gebiet durchführte. Damals kam man nur über den Berater an die Präparate. Inzwischen arbeitete auch schon in Darmstadt der Forschungsring für Biologisch-Dynamische Wirtschaftsweise, und für die einzelnen Beratungen hatte man die einzelnen Gebiete in Deutschland eingeteilt.

W.W.: Wann machten Sie Ihre ersten Versuche?

M. Thun: Das war im Jahr 1952.

W.W.: Sie haben ja 30 Jahre lang den „Landwirtschaftlichen Kurs" gearbeitet, einmal pro Woche. Das ist ja auch ein ungeheurer Willenseinsatz

M. Thun: Ja, ich arbeitete ihn mit einer Gruppe von sechzig Menschen in Marburg. Ich habe auch Einführungskurse in die Anthroposophie gegeben. Sogar im Zweig der Anthroposophischen Gesellschaft wurde einmal der „Landwirtschaftliche Kurs" gelesen; aber in meinen Einführungskursen waren grundsätzlich mehr Menschen. Meine Einführung in die Anthroposophie habe ich meist mit den Grundschriften von Rudolf Steiner gemacht, und diese Arbeit währte auch etwa 25 Jahre. Die Arbeit am „Landwirtschaftlichen Kurs" war immer am gleichen Tag, und zwar um 19.00 Uhr, und die anthroposophische Arbeit begann dann um 20.30 Uhr. Selten ging jemand, der im landwirtschaftlichen Bereich bei den Kursen dabei war, anschließend weg, wenn die anthroposophische Arbeit begann.

Auftrag von Christian Rosenkreutz

W.W.: Wie war es für Sie, als Sie zum ersten Mal den „Landwirtschaftlichen Kurs" lasen? War dies wie ein Feuerfunken für Sie? Wodurch entstand bei Ihnen ganz konkret der Impuls für die Pflanzenforschung?

M. Thun: Mittlerweile ist sehr viel geschehen. Aber ganz am Anfang bekam ich einen Auftrag. Ich bekam einen Auftrag direkt von Christian Rosenkreutz, und zwar bekam ich diesen Auftrag an drei Tagen hintereinander. Christian Rosenkreutz teilte mir mit, daß ich die Aufgabe habe, den Kosmos in die Ökologie, in die Landwirtschaft zu tragen und zu untersuchen, wo Kosmisches im Pflanzenwachstum und bei den Tieren wirkt. Christian Rosenkreutz sprach lateinisch. Ich konnte zwar etwas lateinisch, aber nicht genügend. Ich schrieb aber nach jedem Erlebnis genau aus der Erinnerung auf, was er mir sagte. Und nach dem dritten Tag war es so, daß ich genau verstand, was er mir sagen wollte. Ich habe mich dann auch mit Freunden zusammengetan und die lateinischen Worte ins Deutsche übersetzt. Und dann wurde mir alles klar.

W.W.: Waren das Traumerlebnisse oder Erlebnisse während des Tages?

M. Thun: Das waren Tageserlebnisse, und zwar nachmittags.

Vorher war noch etwas anderes, und zwar wurde ich damals in den sogenannten Sigwart-Kreis aufgenommen; Sigwart zu Eulenburg. Er wurde 1917 im Ersten Weltkrieg in Galizien verwundet, starb dann und gab verhältnismäßig kurz darauf aus der geistigen Welt Mitteilungen, die ihm von den Meistern gegeben wurden. Seine Geschwister schrieben diese Mitteilungen auf, und zuerst bestand dieser Kreis aus zwölf Menschen. Nach dem Zweiten Weltkrieg wurde dieser Kreis auf 48 Menschen erweitert, und einer von diesen 48 war ich.

Das Erlebnis mit Christian Rosenkreutz war anschließend. Eberhard Graf von Schwerin hatte Alexandrine zu Eulenburg geheiratet, und wir trafen uns nach meinem Christian Rosenkreutz-Erlebnis auf seinem Gut in Friedelhausen bei Marburg. Ich war bei ihnen zu Gast, weil ich mittlerweile in den Sigwart-Kreis aufgenommen worden war. Während dieses Treffens stellte ich die Frage, wie ich den Auftrag von Christian Rosenkreutz ausführen solle, und man konzentrierte sich auf Sigwart. Und dann kam von Sigwart eine Mitteilung für mich. Vorher hatte ich die Frage gestellt, wie ich den Auftrag von Christian Rosenkreutz ausführen solle. Sigwart ließ mir mitteilen, daß ich nicht besorgt sein solle; und wenn ich es nicht mehr alleine schaffe, werde Graf von Finckenstein geschickt, damit er mir hilft. 1952 begann ich mit den Versuchen und den ersten Rhythmenbeobachtungen. Damals wußte ich noch nicht, wer Graf Finckenstein ist, und so machte ich über viele Jahre meine Versuche ganz allein. Aber 1967 kam Dr. Hans Heinze vom Forschungsring zu meinem Versuchsfeld, und er wurde von Graf von Finckenstein begleitet.

W.W.: Und wie kam es zur Zusammenarbeit mit Günther Graf von Finckenstein?

M. Thun: Gleichzeitig hatte Ulrich Graf von Finckenstein Aufsätze von mir in der *Lebendigen Erde* gelesen und machte seinen Neffen darauf aufmerksam. Günter Graf von Finckenstein wollte aber trotzdem einen Hof bestellen und wurde Verwalter auf einem biologisch-dynamischen Hof in Düren, und an vielen Wochenenden kam er zu uns, um uns zu helfen. Und wenn ich viel Arbeit hatte, kam er auch mitten in der Woche mit einem ganzen Troß von jungen Leuten von seinem Hof.

Du lieber Gott, wie soll ich denn das machen?

W.W.: Können Sie Ihr Erlebnis mit Christian Rosenkreutz noch ein wenig mehr schildern? War es für Sie im ersten Moment so, daß Sie sich nicht zutrauten, diesen Auftrag auszuführen?

M. Thun: Daß ich irgend etwas nicht schaffe – das gab es für mich nicht! Ich habe nur gesagt: Du lieber Gott, wie soll ich denn das machen? Mittlerweile war ich ja auch verheiratet und hatte ein Kind. Ich hatte zuerst nur einen kleinen Garten, und am Rande eines jeden Beetes säte ich Radieschen, weil mein Mann so gerne Radieschen aß. Und da habe ich beobachtet, daß die Blätter unterschiedlich wuchsen, und bei der Ernte der Radieschen war ich immer sehr sprachlos, da es manchmal richtig schön runde Radieschen gab, manchmal nur längliche wie ein Finger. Aber das konnte ich in den 50er Jahren alles noch überhaupt nicht deuten. Damals kannte man eigentlich nur die Mondphasen. Versuche mit den Radieschen und den Mondphasen klappten nicht, und ich brauchte für weitere Versuche Zeit bis 1958.

Um ein Verständnis zu den kosmischen Fragen zu finden, hat mir noch Dr. Günther Wachsmuth geholfen. Wir waren in seinen letzten Lebensjahren sehr verbunden, und ich erzählte ihm von meinen Versuchsreihen. Er war ganz begeistert und forderte mich auf, alles aufzuschreiben. Er sagte mir, daß Rudolf Steiner begeistert gewesen wäre, wenn er davon erfahren hätte. Daraufhin habe ich meine ersten Aufsätze über meine Versuche geschrieben.

W.W.: Können Sie einmal genau beschreiben, wie Sie bei Ihren Versuchsreihen vorgegangen sind?

M. Thun: Es gab schon einen Kalender von Franz Rullni und Heinrich Schmidt; aber in diesem Kalender brachten sie nur Bauernregeln. Und wenn sie wieder eine neue Regel gefunden hatten, waren sie selig. Das war natürlich vollkommen ungenügend. Erst später lernte ich dann den Sternkalender aus Dornach von der Mathematisch-Astronomischen Sektion kennen. Als ich dann meine ersten Vorträge in der Schweiz und in Österreich hielt, bekam ich ein Buch über Bauernregeln in der Schweiz und ein zweites aus Österreich zur Hand. In dem Buch aus Österreich war der zunehmende und der abnehmende Mond Thema, in dem aus der Schweiz der aufsteigende und der absteigende Mond. Das waren alles kosmische Vorgänge, mit denen ich mich dann später beschäftigt habe. Auf die Verhältnisse des Pflanzenwachstums zum Tierkreis kam ich durch Günther Wachsmuth, und er wies mich darauf hin, daß das Verhältnis zum Tierkreis etwas anderes ist als das zum abnehmenden und zum aufsteigenden Mond. Ferner hat er mich auch darauf gebracht, auf welche Zusammenhänge in bezug auf den Tierkreis ich achten soll. Das war im Jahr 1955.

Versuche mit der Kartoffel

W.W.: Schildern Sie doch bitte einmal einen Ihrer Versuche, z.B. mit der Kartoffel.

M. Thun: Rudolf Steiner sprach im Landwirtschaftlichen Kurs u.a. auch über die Kartoffel und sagte, daß man für die Fortpflanzung als Pflanzgut nur die Augen verwenden solle, nicht die gesamte Knolle. 1962 hatte ich schon verschiedene Tierkreisversuche durchgeführt, aber noch keine Versuche mit der Kartoffel; auch der Forschungsring in Darmstadt hatte noch keine derartigen Versuche unternommen.

Die Kartoffel hat an der Spitze die Augenkrone, in der Mitte meist drei Augen und an der Wurzelseite nur ein Auge. Ich hatte schon die verschiedensten Kartoffelpflanzungen aus meinen Tierkreispflanzungen – also Pflanzungen aus der jeweiligen Stellung des Mondes zu den zwölf Tierkreisbildern –, und dann nahm ich aus diesen zwölf Pflanzungen immer die drei Teile der Kartoffel: die beiden Enden und die Mitte. Diese Zonen pflanzte ich ein und verglich sie ihrerseits mit Pflanzungen der ganzen Kartoffel. So kam ich auf etwa 60 oder 70 Varianten. Das war eigentlich viel zuviel, und in dieser Situation habe ich mir gesagt: Lieber Gott, wenn ich das bewältigen soll, dann mußt du mir jemanden schicken, der mir hilft.

Eine Stunde später klingelte es an meiner Tür, und Dr. Balzer (damals hatte er aber noch keinen Doktor, denn er war noch ein junger Mann) stand vor der Tür: Er wollte mir bei den Pflanzungen helfen. Das Kartoffelpflanzen war sehr anstrengend, aber ich hatte mit einem Stab eine Technik entwickelt, mit dem ich ein Loch in die Erde stieß, die Kartoffel hineinlegte und die Erde anschließend zuschaufelte. Als wir am Abend fertig waren, dachte ich, daß der junge Balzer niemals wiederkommen würde. Aber am nächsten Samstag kam er wieder und half mir weitere Jahre unentgeltlich.

W.W.: Welche Ergebnisse kamen bei den ersten Kartoffelversuchen heraus?

M. Thun: Jede Augenzone zeigte andere Ergebnisse. Die Kronenaugen brachten die höchsten Erträge, die mittleren hatten die beste Lebenskraft – aber je nach den Konstellationen war dies wieder unterschiedlich. Später habe ich auch noch jedes einzelne Auge in Versuchsreihen gepflanzt, nicht nur die drei Zonen der Kartoffel. Das waren dann pro Kartoffel-Variante noch einmal zwölf verschiedene. Es war eine endlose Versuchsreihe.

Die Lebenskräfte der Erde nehmen ab

W.W.: Im „Landwirtschaftlichen Kurs" führt Rudolf Steiner aus, daß auf Zukunft gesehen die Lebenskräfte der Erde zurückgehen werden. Wie kam es zu diesem Kurs?

M. Thun: Rudolf Steiner hat bereits 1912 ausgesprochen, daß die Erde sterben wird. Und er hat darauf hingewiesen, daß es die Aufgabe von uns Menschen ist, die Erde neu zu beleben. Dies kann zum einen durch das belebte Denken geschehen, zum anderen durch die Arbeit an der Erde. Vor allem hat Rudolf Steiner in seinem Vortragszyklus über „Die Sendung Michaels" (GA 194) im Jahr 1920 darüber gesprochen. Bei diesem Vortragszyklus war Graf Polzer-Hoditz und Graf Lärchenfeld anwesend, sie waren Landwirte, und sie haben Rudolf Steiner anschließend angesprochen. In diesem Zusammenhang hat Rudolf Steiner ihnen den „Landwirtschaftlichen Kurs" versprochen. Diesen Kurs hat er dann den Landwirten 1924 gehalten. Die biologisch-dynamische Wirtschaftsweise begann allerdings nur sehr zaghaft, denn sie wurde auch durch das Dritte Reich behindert. Der Versuchsring anthroposophischer Landwirte wurde während dieses Kurses gegründet, aber er wurde 1936 verboten. Dann gab es den sogenannten Reichsbund für biologisch-dynamische Wirtschaftsweise, aber auch dieser wurde wieder verboten. Und nach dem Krieg begann man dann langsam mit der Arbeit.

W.W.: Sie gehen ja ständig mit dem Lebendigen um. Können Sie sagen, daß die Lebenskräfte allmählich abnehmen?

M. Thun: Auf jeden Fall habe ich das beobachtet, wenn auch nicht in meiner Arbeit. In den 50er Jahren des letzten Jahrhunderts unternahmen die Russen und die Amerikaner Atombombenversuche in der Atmosphäre. Strontium 90 – und später auch Cäsium 137 – wurde freigesetzt und lagerte sich in den Pflanzen ab. Damals lebte noch Ehrenfried Pfeiffer, und er arbeitete in den USA in Spring Valley. Ehrenfried Pfeiffer stellte fest, daß die tierischen Schädel, die man für die Präparate-Bereitung benötigte, voll mit Strontium 90 waren und vertrat die Meinung, daß wir nun keine biologisch-dynamischen Präparate mehr herstellen könnten.

Das Fladenpräparat entsteht und schützt vor radioaktiven Ablagerungen

Damals hatte ich auch eine Bekannte an einem biologischen Institut in Freiburg, in dem man auch Untersuchungen in bezug auf Radioaktivität durchführte. Dort stellte man fest, daß man im gesamten Schwarzwaldgebiet kein Obst mehr ernten konnte, weil es radioaktiv verseucht war. Mit den Untersuchungen aus Freiburg stellte man fest, daß die Pflanzen auf dem Granitboden des Schwarzwaldes radioaktiv verseucht waren, weniger die Pflanzen aus der Rheinebene, nicht aber die, die im Jura wuchsen.

Vor diesem Hintergrund habe ich mit Ehrenfried Pfeiffer verabredet, Versuche zu machen – er in den USA und ich in Deutschland. Und zwar haben wir Pflanzen auf sandigem, kieseligem Boden gepflanzt und kalziumhaltige Substanzen wie Hühnereierschalen, Enteneierschalen, Schneckenhäuser, Knochenmehl, Eichenrinde, Algenkalk, Holzasche, Kalkgestein und Basaltmehl hinzugegeben. Auf dem entsprechend gedüngten Boden haben wir dann verschiedene Pflanzen gesät.

Damals hatte ich in Marburg drei Gärten. Ein Freund von uns war ein Physik/Chemie-Student. Ihn fragte ich, ob er für mich an seiner Universität Untersuchungen durchführen könnte. Er besprach dies mit seinem Professor, der seinerseits dankbar über diese Versuchsreihen war, und so bekam ich jahrelang genaue Untersuchungen meiner Pflanzungen. Diese Untersuchungen führte ich 14 Jahre lang durch, von 1958 bis 1972. Und in dieser Zeit entstand unser Fladenpräparat. Im Zuge unserer Forschungen haben wir letztendlich festgestellt, daß überall dort, wo wir dieses Fladenpräparat gespritzt hatten, keine radioaktiven Stoffe und Verstrahlungen festgestellt wurden.

Der Student war 1972 nicht mehr dabei, als wir mit unserem Fladenpräparat fertig waren. Aber durch meine Arbeitskreise hatte ich Kontakt zu einem Professor aus Wien, den ich fragte, ob er jemanden kenne, der für mich die Untersuchungen im weiteren durchführen könne. Er kannte einen Professor, der daran sicherlich interessiert wäre, machte allerdings die Auflage, daß ich ihn

© FH   Foto: VStvH
Fladenpräparat in einer Schüssel

niemals mit Namen nennen dürfe. Dieser anonyme Professor hat für mich sehr viele Untersuchungen durchgeführt, und der Professor aus Wien kam dann immer zu mir mit einem Zettel, auf dem die Ergebnisse standen. Ich mußte mir die Ergebnisse anschauen und einprägen, und dann nahm der Professor aus Wien sein Feuerzeug und verbrannte die Zettel.

Nach dem Unglück von Tschernobyl tauchten vier Herren auf

W.W.: Konnten Sie das Präparat 1986, nach dem Unglück in Tschernobyl, erfolgreich anwenden?

M. Thun: Ja, es war ja schon vorher an vielen Stellen angewandt worden, aber die Bewährung kam mit dem Jahr 1986. Drei verschiedene deutsche Bundesanstalten traten an mich heran und fragten nach dem Fladenpräparat. Denn man hatte mittlerweile festgestellt, daß auf vielen biologisch-dynamischen Höfen keine Radioaktivität festzustellen war, auf den Nachbarhöfen allerdings schon. Man stellte dies u.a. in einem Institut in Hamburg und in einem Institut in Wiesbaden fest.

Zu dieser Zeit lebten wir bereits in Dexbach, und ich gab Kurse für eine Gärtnergruppe in Siegen. Es waren einige Herren da, die nach meiner Einschätzung niemals zu der Gärtnergruppe aus Siegen gehörten. Das waren vier Herren, die an einem Tisch für sich saßen. Beim Mittagessen setzte ich mich zu ihnen und fragte sie, woher sie denn kämen. Ich sprach sie direkt darauf an, daß sie nicht aus Siegen kommen würden. Sie waren überrascht und fragten zurück, woher ich dies wisse. Da war ich ganz frech und sagte im Spaß: „Das sehe ich an ihrer Aura!"

Man hatte bereits nach Tschernobyl von verschiedenen staatlichen Institutionen Untersuchungen durchgeführt, auch auf vielen biologisch-dynamischen Höfen. Und man hatte festgestellt, daß auch viele biologisch-dynamische Höfe genauso radioaktiv verseucht waren, nicht aber diejenigen, auf denen man das Fladenpräparat gespritzt hatte.

Die vier Herren sagten mir dann, daß sie aus Köln kämen. Aber ich sagte ihnen auf den Kopf zu, daß ich dies nicht glaube und daß ich vermute, daß sie vom Atomforschungszentrum Jülich kämen. Sie gaben es zu und eröffneten mir, daß sie hoffen würden, daß ich über das Fladenpräparat sprechen würde. Sie stellten mir viele Fragen, wie es möglich sei, daß beim Spritzen des Fladenpräparats keine Radioaktivität festzustellen sei usw.

Ich bat sie dann, daß sie mir ihre Untersuchungsergebnisse schriftlich geben können, aber sie weigerten sich prompt.

W.W.: Können Sie erklären, warum die Pflanzen beim Spritzen des Fladenpräparats keine radioaktiven Stoffen aufnehmen?

M. Thun: Nein, das kann ich nicht. Offensichtlich ist es aber so, daß das Fladenpräparat eine starke ätherische Wirkung hat.

W.W.: Vermutlich hat dieses Präparat eine so starke ätherische Krafthülle, daß die Radioaktivität daran gehindert wird, dort einzudringen.

M. Thun: So muß es sein. Später, 2003, trat ein Professor aus Berlin an mich heran – er war nicht unbedingt Anthroposoph, aber immerhin Mitglied der Christengemeinschaft –, und er meinte, daß diese Forschungsergebnisse unbedingt an einer Bundesanstalt erforscht werden müßten. Er bekam Kontakt zu Professor Ewald Schnug aus Braunschweig von der Bundesforschungsanstalt für Landwirtschaft.

An dieser Bundesanstalt haben wir 2003 mit Versuchen begonnen, allerdings nicht in Form von Feldversuchen, sondern in Form von Gefäßversuchen. Ein Problem ist allerdings, daß durch die zahlreichen Atomkraftwerke überall Uran im Abfall mit enthalten ist. Bei jedem AKW tritt ungeheuer viel Abfallsubstanz auf, und dieser radioaktive Abfall wird ja bereits in verschiedenen Salzstöcken in Norddeutschland zwischengelagert.

Bei den Versuchen mit Professor Schnug kam folgendes heraus: Er konnte in verschiedenen Testreihen nachweisen, daß die Einlagerung von Uran in die Pflanzen bei mit Fladenpräparat behandelten Böden wesentlich niedriger ausfällt. Wenn die Böden mit dem Fladenpräparat gespritzt werden, nehmen sie das im Boden befindliche Uran nicht so stark auf. Die landwirtschaftlichen Erträge mittels unserer Präparate sind einfach erfolgversprechend. Wenn wir unsere Präparate anwenden, sind unsere Erträge wirklich gut. Wir müssen sie nur richtig anwenden, wir müssen die Rhythmen richtig mit einbeziehen, und dann beleben wir die Erde mit unseren Präparaten.

W.W.: Sie geben Ihren Aussaatkalender zum Übersetzen ja in viele Sprachen in andere Länder. Erwarten Sie, daß die einzelnen Präparate in den verschiedenen Ländern selbst hergestellt werden?

M. Thun: Unser Aussaatkalender wird zur Zeit in 27 Länder bzw. in 27 Sprachen übersetzt, und ich mache zur Bedingung, daß z.B. das Fladenpräparat in dem jeweiligen Land selbst hergestellt wird. Unsere neueste Version ist jetzt der Aussaatkalender für China; seit kurzem wird er in die chinesische Sprache übersetzt. In den meisten Ländern war ich auch persönlich, allerdings nicht in Indien und China. Dort ist aber Dr. Balzer gewesen, und er hat mir von den armen Bauern berichtet, die natürlich keine Kuhherden haben und nicht entsprechend große Komposthaufen herstellen können. Aber die biologisch-dynamischen Bauern in Indien stellen das Fladenpräparat mit der einen Kuh her, die sie besitzen. Hier haben wir auch wieder festgestellt, daß das Fladenpräparat nicht nur gegen Radioaktivität wirkt, sondern auch in enormer Weise die Erde belebt.

© Matthias Thun   Quelle: Mathias Thun
Maria Thun in Sibirien (Pfeil: M. Thun)

Auch in Sibirien waren wir und haben uns die sterbenden Wälder angeschaut – etwas ganz Entsetzliches! Auch dort haben wir das Fladenpräparat angewendet, und meist findet sich irgendein vernünftiger Mensch,
der das Fladenpräparat vor Ort herstellt, dann im Großen anwendet und
den Bauern und Gärtnern weitergibt.

Kuhhörner für das Fladenpräparat

W.W.: Wie stellen Sie das Fladenpräparat her?

M. Thun: Als erstes verwenden wir den Mist von Kühen, müssen
aber darauf achten, daß diese Kühe vorher keine Silage fressen. Wenn
die Kuh Silage frißt, werden die beiden ersten Verdauungsstufen der Kuh
übersprungen, und die Silage wird nur mit den beiden letzten Mägen
verdaut. Und dann haben wir unzählige Versuche gemacht und letztendlich festgestellt, daß man das beste Fladenpräparat dadurch erhält,
daß man den Mist der Kühe nimmt, den diese von sich geben, wenn
der Mond im Löwen steht. Das war eine jahrelange Arbeit. Hinten in
meinem Aussaatkalender habe ich immer die Adressen, bei denen man
das Fladenpräparat bestellen kann.

Weiterhin benötigen wir Kuhhörner, in die wir den Kuhmist füllen. Die Hörner geben wir über Winter in die Erde. Dieses Präparat muß dann eine Stunde in Wasser gerührt und auf den Acker gespritzt werden, dann ergibt sich eine vollkommen andere Situation auf dem Acker.

Dem Komposthaufen setzen wir sechs sog. Kompostpräparate zu. Bei ihm ist es so, daß anfangs Pilze wachsen; die ersten Umsetzungen kommen durch die Pilze.

© Matthias Thun   Quelle: Matthias Thun
Matthias Thun präpariert Kompost

Anschließend beginnt eine Bakterienstufe, und dann kommen Regenwürmer und Springschwänze. Wenn dann dieser Kompost fertig ist und auf den Acker gebracht wird, wachsen neue Pilze. Das aber bedeutet, daß man den Pilzbefall auch an den Pflanzen hat. An diesem Problem haben wir sehr lange gearbeitet und dabei festgestellt, daß diese neu einsetzende Verpilzung nicht einsetzt, wenn wir das Hornmistpräparat spritzen. Dieses Präparat wirkt so, daß die Prozesse im Boden umgestellt werden, nicht mehr abbauend sind, sondern aufbauend. Es fördert gezielt das Bodenleben und damit auch die Bodenfruchtbarkeit.

W.W.: Wie erklären Sie das?

M. Thun: Das weiß ich auch nicht; es sind alles Ergebnisse unserer Forschungen. Ich habe natürlich darüber meine Vorstellungen, spreche aber immer nur über die beweisbare Wirkung. Denn alle meine Forschungen kann ich vertreten.

W.W.: Welche Kräfte wirken in einem Kuhhorn?

M. Thun: Das weiß ich auch nicht. Rudolf Steiner spricht nie vom Kuhhorn allein, sondern er spricht immer über das Horn und die Klaue. Dann sagt er, daß diejenigen Kräfte, die bei der Kuh im Horn und in der Klaue sind, beim Pferd in der Mähne wirken. Nun haben wir endlose Versuche mit Kuhhörnern, Kuhklauen und Pferdemähnen durchgeführt. Aber was dort genau in diesen Körperbestandteilen wirkt, kann ich nicht mit Sicherheit sagen. Letztlich geht es immer darum, daß der Boden neu belebt wird.

Aussaaten in Zeiten von Planetenfinsternissen

Im Frühjahr 1967 schrieb ich einen Artikel in der *Lebendigen Erde*, in dem ich u.a. darstellte, daß verschiedene Aussaaten von mir nicht keimten. Später habe ich dies untersucht und festgestellt, daß es alles Aussaaten in den Zeiten von Planetenfinsternissen waren. Ein Professor der Universität Gießen las diesen Artikel, der selbst jahrelang Versuche mit Sonnenblumen durchgeführt hatte. Seine Züchtungen waren so, daß die Sonnenblumenköpfe so schräg nach unten hingen, daß dadurch die Vögel nicht die Kerne fressen konnten. Er hatte vielen Schülern auf der ganzen Erde Sonnenblumensamen gegeben, die aber alle nicht keimten; und so war er völlig verstört. Dann las er in meinem Artikel in der *Lebendigen Erde*, daß auch bei uns diejenigen Aussaaten nicht keimten, die während der Planetenfinsternisse ausgesät waren. Er rief mich dann an, bat um Zusammenarbeit, und wir begannen mit unseren gemeinsamen Forschungen. Er war von der Präparatewirkung sehr begeistert.

Keine Kuhhörner mehr

Das Problem war nur, daß zwei Jahre vorher in Deutschland mit der Enthornung der Kühe begonnen wurde. Insofern bekamen wir Probleme, genügend Kuhhörner zu erhalten. Der Professor wies mich darauf hin, daß ich mir für das Kuhhorn etwas anderes einfallen lassen solle. Es gab mir sehr zu denken, daß wir nicht mehr genügend Kuhhörner hatten – zum einen, weil man weitgehend die Kühe enthornte, zum anderen, falls man die gesamte Landwirtschaft auf biologisch-dynamisch umstellen würde.

Schon damals bekam ich gute Ergebnisse mit dynamisiertem Rindermist (eine Stunde dynamisiert, also in bestimmter Weise umgegraben). Trotzdem habe ich weitere Versuche gemacht, z.B. indem ich eine große Grube aushob, den eine Stunde dynamisierten Rindermist hineinfüllte und dann fünf offene Kuhhörner oben hineinsteckte. Gleichzeitig nahmen wir Vergleiche vor und stellten fest, daß mit dieser neuen Präparatgewinnung 75 % der Wirkung des Präparats aus Kuhhörnern erreicht wurden. – Mittlerweile haben wir das Grubenpräparat weiterentwickelt und geben zwölf Hörner oben hinein. Und dadurch bekommen wir eine größere Menge Präparat!

Auf der Farm in Sekem in Ägypten haben sie jetzt 3.000 Hektar Wüste neu hinzubekommen, und eine derartig große Fläche kann man niemals

© Matthias Thun   Quelle: Matthias Thun
Maria Thun in Sekem/Ägypten am Baumwollfeld

mit dem Hornmistpräparat pflegen. Mit einzelnen Kuhhörnern ist eine derartig große landwirtschaftliche Fläche nicht zu versorgen.

W.W.: Welche Menge braucht man für welche Fläche?

M. Thun: Wir brauchen etwa 100g Fladenpräparat oder vier Horninhalte Hornmist auf 40 Liter Wasser und können damit einen Hektar spritzen.

W.W.: Gibt es auch andere Ideen, statt Kuhhörner andere Körper zu nehmen, z.B. platonische Weltenkörper oder anderes?

M. Thun: An dieser Stelle habe ich selbst keine Forschungen betrieben.

W.W.: Wann genau geben Sie normalerweise das Kuhhorn mit dem Kuhmist in die Erde?

M. Thun: Im Herbst, in der Zeit, in der die Sonne vor dem Sternbild Jungfrau steht.

W.W.: Und wann nehmen Sie es wieder heraus?

M. Thun: Früher sagten unsere Berater, daß wir das Präparat in der Karwoche aus der Erde holen sollten. Aber ich stellte fest, daß das Präparat dann leicht schimmelt, wenn man es in dieser Zeit aus dem Boden holt. Ich bekam von 23 Orten auf der nördlichen Erde Präparate, um mit ihnen Versuche zu machen, und dabei stellte ich fest, daß alle Präparate, die südlich der Alpen im Boden waren, wirklich reif waren und nicht schimmelten, die anderen nicht. Gleichzeitig erforschte ich, daß immer dann, wenn der Mer-

© Matthias Thun　　　　Quelle: Matthias Thun
Maria Thun in Ägypten

kur vor das Sternbild Widder geht, andere Verhältnisse im Boden einsetzen.

Die Region südlich der Alpen ist diejenige, in der die Sonne im Widder aufsteigt und im Löwen absteigt. – Ich machte dann Versuche und wartete, bis der Merkur etwa eine Woche in dieser Region ist, und dann nahm ich die Präparate aus dem Boden und stellte fest, daß sie nicht schimmelten.

Horn-Kiesel-Präparat

W.W.: Können Sie kurz darstellen, was das Horn-Kiesel-Präparat ist?

M. Thun: Für dieses Präparat nehmen wir richtigen geformten Bergkristall, und er wird zerkleinert. Früher haben wir das selbst gemacht, und zwar in Eisenbehältern, allerdings mit der Folge, daß immer Eisen mit hineinkam. Später habe ich dann aber ein Werk im Taunus entdeckt, in dem der Quarz zerkleinert wird, weil er für große Lupen und die Herstellung eines ganz speziellen Putzes gebraucht wird. Ein Bekannter von mir führte Lichtversuche mit diesem Quarz durch und machte mich mit dem leitenden Personal dieses Werkes bekannt, so daß wir nicht mehr selbst den Quarz zerkleinern mußten. Seitdem nehmen wir den maschinell zerkleinerten Quarz. Der Quarzstaub war aber zu fein pulverisiert. Deswegen führte ich zahlreiche Versuche durch – von einer ganz feinen Stufe bis zu 0,5 mm großen Körnern. Mein Sohn Matthias untersuchte dann die verschiedenen Quarzstufen unter dem Mikroskop und stellte fest, daß bei einer bestimmten Größe Regenbogenfarben auftauchen. Und diese Größe nehmen wir seitdem.

Wenn man nach dem „Landwirtschaftlichen Kurs" Rudolf Steiners geht, dann spricht er davon, daß man dieses Präparat nur einmal im Jahr spritzen sollte. Wir haben aber herausgefunden, daß man drei Spritzungen machen muß. Auch beim Hornmist nehmen wir drei Spritzungen vor. Beim Hornmist nehmen wir die erste Spritzung vor, bevor wir den Boden bearbeiten, die zweite Spritzung wird nach der Bodenbearbeitung vorgenommen, und zwar aus demselben Gerührten. Die dritte Spritzung erfolgt nach dem Säen, und diese Art der dreifachen Spritzung erzielt die beste Wirkung.

In bezug auf das Horn-Kiesel-Präparat haben wir festgestellt, daß die erste Spritzung bei Getreide am besten im Zweiblatt-Stadium der Pflanze an Fruchttagen gegeben werden sollte. Die nächste Kieselspritzung erfolgt dann, wenn der Mond wieder vor einem Sternbild steht, welches mit den Fruchttagen zusammenhängt. Insgesamt spritzen wir dreimal während der Fruchttage und erzielen damit die beste Wirkung.

W.W.: Welche Kräfte kommen mit dem Kiesel in die Erde hinein?

M. Thun: Das weiß ich nicht, Kieselpräparat wird auf die Pflanze gespritzt. Wir haben festgestellt, daß auch das Horn-Kiesel-Präparat im nächsten Jahr noch nachwirkt, wenn es zu den richtigen Zeitpunkten ausgespritzt worden ist. Und wenn ich an Fruchttagen das Kiesel-Präparat spritze, wirkt sich dies besonders im Frucht-Samen-Bereich aus. Wenn ich bei Getreide an Wurzeltagen spritze, geht der Ertrag zurück. – Auf dieser Ebene haben wir wirklich endlose Versuche gemacht.

Hirschblase und Schafgarbe

W.W.: Was ist der Unterschied zwischen einem Horn und einem Geweih?

M. Thun: Beim Horn ist es so, daß die kosmischen Kräfte verinnerlicht werden, und durch das Geweih werden die kosmischen Kräfte aus dem Tier herausgesetzt. Aber bei den Tieren mit Geweih kommen sie zurück und konzentrieren sich in der Blase.

W.W.: Kommen wir zum Schafgarben-Präparat: In eine Hirschblase wird Schafgarbe gegeben. Warum gerade Schafgarbe?

M. Thun: In der Schafgarbe wirken die Venuskräfte. Auf diesem Gebiet haben wir sehr viel weitergeforscht. Als aus England BSE herüberkam, verursacht dadurch, daß Wiederkäuer mit Fleisch gefüttert wurden und die Rinder krank wurden, kam diese Krankheit auch auf das Festland, und man befürchtete, daß sie auch beim Menschen auftreten würde. In der EU wurde von heut auf morgen verboten, die tierischen Organe bei der Präparatebereitung zu nutzen. Die Metzger bekamen die Anweisung, alle inneren Organe sofort zu entsorgen. Der Metzger, von dem ich immer die Organe bekam, hatte Angst, mir diese zu verkaufen.

Und dann überlegte ich und kam zu dem Schluß, daß dies nicht der Sinn der Sache sein könne. Wir haben auch sehr viel über Bäume gearbeitet und auch ein Buch über Bäume herausgegeben, u.a. über die kosmischen Beziehungen der Bäume. Wir haben dann entsprechend der tierischen Organe damit in Beziehung stehende Pflanzen gesucht. In der Schafgarbe gibt es Venuswirkungen, und wir nahmen dann einen Venusbaum, und zwar einen Ast, den wir aushöhlten, Schafgarbe hineingaben, hängten diesen und auch die Hirschblase über Sommer an eine sonnige Stelle und vergruben den mit Schafgarbe gefüllten Ast zusammen mit der Hirschblase im Herbst in der Erde.

Mit diesen Versuchen begannen wir 2002/03 und sind mittlerweile so weit, daß wir für die Kamille – in ihr wirken Merkurkräfte – die Lärche nehmen. Anfangs nahmen wir jeweils zwei Bäume und haben dann den genommen, der am besten geeignet war. Für die Eichenrinde nahmen wir die Eiche selbst, für den Löwenzahn den Ahorn, bei der Schafgarbe nehmen wir die Birke. Übrig blieben für die Schafgarbe die Birke, für die Kamille die Lärche, für den Löwenzahn der Ahorn und für die Eiche die Eiche selbst. Die Eibe ging gar nicht. Auch hier haben wir endlose Kompostvergleiche durchgeführt. Anschließend führte ich mit den vielen Komposten Düngungsvergleiche durch, und zwar bei sehr vielen Pflanzen.

W.W.: Das ist ja eine ungeheure Arbeit und ein übermäßiger Willenseinsatz!

M. Thun: Ungeheuer! Das kann man sich eigentlich gar nicht vorstellen. Ich habe diese Zusammenhänge dann auch veröffentlicht, wurde auch hin und wieder dafür kritisiert, weil man meinte, ich wollte mit diesen Bäumen und den daraus gewonnenen Präparaten Rudolf Steiner verbessern. Aber ich habe die Kritiker darauf hingewiesen, daß es immer schwieriger wird, die tierischen Organe und die Hörner zu bekommen, und daß man darüber nachdenken muß, wie man die Präparate weiterentwickelt.

W.W.: Was bewirkt das Schafgarbenpräparat im Boden?

M. Thun: Auch das kann ich eigentlich nicht beantworten, da wir die Präparate als Ganzes in den Boden hineingeben. Prinzipiell unterstützt die Schafgarbe allerdings im Boden den Venusprozeß, die Kamille den Merkurprozeß, die Eichenrinde den Marsprozeß und der Löwenzahn den Jupiterprozeß. Rudolf Steiner weist darauf hin, daß die Pflanze in dem Moment, in dem man die Präparate entsprechend anwendet, die kosmischen Wirkungen im Boden finden wird. Aber was jeweils das einzelne Präparat für sich bewirkt, kann ich nicht sagen.

Brennessel – die Sonnenpflanze

W.W.: Dann gibt es noch das Brennesselpräparat. Welche Wirkung hat dieses?

M. Thun: Das Brennesselpräparat ist verhältnismäßig einfach herzustellen und verstärkt die Sonnenwirkung im Boden. In bezug auf die Brennessel wird immer angenommen, daß sie eine Marswirkung hätte; aber das stimmt nicht, denn die Brennessel ist eine ausgesprochene Sonnenpflanze. Die Brennessel sorgt auch dafür, daß die obersonnigen und die untersonnigen Planetenkräfte im Boden zueinanderkommen.

W.W.: Hat es eine Bedeutung, wer z.b. das Brennesselpräparat oder auch die anderen rührt? Hängt die Qualität der gerührten Präparate von der seelischen Artung bzw. der Stimmung des jeweiligen Menschen ab? Haben Sie damit auch Versuche gemacht?

M. Thun: Eigentlich haben wir hier keine richtigen Vergleiche gemacht, weil meist nach sehr kurzer Zeit deutlich wird, daß ein entsprechender Mitarbeiter nicht geeignet ist. Ich hatte z.b. einmal eine Mitarbeiterin, die Samen in einer ziemlich mechanischen-intellektuellen Weise aussäte, und zwar mit dem Metermaß, ganz genau. Und ich sagte mir, daß sie dies doch auch gleichzeitig mit einer entsprechenden inneren Erfüllung getan haben müsse. Das Ergebnis zeigte sich: Es keimte nicht ein einziger Samen.

Baldrian

W.W.: Letztlich haben wir noch nicht das Baldrianpräparat besprochen. Können Sie dazu etwas darstellen?

M. Thun: Der Baldrian braucht keine Hülle. Zuerst werden die Blüten bei einer ganz bestimmten Konstellation gepflückt; das ist sehr wichtig! Dann werden sie mit dem Fleischwolf gemahlen, danach geben wir sie in einen Mullbeutel und drücken sie aus. Das ist dann bereits das fertige Präparat. Durch unsere Versuche haben wir herausgefunden, daß ein Tropfen auf einen Liter Wasser gegeben werden muß und dann die beste Wirkung erzielt wird.

Mit den verschiedenen Präparaten haben wir unzählige Versuche unternommen, wir haben auch Tees mit den einzelnen Kräutern – Schafgarbe, Kamille, Löwenzahn usw. gemacht, diese ausgespritzt und auch dadurch enorme Wirkungen erzielt. Aber das stelle ich gerade in einem Buch über die Präparate dar, an dem ich zur Zeit arbeite. Es gab auch immer mal wieder Menschen, die sich wegen der tierischen Organe geschüttelt haben, z.B. weil sie Vegetarier sind, und deswegen haben wir auch alternativ diese endlosen Versuchsreihen mit den Tees gemacht.

Veraschungsversuche mit Unkraut

W.W.: Welche Versuche haben Sie mit Unkraut durchgeführt?

M. Thun: Hier haben wir z.B. Versuche auf einem Versuchsfeld in Gisselberg bei Marburg durchgeführt. Dies war eigentlich eine kleinere Fläche, umringt von anderen landwirtschaftlichen Flächen, auf denen überall Herbizide gespritzt wurden. Dabei hatte ich den Eindruck, daß die Naturgeister sämtliche Samen von allen Unkräutern auf unsere Fläche trugen – sozusagen um sie zu retten. Über eine längere Zeit zupften wir sämtliches Unkraut aus dem Boden, aber es wuchs immer erneut nach, und am Ende hatten wir riesige Berge von Unkraut. Wir waren dabei sehr gründlich und nahmen auch die kleinsten Unkräuter weg. Aber damit hatten wir überhaupt keinen Erfolg, denn alles wuchs immer fast sofort wieder nach. Als mich dann ein befreundeter Professor besuchte, erklärte er sein Unverständnis und wies mich darauf hin, daß Steiner im „Landwirtschaftlichen Kurs" genau angegeben habe, was man in solchen Fällen zu tun habe. Aber bis zur damaligen Zeit hatte noch niemand solche Versuche durchgeführt.

W.W.: Welche Versuche haben Sie anschließend durchgeführt?

M. Thun: 1968 begann ich mit diesen Versuchen, und auch hier wurden es wieder unendliche Versuchsreihen. Zuerst vermieden wir auf dem Versuchsgelände, irgendwelche Nutzpflanzen zu säen, und überließen das Pflanzenwachstum sich selber. Wir wollten einfach sehen, was kommt. Bald entdeckten wir, welche Unkräuter auf welche Rhythmen reagieren. Im dritten oder vierten Jahr begannen wir dann mit der Veraschung, also indem wir die Samen der verschiedenen Unkräuter verbrannten.

Als ich zuerst über die Veraschung von Samen im „Landwirtschaftlichen Kurs" las, nahm ich mir vor, dies auf keinen Fall zu machen. Aber infolge unserer Versuchsarbeit habe ich es dann doch gemacht und jahrelang damit gearbeitet. Im Zuge dessen habe ich sehr viele Jahre Unkrautversuche durchgeführt.

Die Naturgeister wollen nicht,
daß man die Samen von Kulturpflanzen verbrennt!

W.W.: War die Veraschung erfolgreich?

M. Thun: Die Veraschung der Pflanzen bzw. der Samen klappt nur dann, wenn man sich mit den übersinnlichen Wesen, den Naturgeistern, in Verbindung setzt. Man kann die Naturwesen z.b. bitten, die Keimfähigkeit bestimmter Unkräuter zurückzunehmen.

Als ich auf einer Tagung zum ersten Mal davon hörte, daß man z.b. mit Raps Biosprit herstellen kann, habe ich mich sehr geärgert, weil auch dies eine Verbrennung ist. Einmal habe ich mit Rapssamen Versuche gemacht und sie wie auch alle anderen Unkrautsamen zu Hause in meiner Küche auf dem Herd verbrannt. Draußen war es windstill. Und mit einem Male geht ein solcher Sturm los, bei uns in der Küche, daß sogar von den Regalen Gegenstände herunterfielen. Und mir wurde es klar, daß die Naturgeister es nicht wollen, daß man die Samen von Kulturpflanzen verbrennt. Trotzdem habe ich noch einige Versuche mit Raps gemacht, allerdings nur in Töpfen, und wir haben diese Töpfe nach einigen Tagen ins Freiland eingesetzt. Aber auch hier geschah etwas Ungeheures: Nach etwa zehn Tagen brach plötzlich ein derartiges Gewitter mit entsprechendem Regenschutt los, und zwar nur an dem Acker, auf dem diese Töpfe standen, und schwemmte die Pflanzen samt den Töpfen weg.

In dem Moment beschloß ich, nie wieder derartige Versuche mit Kulturpflanzen und mit der Veraschung solcher Samen durchzuführen. Aber gerade in letzter Zeit verbrennen viele Menschen immer mehr Mais und anderes Getreide, um damit Benzin zu gewinnen. Auf der anderen Seite verhungern aber die Menschen. Das ist ganz entsetzlich! Überall, wo ich Vorträge hielt, habe ich gegen diese Praktiken gewettert; aber bei der heutigen Dominanz der Materialisten hat man hier kaum eine Chance.

W.W.: In der ersten Jahreshälfte 2008 ist man durch das Ansteigen der Nahrungsmittelpreise ein wenig für dieses Problem aufgewacht.

Fortan kamen die Schnecken nicht mehr

Haben Sie auch tierische Schädlinge verbrannt, z.B. Mäuse? Das ist ja eigentlich eine recht heikle Angelegenheit.

M. Thun: Schon, aber ich empfehle das auch immer weiter. Auf diese Zusammenhänge weise ich auch meist in meinem jährlichen Saatkalender hin, z.B. im letzten in bezug auf die Schnecken. Ich habe genau beschrieben, was man in bezug auf die Schnecken machen kann, und habe dann nur noch einen einzigen Satz hinzugefügt: „Denn dann müßte man nicht zur Veraschung schreiten." Daraufhin bekam ich aber jede Menge unverschämter Briefe von Tierliebhabern, obwohl ich überhaupt nicht geschrieben habe, daß man veraschen solle. Ich beschrieb lediglich, wie ich verschiedene Versuche mit verschiedenen Präparaten auf einzelnen Beeten durchführte.

© Matthias Thun   Quelle: Matthias Thun
Maria Thun in Dexbach

Auf einem Beet, wo keine Präparate gespritzt waren, waren auf einem Quadratmeter etwa 100 Schnecken. Auf anderen Beeten, auf dem ich das Kieselpräparat ausgespritzt hatte, kam keine einzige Schnecke. Besonders in Dexbach habe ich viele Versuche mit dem Kieselpräparat und den Schnecken durchgeführt, und ich entsinne mich noch, wie ich gerade das Präparat in einem Eimer anrührte und meine Nachbarin eines Morgens furchtbar schimpfte. Da sie meine Schwester ist, fragte ich sie gleich, warum sie so schimpfe, und sie antwortete mir, daß sie gerade einen ganzen Eimer voller Schnecken aus ihrem Garten gesammelt habe und daß dies schon seit einigen Tagen so ginge. Bei der anderen Nachbarin auf der anderen Seite war es ganz genauso. Ich habe ihnen dann zehn Liter Kieselpräparat gegeben und sie gebeten, den Garten damit zu spritzen – und fortan kamen die Schnecken nicht mehr.

Ich kenne auch einige Menschen, die mit den Naturgeistern verkehren, und von denen weiß ich, daß die Naturgeister ganz außer sich geraten – im positiven Sinne –, wenn dieses und andere Präparate gerührt werden.

Veraschung von Mäusen

W.W.: Welche Veraschungsversuche haben sie mit Mäusen durchgeführt?

M. Thun: Hier habe ich Versuche mit sehr guten Ergebnissen erzielt, u.a. mit einer Studentengruppe aus Marburg. Bei der Veraschung von Tieren hatte ich immer den Eindruck, daß man sich mit dem Gruppen-Ich der Tiere in Verbindung setzen müsse. Dann wirkt die Veraschung.

W.W.: Können Sie etwas konkreter schildern, was Sie durchgeführt haben? Haben Sie Mäusefelle verbrannt, oder wie sind Sie vorgegangen?

M. Thun: Anfangs haben wir Felle verbrannt, aber das ist eigentlich eine ziemlich widerliche Tätigkeit, wenn man diese Felle abziehen muß. Und dann habe ich die ganzen Mäuse verbrannt, später auch Ratten und Wühlmäuse. Diese Tätigkeit des Verbrennens und Veraschens wirkt enorm. Trotzdem haben wir festgestellt, daß wir das Verbrennen von Tieren bei uns gar nicht anwenden müssen, und zwar wegen unserer Präparate nicht, die diese Tiere anscheinend fernhalten.

Die Tiere, die uns allerdings enorm schaden, sind Rehe, Wildschweine und Hirsche. Trotzdem haben wir auch hiermit Versuche gemacht, und zwar haben wir ein Wildschweinfell verbrannt und die Asche auf einem ganz schmalen Strich mit einer kleinen Maschine rund um ein Feld gestreut. Gleich daneben lag ein zweites Feld mit der gleichen Bepflanzung, um welches wir die Asche nicht streuten. Auf das erste Feld mit der Asche gingen die Wildschweine fortan nicht mehr. Aber der Strich aus der Asche durfte keine Unterbrechung haben, wenngleich er auch sehr fein war. Auf jeden Fall sind die Wildschweine nicht auf dieses Feld gegangen.

W.W.: Das grenzt ja fast an Magie!

M. Thun: Ja, auf jeden Fall. In unserer Gegend gibt es leider sehr viele Wildschweine, und sie graben sich auch unter jedem Zaun hindurch. Ich sprach dann mit den Jägern dieser Region, ob sie nicht einmal etwas mehr Wildschweine schießen könnten, und sie antworteten mir, daß die Wildschweine zuerst zu den Thuns gehen. Das liegt daran, daß wir Demeter-Qualität haben. Die Hirsche machen uns den Roggen kaputt, die Sauen den Weizen und die Rehe den Hafer. Über diese Zusammenhänge habe ich im neuen Saatkalender mit vielen Bildern einen humorvollen Artikel geschrieben, auch darüber, daß auch unsere Hühner Demeter-Getreide zu fressen bekommen und daß dies der Fuchs sehr zu schätzen wisse.

Eine Bitte an die guten Geister

W.W.: Wenn Sie auf Ihr langes Leben zurückschauen, was sind die Bereiche und Willenseinsätze, die Ihnen am besten gelungen sind? Was sind die Früchte Ihres Lebens?

M. Thun: Eigentlich haben wir das Feld gut bestellt, und alle unsere Forschungen sind letztendlich gut gelungen.

W.W.: Was sind Ihre schönsten Forschungsergebnisse?

M. Thun: Der Ausgangspunkt für meine Forschungen war die Belebung der Erde. Im Hinblick darauf war das Fladenpräparat unser größter Erfolg. Ein zweites ist die Erkenntnis, daß die gesamten Präparatewirkungen im Zusammenhang mit Rhythmen stehen. Damit hatte ich selbst nicht gerechnet. Wenn ich das Kieselpräparat an Fruchttagen spritze, wirkt es im Frucht-Samen-Bereich; wenn ich es an Wurzeltagen spritze, wirkt es im Wurzelbereich. Die Präparate ordnen sich in die jeweilige Tageskonstellation ein. Damit hatte ich wirklich nicht gerechnet, denn ich ging von einer größeren Selbständigkeit der Präparate aus. Früher hieß es, man müsse das Kieselpräparat im Sommer spritzen, aber das fanden wir nicht bestätigt. Die Rhythmen sind bei allem, was wir erarbeitet haben, die dominierenden Kräfte. Und die Präparate stellen sich in diese Rhythmen herein.

Man benötigt den Willen, um wirklich durchzuhalten

W.W.: Sie haben in Ihrem langen Leben einen ungeheuren Willenseinsatz gezeigt. Was können Sie über die Willensseite Ihrer Arbeit sagen? Haben Sie dabei unterschiedliche Qualitäten des Willens wahrgenommen?

M. Thun: Ich hatte sehr viele Mitarbeiter bei meiner Arbeit, und immer wieder kam es vor, daß einzelne kritisch nachfragten, ob man wirklich noch einmal mit ei-

© Matthias Thun   Quelle: Matthias Thun
Matthias Thun beim Häckseln von Gründüngung

nem Präparat spritzen müsse oder ob man wirklich noch einmal hacken müsse – und hier muß ich sagen, daß es von Anfang an darauf ankam, daß man wirklich durchhält. Es geht nicht, wenn man seine Arbeit schlampig macht. Man benötigt den Willen, um wirklich durchzuhalten.

W.W.: Haben Sie innere Übungen durchgeführt, wenn Sie auch einmal gescheitert sind, wenn die Arbeit zuviel wurde, um dadurch wieder Kraft zu bekommen?

M. Thun: Das gehört zu meinem Lebenslauf. Aber an dieser Stelle steht auch das Vaterunser. Darin geht es auch um Übungen. Auf jeden Fall habe ich in meiner Arbeit immer wieder bemerkt, was Konsequenz letztendlich bewirkt. Die Arbeit muß man ernst nehmen. Und ich habe immer wieder bei Mitarbeitern bemerkt, die ihre Arbeit nicht ernst nahmen, daß ich sie nicht lange halten konnte. Bei mangelnder Ernsthaftigkeit gerät der gesamte Betrieb durcheinander.

Jeder normale Mensch muß etwas mit meinen Forschungen anfangen können

Oft wurde mir die Frage gestellt, ob Naturgeister bei meinen Versuchen mitwirkten, dann konnte ich die Frage zwar verstehen – aber mir wurde klar, daß die Praktiker vor Ort damit überhaupt nichts anfangen können. Alles muß runter in den Willen, in die Tat, in die Praxis. Für mich war es zeitlebens immer klar, daß jegliche Forschungsarbeit bis in den Willen hinuntergetragen werden muß. Erst später kann es metamorphosierend durch das Erkennen verarbeitet werden.

Immer wieder habe ich betont, daß ich so arbeiten muß, daß jeder normale Mensch etwas mit meinen Ergebnissen anfangen kann. Es nützt nichts, von der Mitwirkung von Naturgeistern zu reden, wenn andere Menschen dazu keinen Zugang haben. Natürlich weiß ich sehr wohl, daß diese Wesen überall mitwirken und daß ohne sie nichts möglich ist. Aber wer noch nie etwas von Anthroposophie gehört hat, dem sollte man nicht gleich mit Naturgeistern kommen. Deshalb halten wir unsere Aussaatkalender auch auf einem gewissen Niveau, damit der normale Mensch nicht überbeansprucht wird. An den vielen Zuschriften, die ich bekomme, merke ich aber, was die Arbeit für die Menschen bedeutet, wenn sie selbst konsequent sind.

W.W.: Und das motiviert die anderen Menschen wiederum ihrerseits, Willenskräfte einzusetzen und ihre Arbeit fortzuführen!

M. Thun: Ganz genau. Vom Denken gelangt man zur Imagination, vom Fühlen zur Inspiration und durch den Willen zur Intuition – und dann sind wir eigentlich erst an dem Punkt angelangt, an dem alles zum Handwerkszeug wird.

W.W.: In der geschaffenen Natur erscheinen eigentlich Willenskräfte; was uns aus der Natur entgegenkommt, ist der Weltenwille. Wie erleben Sie Ihren eigenen Willen im Zusammenspiel mit diesem Weltenwillen?

M. Thun: Es ist nicht so, daß ich z.B. eine Handbewegung mache und daß dann die Gnomen kommen. Aber ich habe oft erlebt, wenn es um sehr wichtige Dinge geht, daß dann die Gnomen und andere Naturwesen anwesend sind; und die Art, wie dieses Zusammenspiel Bestätigung findet, ist einfach unglaublich. In solchen Momenten erlebe ich, daß mein Wirken in die Natur hineingetragen wird und daß die Natur mir auch wieder entgegenkommt.

Eine richtige Sache geht immer ihren Weg

W.W.: Wie sehen Sie die Zukunft der Erde – auf der einen Seite das Abnehmen der Lebenskräfte, die zunehmende Zerstörung unserer Erde; auf der anderen Seite die Möglichkeiten der Präparate, der biologisch-dynamischen Anbauweise und das Bemühen der Menschen, diese Erde erneut zu beleben?

M. Thun: Die Belastungen für unsere Erde sind furchtbar. Auf der anderen Seite werden sehr viele Keime gelegt, und ich sehe immer wieder, daß dort, wo die Keime gelegt werden, sich Pflanzen entwickeln. Ich denke dabei z.B. an die Zeit, als es mit dem Waldsterben begann, an die 80er Jahre. Damals haben wir großflächige Versuche in Bayern mit dem Fladenpräparat gemacht, aber nicht sehr viel darüber veröffentlicht. Aber die Menschen haben nachgefragt, und so konnten wir große Flächen mit Erfolg behandeln. Und so ist es überall: An vielen Stellen der Erde gibt es Menschen, die fruchtbar wirken, und ihr konsequenter Willenseinsatz für die Verlebendigung der Erde hat eine enorme Ausstrahlungskraft. Und je mehr die Menschen in dieser Weise wirken, desto eher kann unsere Erde gerettet werden. Das ist meine feste Überzeugung.

Es wurden sogar gegen das Waldsterben mit dem Flugzeug große Flächen gespritzt – und das hatte enorme Wirkungen. Landwirtschaftsminister Ertl (1969-83) hat uns damals unterstützt, und wir wollten drei Spritzungen durchführen. Als zwei Spritzungen erfolgreich durchgeführt worden waren, wurde Ertl durch den neuen Landwirtschaftsminister Kiechle (1983-93) abgelöst, und dieser unterstützte dieses Projekt überhaupt nicht. Es wurde dann überlegt, wie wir dieses Projekt retten könnten, und es konnte eine Maschine zum Bespritzen von Obstbäumen gefunden werden. Die Hersteller haben uns eine noch größere Spritzmaschine gebaut, und dann konnte mit dieser Maschine und einem Unimog von unten durch die Wälder fahrend gespritzt werden. So konnten wir die Blätter von unten bespritzen, denn auf der Unterseite liegen die verstopften Nadel-Blatt-Öffnungen, und der Strahl der Spritzmaschine ging nicht nur gegen die unteren Blätter, sondern über die Wipfel der Bäume hinaus und kam somit von oben wieder als Regen herab. Die Maschine haben wir natürlich auch öffentlich weiterempfohlen. Diese ganze Aktion war nur durch die Mitarbeit von Karl-Ludwig Baron von Künßberg möglich, der in fünf bayrischen Waldgebieten die Arbeit durchführte. Die Vorversuche waren in seinen Wäldern in Wernstein gemacht worden.

Wenn man sieht, wie und wo solche Impulse überall aufgegriffen werden, so ist es eigentlich unglaublich. An diesen Zusammenhängen habe ich immer bemerkt, daß unsere Sache ihren Weg geht. Eine richtige Sache geht immer ihren Weg, wenn sie ernstgenommen wird. Jede Arbeit sollte immer im Dienst der Erde zur Belebung der Natur und in den Dienst der Menschheit gestellt werden.

Der Hölle der Roten Khmer entkommen

Interview mit Lyna Puong

von Elisabeth Hüttermann

Lyna Puong wurde in Kambodscha geboren, noch vor dem Bürgerkrieg von 1970-75. Als sie sieben Jahre alt war, begann die Schreckensherrschaft der Roten Khmer. 1975-79 lebte sie in Arbeitslagern und verlor ihre ganze Familie. Auch die Zeit danach in Vietnam als „Papierlose" war schwierig. 1986 kam sie in die Schweiz. 1988 heiratete sie ihren Landsmann David Puong. 1990 wurde ihre Tochter Sabrina geboren, 1993 kam ihr Sohn Patrick zur Welt. 2001 verstarb ihr Mann unerwartet nach kurzer, schwerer Krankheit. Heute arbeitet Lyna Puong in einem Uhren- und Bijouterie-Geschäft mit internationaler Kundschaft.

Lyna Puong wurde in Kambodscha geboren und überlebte wie ein Wunder die Schreckenszeit unter den Roten Khmer. Diese brachten in den vier Jahren ihrer Herrschaft zwischen zwei und drei Millionen ihrer eigenen Landsleute um.

Als ich Lyna vor einigen Jahren kennenlernte, war ich tief berührt von ihrem schwierigen Schicksal. Aber am meisten beeindruckt hat mich die Persönlichkeit Lynas, die trotz immer neuer Schicksalsschläge den Mut und ihren Glauben an das Gute nicht verloren hat. Hier erzählt sie einiges aus dieser Zeit, die sie als Kind in verschiedenen Lagern der Roten Khmer erlebt hat.

Elisabeth Hüttermann: Lyna, Du hast eine sehr ungewöhnliche Geschichte. Kannst Du daraus etwas erzählen? Wann und wo wurdest Du geboren?

Lyna Puong: Ich kam 1968 in Kambodscha, in Phnom Pen, zur Welt. Wir waren sieben Geschwister.

E.H.: Habt ihr in der Stadt gelebt, und weißt Du, was Deine Eltern für den Lebensunterhalt gemacht haben?

L. Puong: Mein Vater hatte einen kleinen Stand in Phnom Pen, mit dem er Nudelsuppe verkaufte, und meine Mutter hatte einen Stoffladen. Davon konnten wir leben.

© PD

CIA World Factbook

Karte von Kambodscha

E.H.: Bist Du damals in Phnom Pen schon zur Schule gegangen?

L. Puong: Nein, meine Schultasche lag aber schon bereit. Ich hatte mich sehr auf die Schule gefreut.

E.H.: Wie war die Situation in Phnom Pen, bevor die Roten Khmer kamen?

L. Puong: Bevor die Roten Khmer kamen, war es für uns gut, wir haben nicht viel gemerkt, mein Vater sagte nur: "Tag für Tag wird es schwieriger, den Lebensunterhalt zu verdienen." Alles wurde täglich deutlich teurer. Aber wir Kinder haben davon nicht viel gemerkt.

Jetzt ist Frieden

E.H.: Und als die Roten Khmer die Stadt eroberten – wie hast Du das erlebt? Haben die Menschen ihnen zugejubelt, oder hatten sie Angst?

L. Puong: Ja, die Menschen waren voller Freude, jubelten, tanzten und riefen laut: „Jetzt ist Frieden, jetzt ist Frieden!" Sie dachten, der König werde zurückkommen. Und einen halben Tag lang waren viele Sachen auch ganz billig. Und ich erinnere mich noch, da ich immer sehr gern

Süßigkeiten aß, mir aber keine kaufen konnte, daß ich sie mir plötzlich leisten konnte.

Jetzt sind wir alle tot

E.H.: Es wurden aber ganz viele Menschen aus der Stadt vertrieben. Was hast Du davon mitbekommen?

L. Puong: Es war schrecklich für mich, ich dachte, jetzt gibt es keine Zukunft mehr, jetzt sind wir alle tot.

E.H.: Lyna, weißt Du, was die Roten Khmer eigentlich wollten?

L. Puong: Das weiß ich auch nicht ganz genau. Wenn ich jetzt zurückblicke, kann ich sagen, daß sie einfach nur dumm, zerstörerisch und teuflisch waren. Sie wollten die Menschen zerstören, auch die vielen guten Sachen, die im Land vorhanden waren; möglichst alles zerstören. Als die Roten Khmer das Land eroberten, freuten sich zuerst viele Leute, weil sie dachten, jetzt komme Frieden. Aber sie haben uns angelogen. Sie sagten, daß wir die Stadt verlassen sollten, nur für drei Tage, weil sie alles säubern möchten. Es liege viel Kriegsmaterial herum, und sie wollten das reinigen, und nach drei Tagen dürften wir wieder zurück in unser Haus.

Aber wir durften nicht zurück. Als sie das Land erobert hatten, haben sie als erstes die Professoren, die Lehrer, die Studenten, also die intelligenten Menschen, die Widerstand leisten konnten, umgebracht, und zwar auf ganz miese Weise. Sie fragten: „Wer ist Lehrer, wer unterrichtet? Der darf seinen Beruf weiter ausüben, der muß nicht aufs Reisfeld arbeiten gehen." So meldeten sich recht viele Leute als Lehrer oder Professoren. Und sie alle wurden umgebracht.

Wir aßen Wurzeln und Mäuse

E.H.: Aber ihr konntet noch in der Stadt bleiben?

L. Puong: Nein, wir mußten in den Wald.

E.H.: Gingt ihr mit der ganzen Familie in den Wald?

L. Puong: Nur meine Eltern und drei Geschwister. Die anderen Geschwister blieben noch in der Stadt bei meinen Großeltern.

E.H.: Wo habt ihr denn im Wald gewohnt?

L. Puong: Wir bauten selber eine kleine primitive Hütte. Wir lebten von Wurzeln, von Mäusen, von allem, was wir gefunden haben.

E.H.: Wie lange konntet ihr so im Wald zusammen leben?

L. Puong: Nicht sehr lange, mein Vater wurde von den Roten Khmer weggerissen, er mußte in eine Männergruppe gehen und andere Arbeit leisten.

E.H.: Und seid ihr dann im Wald entdeckt worden?

L. Puong: Nein, es waren viele Menschen dort. Es war eigentlich ein Lager der Roten Khmer, das wir

Flagge der Roten Khmer

selber bauen mußten. Zuerst mußte mein Vater in ein anderes Lager, dann sagte mir der Vorsteher, ich müsse weg von meiner Mutter – in eine Jugendgruppe. Und dort mußte ich andere Arbeit leisten als die Menschen im Wald.

E.H.: Hast Du denn auch im Wald arbeiten müssen?

L. Puong: Ja, die Roten Khmer hatten uns immer in ihrer Macht. Sie organisierten uns in Gruppen. Zehn Familien waren eine Gruppe. Und die Frauen arbeiteten mit den anderen Frauen auf dem Reisfeld. Zuerst gab es nur Wald, keine Felder. Wir mußten mit unseren eigenen Werkzeugen die Bäume fällen, Wurzeln ausgraben und das Gelände als Reisfeld vorbereiten. Dann mußten wir Reis pflanzen. Die Arbeit war sehr schwer. Jede von uns mußte 100 m² am Tag bepflanzen.

E.H.: Warst Du da noch mit Deiner Familie zusammen?

L. Puong: Nein, das war schon im Kinderlager. Zu Beginn teilte mir der Lagervorsteher mit, daß seine Tochter krank sei und ich eine Zeitlang für sie dortbleiben solle, bis sie wieder gesund sei. Dabei sind mehrere Monate vergangen, und ich habe meine Mutter vermißt; ich wollte wieder nach Hause zu meiner Mutter, aber es ging nicht, weil ich keine Bewilligung bekam.

Ohne Frühstück arbeiten, bis wir nicht mehr unsere Schatten sahen

E.H.: Konntest Du dort zur Schule gehen?

L. Puong: Nein, wir mußten nur arbeiten. Ganz früh am Morgen wurden wir von einer Pfeife geweckt, dann mußten wir aufs Reisfeld gehen und pflanzen und pflanzen – ohne Frühstück, bis wir unsere Schatten nicht mehr sehen konnten. Dann durften wir zurück zum Lager und bekamen einen Teller Reissuppe. Nachdem wir gegessen hatten, hieß es wieder: „Los, zur Arbeit bis zum Abend!" Viele konnten nicht das ganze Pensum pflanzen bis zum Abend. Aber wir mußten so lange bleiben, bis wir fertig waren, sonst gaben sie uns kein Abendessen. Wir arbeiteten jeden Abend noch bei Fackellicht.

Viele starben oder wurden wahnsinnig

E.H.: Und wie war das dann im Lager, sind da auch Menschen gestorben oder mißhandelt worden?

L. Puong: Ja, viele sind gestorben, schwer krank geworden, wahnsinnig geworden; es war schrecklich. Ich hatte eine Freundin, sie schlief neben mir, und plötzlich in der Nacht holte man sie weg. Am nächsten Tag brachte man ihre Kleider zurück und sagte, wir könnten sie haben. Und wir wußten, was mit ihr passiert war. Sie ist umgebracht worden.

E.H.: Und warum hat man sie umgebracht? Hat sie etwas Verbotenes getan?

L. Puong: Ja, aber sie konnte nichts dafür. Es war während des jährlichen Hochwassers. Das Wasser stieg bis zu unserer Brust. Alle mußten Reis transportieren, einen Sack voll auf dem Kopf tragen. Der Weg war nicht eben, er war holprig, und je nachdem, wo man hintrat, stolperte man. Meine Freundin fiel dabei um, der ganze Sack Reis war durchnäßt. Sie konnte ihn nicht mehr aufheben, er war zu schwer, und sie kam mit leeren Händen zurück ins Lager. Dann weckte der Chef sie mitten in der Nacht und sagte ihr, sie könne hier nicht mehr arbeiten, die Arbeit sei zu schwer für sie, „wir bringen dich zu einem anderen Ort, wo Du es bequem hast". Sie ahnte, was mit ihr passieren würde, und hat am ganzen Körper gezittert.

E.H.: Wie alt war sie denn, gleich alt wie Du?

L. Puong: Ja, vielleicht ein Jahr älter. Wir durften nicht viel reden, nur arbeiten und ganz ruhig sein, nichts sagen außer ja.

Läuse rund um den Bauch

E.H.: Kannst Du Dich an etwas Besonderes erinnern aus dieser Zeit im Kinderlager?

L. Puong: Es war dort so eine Leiterin. Sie war viel älter als wir. Die Hälfte ihres Gesichts war verbrannt, sie hatte schlimme Narben und hat mich in der Nacht immer zu sich genommen, als „Kuscheltier". Ich hatte solche Angst vor ihr, aber ich durfte ja nicht nein sagen. Sie hatte ganz viele Läuse am Bauch, rund um den Hosenbund. Die sahen so weißlich aus. Sie sagte immer, wenn ich mich nicht weigere, gebe sie mir etwas mehr zu essen. So war das.

E.H.: Hat sie Dir denn mehr zu essen geben?

L. Puong: Ich kann mich nicht daran erinnern, ich weiß nur, daß ich immer Hunger hatte.

E.H.: Weißt Du, wie es in den Frauenlagern und in den Männerlagern zuging? War es da sehr anders?

L. Puong: Das weiß ich nicht so genau, weil ich nicht dort war, aber ich denke, es war ähnlich.

E.H.: Kannst Du beschreiben, wie Du das die ganze Zeit ausgehalten hast, etwas zu tun, wozu Du gezwungen wurdest?

L. Puong: Zuerst habe ich immer an meine Eltern gedacht. Und in meinen ganz geheimen Gedanken dachte ich immerzu: Wenn ich meine Arbeit voll leiste, darf ich meine Mutter wiedersehen. Und das hat mich immer wieder motiviert durchzuhalten, obschon ich es fast nicht aushalten konnte. Aber die Hoffnung, daß ich meine Mutter wiedersehe, hat mich weitergebracht.

E.H.: Hast Du Angst gehabt oder Haß auf die Menschen gespürt, die Dich so unterdrückt haben?

L. Puong: Nein, das habe ich nicht gespürt. Ich war froh, wenn sie mich nicht noch schlimmer plagten.

Immer wieder beten, daß Gott mir hilft

E.H.: Gab es Momente, in denen Du keine Hoffnung mehr hattest?

L. Puong: Ja, diese Momente gab es oft, weil ich ständig so großen Hunger hatte. Ich war immer sehr, sehr hungrig und vermißte meine Eltern sehr, sehr – und ich durfte sie nicht sehen. Ich dachte ständig, was ich ihnen alles erzählen wollte, aber sie waren nicht da, und ich durfte sie nicht sehen.

E.H.: Aber Du wolltest dich nicht umbringen, so weit hast Du nicht gedacht?

L. Puong: Nein, weil ich dachte, wenn ich jetzt sterbe, sehe ich meine Eltern nie mehr.

E.H.: Hattest Du andere Motivationen – außer Deine Eltern zu sehen –, damit Du durchhältst?

L. Puong: Beten, immer wieder beten, daß Gott mir hilft, mir Kraft gebe: „Bitte hilf mir, das alles durchzuhalten!"

E.H.: Warst Du ganz allein, weil Du mit den andern nicht reden durftest?

L. Puong: Ja, wir durften nicht reden, zu zweit durften wir sowieso nicht reden; wenn wir zu zweit redeten, dann hätten wir einen geheimen Plan, wir könnten fliehen – wurde einfach behauptet.

E.H.: Warst Du damals Christin?

L. Puong: Nein, jetzt bin ich Christin; damals war ich Buddhistin, und für uns war der Buddha Gott.

E.H.: Du warst ja damals erst acht, neun Jahre alt. Kannst Du noch etwas darüber erzählen, wie das mit dem Willen gewesen ist, wie Du so stark sein konntest?

L. Puong: Meinen Willen habe ich damals nicht so ganz realisiert. Immer die Hoffnung, ich sehe meine Mutter wieder, ich darf sie wieder umarmen, oder sie umarmt mich – das hat mir Kraft gegeben. Nur dieser Wunsch, meine Mutter wieder zu umarmen oder meinen Vater zu umarmen, diese Wärme, diese Geborgenheit, die wollte ich wieder erleben.

E.H.: Und Deine Mutter und Deine kleinen Geschwister, sind die dann auch in ein anderes Arbeitslager gekommen?

L. Puong: Meine Schwester kam in ein anderes Lager, und mein Bruder auch. Wir waren weit auseinander, total getrennt.

E.H.: War es möglich, sie zu besuchen?

L. Puong: Meine Geschwister nicht, aber meine Mutter. Wenn ich drei Monate lang meine Arbeit tipptopp geleistet hatte, durfte ich für eine Übernachtung zu ihr.

Im Reisfeld ohnmächtig geworden

E.H.: Wie oft konntest Du das machen?

L. Puong: Nicht oft. Ab und zu hatte ich auch Fieber und bin im Reisfeld ohnmächtig geworden. Und da haben sie mir Punkte abgezogen, und ich durfte nicht zu meiner Mutter.

E.H.: Haben sie Buch geführt über euer Verhalten?

L. Puong: Nein, sie hatten keine Bücher, sie haben es sich einfach gemerkt.

E.H.: Kannst Du Dich an ein besonderes Erlebnis erinnern, als Du Deine Mutter besucht hast?

L. Puong: Ja, ich habe mich so sehr gefreut, daß ich meine Mutter sehen durfte, und bin schon in der Nacht losgegangen. Es war dunkel mit

Foto: Oliver Spalt

Kambodscha: Arbeiterin erntet Reissetzlinge

wenig Mondlicht. Ich habe nur die Richtung gewußt. Ich bin gelaufen, durch den Wald, durch Reisfelder, durchs Gebüsch, überallhin. Und als ich wieder durch einen Wald ging, stieß ich mir den Kopf. Ich dachte: „Was soll das?", ich schaute nach oben und sah zwei Füße. Aber ich lief einfach weiter und dachte nur: „Wieso hängen die Füße da?" Und erst nach zwei Minuten realisierte ich: "Du meine Güte, das war ja eine Leiche!"

Ich bekam Angst, rannte los und dachte immer nur: "Mein Gott, hoffentlich verfolgen die Geister mich nicht." Ich wagte nicht mehr zurückzuschauen und bin nur noch gerannt – bis in den Morgen, und da habe ich mein Ziel erreicht. Aber meine Mutter war schon zum Reisfeld gegangen, um zu arbeiten, und ich mußte bis mittags warten, bis sie zurückkam. Da habe ich sie gesehen. Das war sehr schön!

E.H.: Wie weit war der Weg ungefähr, von Deinem Lager zu Deiner Mutter? Kannst Du Dich daran erinnern?

L. Puong: Ja, es war nicht sehr nah, ich bin sehr, sehr lange gelaufen. Es gab keine Wegzeichen und auch keinen richtigen Weg. Ich bin in die Richtung losgelaufen, den ganzen Abend, die ganze Nacht hindurch, bis zum Morgengrauen. Da erreichte ich mein Ziel. Ich denke, es war sehr weit. Ich wollte meine Zeit nicht verlieren. Deshalb bin ich nachts gelaufen, damit ich meine Mutter etwas länger sehen durfte.

E.H.: Haben sie euch manipuliert im Lager, mußtet ihr z.B. etwas Bestimmtes lernen?

L. Puong: Wir mußten jeden Morgen das Lied für den „großen" Parteichef singen, sonst haben wir nichts anderes gelernt als Reis pflanzen, Bäume fällen, Wassergräben vom Fluß zum Reisfeld ziehen. Es wurde aber das Ausspionieren gefördert. Wer etwas meldete, bekam mehr zu essen oder hatte andere Vorteile.

E.H.: Hast Du mitbekommen, wie Menschen umgebracht wurden?

L. Puong: Ich habe es nicht mit meinen eigenen Augen gesehen, aber Leichen habe ich gesehen.

E.H.: Wie war das für Dich?

L. Puong: Ich kann das nicht beschreiben. Ich hatte Angst, es war ein ganz komisches Gefühl. Ich dachte, das könnte auch ich sein.

Wochenlang war ich geschwollen wie ein Ballon

E.H.: Wie hält man den Hunger aus?

L. Puong: Sehr schlecht. Ich habe alles mögliche probiert: Blätter vom Baum, Kräuter, Baumrinde, alles habe ich ausprobiert, viele Sachen, die ich nicht kannte, und ich habe mich auch daran vergiftet. Wochenlang war ich geschwollen wie ein Ballon, dann ist es wieder weggegangen.

E.H.: Was geschieht in einem, wenn man ständig hungert und wenn man ständig den Tod vor Augen hat, immer Angst haben muß, daß man umgebracht wird?

L. Puong: Darüber, daß sie mich umbringen könnten, habe ich mir nicht so viele Gedanken gemacht. Der Hunger hat mich sehr gequält, und oft dachte ich, daß ich es nicht mehr aushalten kann. Vielleicht ist es besser in einer anderen Welt. Um mich herum sind so viele Menschen gestorben, das Leben hatte keinen Wert. Manchmal habe ich gedacht: „Es ist bequemer, wenn man tot ist, dann muß man nicht mehr so viel und so hart arbeiten, daß die Hände bluten.

E.H.: Du hast aber trotzdem durchgehalten.

L. Puong: Ich habe durchgehalten, jawohl.

Ohne meine Mutter gehe ich nicht

E.H.: Habt ihr Fluchtversuche unternommen?

L. Puong: Erst ganz zum Schluß, 1979.

E.H.: Kannst Du etwas davon erzählen?

L. Puong: Da waren wir in einem anderen gemischten Lager, zusammen mit Männern, Frauen und Kindern. Wir hörten überall Bomben. Wir dachten, es würde etwas geschehen. Man sagte uns aber, es sei nichts passiert, alles sei normal. Wir zogen uns immer tiefer in den Wald zurück. Wir mußten Nahrungsmittel transportieren, tiefer und noch tiefer in den Wald. Allgemein gab es sehr viel Reis, den wir selber gepflanzt und geerntet hatten. Für uns gab es aber nur ganz wenig. Alles brauchten die Roten Khmer, um ihre Waffenschulden zu bezahlen. Ich weiß nicht, an wen, vielleicht an die Chinesen oder die Russen.

E.H.: Habt ihr den Befehl von den Leitern bekommen?

L. Puong: Ja, und eines Tages hat der Chef gesagt, er komme heute nacht nicht zurück. Da dachten wir, jetzt wird es ernst. Ein Mann aus unserer Gruppe sagte, wir müssen diese Chance nützen. Alles, was wir im Lager haben, müssen wir rausholen, Werkzeuge schärfen. Und wenn der Chef und seine Begleiter heute nacht doch zurückkommen, dann bringen wir sie um. Und ich dachte: „Mein Gott, jetzt ist es soweit." Ich hatte Angst. „Wenn sie nun doch zurückkommen?" Sie hatten Waffen, Pistolen und Gewehre. Eine ältere Frau sagte zu mir: "Nimm so viel Reis, wie Du tragen kannst." Ich hatte aber keinen Sack, nur ein Tuch, und ich dachte, in dieses Tuch kann ich etwas Reis hineinfüllen. Dann sagte sie: "Du mußt mehr Dinge nehmen." Im Lager gab es aber nur ein paar kaputte Kochtöpfe. Ich habe nichts genommen. Da sagte sie: "Wenn Du keinen Topf hast, kannst Du auch nicht kochen." Da dachte ich, das stimmt auch. Ich sagte aber zu ihr: „Ich möchte nicht mit euch fliehen, ich möchte zu meiner Mutter. Ich habe ihr versprochen, zu ihr zurückzukommen, mit ihr zu fliehen, und ohne sie werde ich nicht gehen." Da sagte die Frau zu mir: „Du spinnst, wir müssen für uns schauen, wir müssen sehen, an welchem Ort wir in Sicherheit sind. Deine Mutter, wenn sie durchkommt, kannst Du später sehen." Und ich sagte immer noch ganz stur zu ihr: „Ich werde meine Mutter finden, ohne sie gehe ich nicht."

Wir bereiteten uns sehr gut vor – Messer schärfen, starke Äste schneiden usw. –, und dann mußten wir uns auch noch stärken, kochten und aßen wie noch nie.

E.H.: Wie viele Menschen waren das denn?

L. Puong: Ungefähr fünfzig. Die Roten Khmer hatten viele umgebracht, und viele waren an Krankheiten gestorben. Und die, die übrigblieben, hatten sie in diesem Lager zusammengelegt.

Zum Glück kamen die Lagerleiter nicht zurück. Und früh in der Dämmerung hieß es: „Wir gehen los!" Wir gingen in die entgegengesetzte Richtung, in welche wir vorher die Lebensmittel bringen mußten. Aber ich wählte einen anderen Weg, denn ich wollte zu meiner Mutter. Viele wollten mich abhalten und sagten: "Das darfst Du nicht machen, Du mußt mit uns kommen." Aber ich ging nicht mit und lief zurück in die kleine primitive Hütte meiner Mutter. Aber meine Mutter war nicht mehr da! Ich sah noch zwei Matten aus Palmblättern, die ich selbst gemacht hatte. Voller Enttäuschung ging ich, aber ich hatte die Hoffnung, daß ich sie unterwegs finde, wiedertreffe, irgendwo, vielleicht morgen, vielleicht übermorgen.

Man hat sie umgebracht, weil sie nicht mehr arbeiten konnte

E.H.: Und Deine Geschwister?

L. Puong: Sie waren in einem anderen Lager. Ich habe sie nicht mehr gefunden. Eine meiner Schwestern ist umgebracht worden. Ich weiß aber nicht mehr, in welchem Jahr. Es muß 77 oder 78 gewesen sein.

E.H.: Wie hast Du das erfahren?

L. Puong: Ich habe es von andern Kindern gehört, die mit ihr zusammen waren. Meine Schwester ist zwei Jahre jünger als ich. Sie war sehr, sehr geschickt. Sie konnte immer viele Fische fangen. Ich konnte das nicht. Die Kolleginnen haben mir gesagt, sie sei krank gewesen, sie wußte nicht mehr, wer sie ist. Man hat sie einfach umgebracht. Man hat sie umgebracht, weil sie nicht mehr arbeiten konnte. Die Kinder sagten mir, ihre Leiche liege tiefer im Wald. Ich wollte sie begraben gehen. Ich dachte, ich will sie nicht einfach so liegenlassen, es gibt ja wilde Tiere. Mindestens, mindestens kann ich sie begraben. Aber die Leute, die Mädchen haben mich zurückgehalten. „Wenn Du gehst, werden sie Dich umbringen. Wenn Du gehst und sie Dich erwischen, wirst Du auch umgebracht. Bitte mach das nicht, bitte mach das nicht." Ich habe geweint, ich habe geweint, und sie haben alle meinen Mund zugehalten. Ich durfte keinen Laut von mir geben... ich durfte nicht weinen, es wäre sehr gefährlich gewesen, für alle.

E.H.: War es die ganze Zeit so, daß Du keine Freunde hattest?

L. Puong: Ja, es war schwierig, Freunde zu finden, jeder mußte für sich selbst schauen, und man hatte Angst, daß jeder ein Spion sein könnte.

E.H.: Und dann, bei dieser Flucht, wie bist Du dann weitergegangen?

L. Puong: Ich habe andere Menschen unterwegs getroffen. Die große Hoffnung war immer noch, daß ich meine Eltern treffe. Ich ging weiter und weiter und dachte, daß ich meine Mutter vielleicht in dem Dorf finden könnte, in dem sie geboren wurde. Ich war auch dort, ein paar Tage machte ich dort Aufenthalt, und ab und zu bekam ich Reis in provisorisch aufgebauten Lagern; aber meine Mutter fand ich nicht.

E.H.: Dann war damals schon alles in Auflösung begriffen? Die Roten Khmer waren besiegt?

L. Puong: Ja, sie hatten sich zurückgezogen, tief im Wald versteckt. Und wir waren nicht mehr in Gefahr, unterwegs.

E.H.: Du bist dann einfach mit verschiedenen Leuten weitergezogen. Wovon habt ihr gelebt?

L. Puong: Manchmal habe ich Reis bekommen, manchmal Mais, und dann gab es nur noch die Bäume. Ich aß viele junge Palmen. Ich fand auch Krebse und Frösche. Einmal zog ich eine Schlange aus einem Erdloch, und ich freute mich über das viele Fleisch.

E.H.: Wer hat denn die Roten Khmer besiegt?

L. Puong: Die Vietnamesen haben uns geholfen.

E.H.: Wo bist Du als erstes hingegangen?

L. Puong: Ich ging nach Phnom Pen, weil ich hoffte, daß meine Familie dort wieder zusammenkommt. Ich dachte, wenn Frieden ist, kommen alle hierhin.

E.H.: Wie lange bist Du da geblieben?

L. Puong: Ganz genau kann ich es nicht sagen, plötzlich war ich schwer krank. Ich konnte nicht mehr gehen, ich lag am Straßenrand. Ab und zu hörte ich Stimmen: "Das Kind stirbt!" Aber ich hatte keine Angst und dachte nur, vielleicht sehe ich dort meine Eltern wieder. Schließlich verlor ich das Bewußtsein. Ich weiß bis heute nicht, wie lange ich dort krank war. Jemand brachte mich zu einem Sanitätsposten. Als ich zu mir kam, sagten diese Leute zu mir: "Du kannst jetzt wieder gehen."

Das schönste Gefühl der Welt

E.H.: Damals warst Du etwa elf Jahre alt. Wo bist Du denn dann hingegangen?

L. Puong: Ich ging von Ort zu Ort, fragte die Leute, ob sie Arbeit haben, ob sie mich nicht brauchen könnten: „Ich brauche nur ein Dach und etwas zu essen. Ich verlange keinen Lohn." Und dann traf ich eine Kusine, eine Kusine meiner Mutter, und sie nahm mich auf. Ich konnte bei ihr wohnen und ihr helfen.

E.H.: Wie lange bist Du bei ihr geblieben?

L. Puong: Ein paar Monate. Sie war dort mit zwei Söhnen und einer Schwiegertochter. Ich habe geholfen in allem, was ich konnte.

E.H.: Du bist aber nicht zur Schule gegangen?

L. Puong: Nein, ich hatte keine Schule. Wir bauten außerhalb der Stadt eine Hütte für uns.

E.H.: Wie fühltest Du Dich, als Du Deine Kusine trafst?

L. Puong: Ja, wieder jemanden von der Familie zu haben – das war das schönste Gefühl der Welt.

E.H.: Dann hast Du mit der Familie gearbeitet?

L. Puong: Ich habe mit ihnen gearbeitet. Sie haben mir Anweisungen gegeben. Ich mußte machen, was sie von mir verlangten. So vergingen die Tage. Ich mußte Reis einweichen und dann mit einer Steinmühle mahlen. Von der Teigmasse machte ich Nudeln, die meine Tante verkaufte. Ich arbeitete dort, bis eine Frau, eine Kambodschanerin, aus Vietnam kam. Die Familie wollte mit ihr nach Vietnam gehen. Diese Frau sagte mir, ich solle fliehen, weil meine Tante mich verkaufen wolle. Aber ich habe ihr nicht richtig geglaubt, glaube es auch heute noch nicht.

E.H.: Ist denn sowas vorgekommen, daß Kinder verkauft worden sind?

L. Puong: Es könnte sein. Die Frau sagte mir, an einen Mann, einen Vietnamesen. Er komme heute abend, um mich abzuholen. „Du mußt fliehen." Und ich dachte in meiner Verzweiflung: Das kann nicht sein, das darf nicht sein!

E.H.: War denn die Tante nett, war sie lieb zu dir?

L. Puong: Bei so viel Armut konnte sie gar nicht so lieb zu mir sein. Dementsprechend war sie korrekt.

E.H.: Bist Du dann geflohen?

L. Puong: Nein, ich bin nicht geflohen, denn die Frau machte mir einen anderen Vorschlag: Sie könne mich auch mitnehmen, wenn ich für sie etwas über die Grenze trage. Ich habe mir nichts dabei gedacht und nur erwidert: „Ja, ja, wenn ich mitkommen kann, bin ich froh." Und sie sagte: "Unterwegs mußt Du mich massieren, und dann vor der Grenze mußt Du aussteigen, ich habe etwas für Dich zum Mitnehmen. Du machst einen Bogen, und wir holen dich dort wieder ab. Wir treffen Dich wieder. Sie zeigte mir den Weg, den ich laufen mußte, durch den Wald, und dann irgendwo auf der anderen Seite der Grenze nach Vietnam nahm sie mich wieder mit.

E.H.: Und was mußtest Du mitnehmen?

L. Puong: Sie gab mir eine schwere Tasche und sagte mir, ich dürfe sie nicht aufmachen, und ich solle nicht fragen. Ich machte, was sie wollte, und ich weiß bis heute nicht, was in der Tasche war, was ich ein paar Kilometer über die Grenze getragen habe.

E.H.: Und nun warst Du in Vietnam. Und wo blieb deine Tante?

L. Puong: Ja, dann war ich in Vietnam. Meine Tante und ihr Sohn kamen auch mit nach Vietnam, stiegen aber vor der Hauptstadt aus. Meine Tante sagte mir, daß wir keine Papiere hätten und uns trennen müßten, weil es so weniger gefährlich sei.

E.H.: Hat denn diese Kambodschanerin illegal Menschen über die Grenze gebracht?

L. Puong: Ich weiß nicht, aber meine Tante mußte die Reise mit Gold bezahlen.

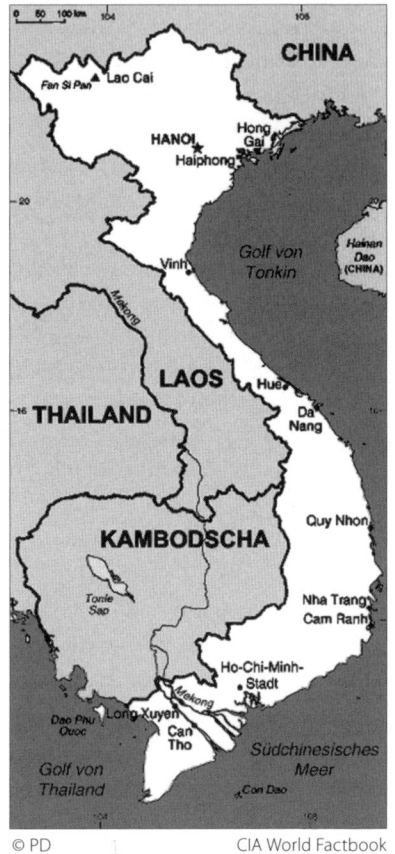

© PD

CIA World Factbook
Karte von Vietnam

E.H.: Und dann?

L. Puong: Mit der Frau und dem Fahrer kamen wir nach Ho Chi Minh-City.

„Wir sind angekommen", sagte sie, "Du kannst gehen, wohin Du willst. Wir sind in Vietnam. Ich habe mein Versprechen gehalten." Jetzt war ich allein. Ich wußte nicht, wohin ich gehen sollte, und blieb dort, wo ich ausgestiegen war. Zum Glück fand ich einen Ort, an dem ich übernachten konnte. Es war irgendein Gemüsestand, auf dem ich schlafen konnte.

E.H.: Wie war es denn mit der Sprache? Konntest Du vietnamesisch?

L. Puong: Nein, ich konnte kein Vietnamesisch, und die Kambodschanerin konnte ein wenig meinen Dialekt aus Kambodscha, so konnten wir uns verständigen. Am nächsten Tag fragte ich viele Leute in meinem Dialekt, ob sie Arbeitskräfte brauchten. So suchte ich mehrere Tage Arbeit, aber niemand wollte mich einstellen. Eines Tages traf ich diese Frau, die mich mitgenommen hatte, wieder, und sie sagte zu mir, ihre Schwester könnte jemanden brauchen, sie hätte sechs Kinder. Da ging ich mit ihr.

E.H.: Wovon hast Du die ganzen Tage gelebt?

L. Puong: Von vielen Sachen; Gemüse, das sie weggeworfen hatten auf dem Markt, Bananen...

E.H.: Und dann bist Du zu dieser Familie gekommen, zu dieser Frau mit den sechs Kindern, und hast dort gearbeitet?

L. Puong: Ich habe dort gearbeitet, Haushalt, Kinder betreuen, alles.

E.H.: Und hast Du da auch Vietnamesisch gelernt?

L. Puong: Ein bißchen habe ich gelernt. Die Frau war aus Kambodscha, ihr Mann war Beamter gewesen, er wurde von den Roten Khmer umgebracht. Seine Frau floh mit den Kindern, noch bevor die Roten Khmer das Land erobert hatten.

Du bist ein Niemand

E.H.: Du konntest immer noch nicht zur Schule gehen. Wie lange warst Du denn bei dieser Familie?

L. Puong: Ich war ungefähr anderthalb Jahre oder längstens zwei Jahre bei ihr. Genau kann ich das nicht sagen. Die Frau hat eine Lehrerin kommen lassen, jeden Nachmittag, für ihre Kinder, damit sie Chinesisch lernen.

E.H.: Konntest Du dort Chinesisch lernen? Wie ist es Dir ergangen? Warst Du glücklicher? Du warst ja immer noch ein Kind. Kannst Du darüber etwas erzählen?

L. Puong: Ich bin gedemütigt worden. Die Kinder haben mich ausgelacht. Sie sagten immer: "Du bist ein Niemand, Du kannst nicht in die Schule gehen, Du hast kein Geld. Du bist eine blinde Kuh." Diese Demütigungen haben bei mir das Gegenteil bewirkt. Ich dachte: "Ich will es euch zeigen, wer da besser lernt!" Ich habe gearbeitet, ich habe gelernt und heimlich die Hausaufgaben der Kinder für mich gemacht, in der Nacht mit einem Kerzenlicht, wenn alle andern schon geschlafen haben, weil ich vorher keine Zeit hatte. Jede Nacht mußte ich die Chefin massieren, bis sie einschlief. Danach lernte ich bis spät in die Nacht. Meistens nickte ich am Tisch ein. Und dann war schon wieder Morgen, und ich mußte meine Arbeit aufnehmen.

E.H.: Von Deiner Familie hast Du niemanden gefunden?

L. Puong: Ich habe leider niemanden gefunden, obwohl ich jeden Tag darauf hoffte, jemanden von ihnen zu finden – eine Schwester oder einen Bruder. Und ich hoffte so sehr, daß wir zusammensein und uns erzählen könnten, was wir die ganze Zeit gemacht und erlebt haben.

E.H.: Und Deine Mutter?

L. Puong: Meine Mutter habe ich auch nicht gefunden. Ich dachte so oft an sie. Meine Mutter ist so wichtig für mich, genauso mein Vater. Sie hatten es nie einfach, aber sie haben das Geld nach Hause gebracht, uns Essen gegeben. Sie haben hart gearbeitet und nie gesagt: "Wir sind müde." Und für mich sind sie... wie Heilige! Ich ehre meine Eltern, und ich liebe sie, und ich habe auch sehr viel Kraft von ihnen bekommen, wenn ich an sie dachte. Auch heute noch.

E.H.: Dann warst Du ungefähr zwei Jahre bei dieser Familie. Warum bist Du dann weggegangen?

L. Puong: Weil ich schon sehr gut Chinesisch sprechen und schreiben konnte; nach so kurzer Zeit. Ja, ich war doch etwas stolz auf mich. Die andern konnten noch kaum etwas, und ich war schon sehr weit. Ich habe eine Stelle gefunden, wo man Chinesisch sprechen und schreiben mußte; in der Stadt, um Medikamente zu verkaufen. Man brauchte jemanden, der den Kunden erklären konnte, wie man die Medizin nehmen muß. Ich verkaufte alle möglichen Kapseln, Pulver usw. – alles aus Hongkong, alle Gebrauchsanweisungen chinesisch beschriftet.

E.H.: Was ist als nächstes passiert in Deinem Leben?

L. Puong: Mein Leben wurde sehr spannend. Ich habe viele Kolleginnen kennengelernt, sehr viele Kollegen. Es war sehr schön, diese Zeit. Es war ziemlich hart, ich habe sehr viel gearbeitet, hatte eine lange Arbeitszeit und habe auch noch den Haushalt für meine Arbeitgeber gemacht. Mit so viel guten Kollegen und Kolleginnen, mit der gegenseitigen Unterstützung, hat das mir Kraft gegeben. Aber ich habe meine Arbeit nicht als hart empfunden, sondern mit Freude gemacht.

E.H.: Waren das Kollegen, die auch mit Deinem Beruf zu tun hatten?

L. Puong: Nein, überhaupt nicht. Wir hatten uns so kennengelernt, privat. Am Abend saßen wir ein wenig zusammen, eine halbe Stunde vielleicht.

E.H.: Waren das mehr Kambodschaner, oder waren es Vietnamesen?

L. Puong: Es waren chinesische Vietnamesen. Ihre Eltern oder Großeltern waren aus China ausgewandert. Dort waren sie zur Welt gekommen. Wir haben Chinesisch gesprochen, Kantonesisch.

E.H.: Konntest Du denn verschiedene chinesische Sprachen?

L. Puong: Ja, ich habe Mandarin gelernt. Bei der Arbeit mit den Medikamenten sprachen mehrere Leute Kantonesisch, und so habe ich das auch noch gelernt.

E.H.: Hast Du in dieser Zeit auch Deinen Mann kennengelernt?

L. Puong: Ja, ungefähr, als ich siebzehn war. Wir haben uns sehr gern gehabt, man kann sagen, es war Liebe auf den ersten Blick. Nach einem Jahr mußten wir uns trennen, weil er nach Taiwan ging. In Ho-Chi-Minh-City war er in einem Flüchtlingslager. Seine Schwester, die schon in Taiwan war, hat ihn dort herausgeholt. Damals dachte ich, daß wir uns nicht wiedersehen.

Ich möchte den Schwachen beistehen

E.H.: Warum gingst Du dann in die Schweiz?

L. Puong: Ich suchte meine Eltern über eine Suchaktion mit einer internationalen Organisation. Der Onkel, den ich fand, lebte inzwischen in der Schweiz. Früher wohnte er bei meiner Familie in Kambodscha. Dieser Onkel hatte die Anzeige gelesen und mit mir Kontakt aufgenommen – von der Schweiz aus. Ich hatte keine Ahnung, wo das ist. Er war sehr skeptisch und glaubte nicht, daß ich schreiben könne, und dann schrieb ich sogar auf Chinesisch. Er hat mir sehr, sehr viele Fragen gestellt, wie das damals war, in Kambodscha. Er hatte einen Spitznamen und fragte mich, ob ich den noch wisse. Ich konnte alles beantworten. Dann hat er mich mit der Caritas in die Schweiz geholt.

E.H.: Wenn Du heute zurückblickst auf diese Zeit, was haben diese schrecklichen Jahre für Dein weiteres Leben bedeutet, wie haben sie Dich beeinflußt?

L. Puong: Trotz depressiver Phasen habe ich immer wieder die Kraft und den Willen gefunden, weiterzugehen. Mein Glaube hat mir dabei geholfen, auch die vielen lieben Menschen in meinem Leben, und das Wichtigste – meine beiden Kinder.

Wenn ich mein Leben neu gestalten könnte, möchte ich Anwältin werden, um den Schwachen und Ausgebeuteten beistehen zu können.

Mit dem Willen durch Höllenqualen

Interview mit Angel Vargas Antonio Vargas Romero

von Heidi Küblbeck

Angel Vargas Antonio Vargas Romero wurde am 31.05.43 in Chorrillos, einem Bezirk in der südlichen Gegend am Strand Limas, geboren. Seitdem lebt und arbeitet er in dieser Gegend, die man heute Los Huertos de Villa nennt. Er ist seit 43 Jahren verheiratet und hat fünf Kinder. Er besuchte die Grundschule bis zur 3. Klasse, dann mußte er arbeiten, um die Familie mit zu ernähren. Bis zum 17. Lebensjahr arbeitete er auf dem Land, dann auf einem Fischerboot, danach war er „Mädchen für alles" in einem Freizeitclub in Villa.*

Als nächstes verwaltete er eine Schweine- und Vogelfarm, bevor er sich unabhängig machte. Er baute ein Transportunternehmen auf, was allerdings 1987 unter Alan Garcia durch die hohe Inflation pleite ging.

Da er einen sehr guten Ruf genoß, bot man ihm immer schnell andere Arbeit an. Man stellte ihn danach in der Verwaltung einer Immobilienfirma an; dem folgten Arbeitsangebote in einer Sicherheitsfirma als Sicherheitspersonal und als Taxifahrer, eine Arbeit, der er heute noch teilweise nachgeht.

Ich lerne Angel Vargas als Taxifahrer kennen, da wir beide in einem Stadtteil Limas wohnen, in der Nähe des Strandes und eines Naturschutzgebietes. Bei einem unschönen Ereignis lernte ich ihn vor wenigen Jahren persönlich kennen. Wir waren mit einigen Pferden unterwegs, als ein Kipplader, vollbeladen mit Sand, an uns vorbeirauschte, und zwar so eng, daß das Pferd meines Reitkollegen scheute und dieser zu Boden fiel; meines wurde sogar angefahren. Gott sei Dank hatte es keine offene Wunde, allerdings war die linke Hinterhand mit der blauen Farbe des Kippladers gefärbt.

Der Fahrer des Kippladers fuhr einfach weiter und bremste nicht einmal, obwohl mein Reitkollege verletzt auf dem Boden lag.

© PD

CIA World Factbook

Peru

Da hier die Wohngebiete immer eine Sicherheitsschranke haben, riefen wir dort unverzüglich an. Man gab uns die Telefonnummer von Angel Vargas, der sei auf so etwas spezialisiert und äußerst effektiv. Dieser kam dann auch in der Tat sofort an, und es dauerte nicht einen halben Tag, bis er den Fahrer ausfindig gemacht und zur Rechenschaft gezogen hatte. Das wunderte mich sehr, und es wunderte mich noch mehr, daß er dafür gar keine Gegenleistung erwartete; er wollte lediglich helfen.

Als ich nun erfuhr, daß er schwer krank war, erwartete ich einen abgemagerten, schwerkranken Mann. Um so mehr wurde ich positiv überrascht, als er genauso, wie ich ihn kannte, vor mir stand. Lediglich als wir ins Haus gingen, stellte ich fest, daß er hinkte. Angel Vargas war es ausgesprochen wichtig, vor Beginn des Interviews darauf hinzuweisen, daß er gerne bereit sei, seine Lebensgeschichte zu erzählen, wenn diese denn für andere nützlich sei und ihnen Kraft geben könne, mit deren Schicksal besser fertigzuwerden.

Sie hatten mich abgeschrieben

Heidi Küblbeck: Angel Vargas, kannst Du uns in etwa Deine Geschichte erzählen? Woran leidest Du, was ist Dein gesundheitliches Problem?

Angel Vargas: Ich habe Prostatakrebs. Er wurde erst im Juni letzten Jahres diagnostiziert. Dabei befand ich mich bereits im vierten Stadium, dem letzten Stadium, in dem sich bereits Metastasen gebildet haben. Außerdem ist der Krebs auf das lymphatische System und die Knochen übergegangen.

H.K.: Wieso wurde die Diagnose so spät gestellt?

A. Vargas: Das hängt mit einem anderen Problem zusammen, einem anderen Leiden, das ich bereits seit Jahren durchlebe. Genau gesagt fehlt mir in dem linken Hüftgelenk ein Knorpel, und ich kann nicht mehr richtig laufen. Als ich dann starke Schmerzen im Hüftbereich bekam, schob ich es auf diesen fehlenden Knorpel im Hüftgelenk. Als die Schmerzen allerdings unerträglich stark wurden, ging ich zu einem Arzt. Dort wurde dann Prostatakrebs festgestellt.

Woher willst Du denn wissen, daß Du nicht vor mir stirbst?

H.K.: Wie nahmst Du diese Information auf, was ging in Dir vor, als man Dir diese Diagnose mitteilte?

A. Vargas: Das Schlimme war eigentlich gar nicht die Diagnose, sondern die Art und Weise, wie die Ärzte mit mir umgingen. Sie meinten, ich hätte im Höchstfalle noch zwei Monate zu leben, ich wäre im Endstadium, es hätten sich Metastasen gebildet, das Lymphsystem sei befallen, auch die Knochenwände, und es gebe für mich keine Chance und keine Hoffnung mehr. Sie hatten mich abgeschrieben, und es fehlte jegliches Verständnis oder Gefühl, mir diese Nachricht schonend beizubringen.

H.K.: Wie hast Du auf diese Diagnose reagiert?

A. Vargas: Ich fragte die Ärzte, einen nach dem anderen, wer sie denn seien, mir zu sagen, wie lange ich noch zu leben hätte. Der einzige, der bestimmen würde, wann unser Leben zu Ende sei, sei Gott. Daher fragte ich sie im Gegenzug: „Woher wollen Sie denn wissen, daß Sie nicht vor mir sterben werden?" Ein Arzt nach dem anderen sah mich an und schüttelte verständnislos den Kopf. Keiner dieser Ärzte wollte mich operieren, da er es für verlorene Liebesmühe hielt.

H.K.: Teilten Dir die Ärzte diese Diagnose so direkt mit und auch ihre Einschätzung, daß nicht mehr für Dich zu machen sei?

A. Vargas: Ja, sie waren in jeder Hinsicht sehr offen und direkt zu mir.

H.K.: Wie reagierte Deine Familie darauf?

A. Vargas: Meine Familie weiß bis heute noch nicht die hundertprozentige Wahrheit. Meine Mutter, auch meine Frau und meine Kinder, würden es nicht ertragen, wenn sie wüßten, wie es wirklich um mich steht.

H.K.: Du kommst aus recht einfachen Verhältnissen, und ich frage mich, wie Du den Besuch bei so vielen Ärzten bezahlen konntest?

A. Vargas: Dazu muß ich erklärend sagen, daß ich hier in der Encantada in einer Wohngegend lebe, in der auch durchaus wohlhabende Leute leben. Vielen möchte ich meinen großen Dank aussprechen, da sie mir, sobald sie erfahren hatten, wie es um meine Gesundheit steht, immer wieder einen Geldumschlag zugeschoben oder einen Scheck zugesteckt haben und ich auf diese Weise die Arztkosten bezahlen konnte. Anders wäre das nicht möglich gewesen, und ich säße ganz bestimmt nicht mehr hier.

H.K.: Gaben Dir die Ärzte irgendeine Perspektive, halfen sie Dir, um Dein Dir noch verbleibendes Leben so lebenswert wie möglich zu machen?

A. Vargas: Die Ärzte hatten mich aufgegeben, keiner wollte mich mehr operieren. Da viele vergebliche Versuche, über offizielle Wege einen Termin in der Klinik „Clínica Neoplásica" zu erhalten, scheiterten, startete ich eine neue Initiative über meine Nichte, die Medizin studierte, und einen ihrer Studienkollegen, der zufällig an derselben Krebsklinik arbeitete, und ich erhielt einen Termin bei einem Spezialisten an dieser Klinik.

Auch dieser Arzt, der glücklicherweise gerade Spezialist für Prostata- und Enddarmkrebs war, machte mir keine Hoffnungen. Allerdings erhielt ich am Ende, nach langem Bitten und Reden, einen Operationstermin. Das war nicht einfach, da der Operationssaal bereits auf zwei Monate ausgebucht war. Aufgrund meines großen Drängens und meiner wohl sehr intensiven Bitte, mir doch mein Leben am Ende etwas erträglicher zu machen, erreichte ich es, daß mir die Ärzte einen Sondertermin einräumten.

Bin ich im Himmel oder auf der Erde?

H.K.: Wie verlief diese Operation? Hattest Du starke Schmerzen?

A. Vargas: Ich hatte vor der Operation Schmerzen, doch während dessen und danach kann ich nur sagen, daß ich keine starken Schmerzen hatte. Ich verspürte vielmehr eine wachsende Hoffnung, daß alles wieder besser werden würde. In der Nacht, nachdem ich operiert wurde, passierte etwas recht Eigenartiges oder schon fast Lustiges, das ich gerne erzählen würde: Ich wachte so gegen 2 Uhr morgens auf, um mich herum standen etwa fünf Ärzte und Krankenschwestern in weißen Kitteln. Während ich sie so ansah, stellte ich ihnen die Frage: "Bin ich im Himmel, oder bin ich auf der Erde?" Da mußten alle lachen, und eine Ärztin meinte nur: „Sie sind ja wirklich ein Witzbold!" Doch ich fühlte mich richtig gut. Auch in den nächsten Tagen, als die Ärzte mich sahen, scherzten sie immer mit mir: Sie grinsten mich an und meinten: „Bist Du im Himmel oder auf der Erde?" Die Stimmung um mich herum war ausgesprochen positiv.

H.K.: Wie lange warst Du im Krankenhaus?

A. Vargas: Ich blieb lediglich drei Tage im Krankenhaus; bereits am dritten Tag wurde ich entlassen. Doch vom zweiten Tag gibt es noch eine nette Geschichte zu erzählen: Ich fühlte mich so gut, daß ich aufstehen wollte, um duschen zu gehen. Auf dem Weg in die Dusche begegneten mir zwei Schwestern. Sie sahen mich völlig entgeistert an und meinten, es sei unmöglich, daß ich alleine duschen ginge. Ich hätte sie rufen müssen. „Aber wieso", fragte ich, „ich fühle mich doch hervorragend". „Das mag schon sein," meinten die Schwestern, „aber wir werden unsere Stelle verlieren, wenn Ihnen irgend etwas in der Dusche passiert". Also durften die beiden mich begleiten und mir beim Duschen helfen.

Meine Familie wußte zuerst nichts

Zwei Tage nach der Entlassung gab es noch einen kleinen Zwischenfall: Ich litt an einer Verstopfung und mußte daher nochmal ins Krankenhaus, wo man mir für kurze Zeit eine Sonde legte. Aber das war auch alles, ansonsten ging es mir blendend. Jedesmal, wenn mich die Ärzte bei einer Untersuchung antrafen oder bei einer Kontrolle sahen, konnten sie nicht glauben, daß es mir so gut ging. Sie waren völlig überrascht, daß ich noch lebte. Der Weg zum Krankenhaus war für mich immer sehr mühsam, da die Taxifahrer, so sehr ich sie auch bat, langsam zu fahren, nach kurzer Zeit doch immer wieder vergaßen, daß es für mich unerträglich schmerzhaft war, wenn sie durch ein Schlagloch rasten oder über eine dieser Fahrbahnschwellen zu schnell fuhren. Diese starken Bewegungen schmerzten mich so sehr, daß ich aus diesem Grund beschloß, schon sehr bald wieder selbst mit dem Auto zu fahren.

H.K.: Half Dir Deine Familie dabei nicht?

A. Vargas: Sie halfen mir immer moralisch und auch mit Geld aus, doch bei diesen Untersuchungen begleiteten sie mich nicht. Ich wollte das auch nicht. Ich wollte vor allem nicht, daß sie mich so sahen, da Angehörige oder Familienmitglieder mit einem sehr leiden. Ich erzählte ihnen nicht von meiner Krankheit, aber sie erfuhren es irgendwie durch Freunde und Bekannte, und dann wußten sie gar nicht, wie sie mir begegnen sollten.

Meist weinten sie dann oder bemitleideten mich, beteten – doch das half mir nicht, ich wollte das nicht.

H.K.: Also erfuhren Deine Freunde zuerst von Deinem Leiden, und erst dann wurde Deine Familie darüber informiert?

A. Vargas: Ja, genau. Ich muß sagen, daß sich alle Freunde und Bekannten hier sehr, sehr nett zu mir verhalten haben. Erklärend will ich hier einfügen, daß ich hier für viele Bewohner der Encantada als Taxifahrer tätig war. Gelegentlich bewachte ich die Häuser, wenn die Besitzer in Urlaub fuhren oder wenn es Probleme gab. Ich war eigentlich immer für sie da. Als nun diese Leute von meiner Krankheit erfuhren, bekam ich sehr viel Zuspruch. Auf der einen Seite hörte ich viele ermutigende Worte, die natürlich sehr wichtig für mich waren; auch halfen mir viele bei den Kosten für die Untersuchungen.

Ich ernte heute das, was ich in meinem Leben säte

H.K.: Nun werde ich hier einfügen, daß ich Dich schon immer als einen Mann kennengelernt habe, der sehr korrekt, höflich und zuvorkommend ist und dabei immer pünktlich zur Arbeit erscheint. Deine Bereitschaft, immer anderen zur Seite zu stehen und zu helfen, verhalf Dir mit Sicherheit dazu, daß andere Dir nun helfen wollen oder geholfen haben.

A. Vargas: Das ist eben meine Arbeit. Und ich ernte nun das, was ich säte. Meine Mutter sagte mir immer, daß man für das, was man selbstlos gibt, irgendwann belohnt wird. Das war für mich damals wohlklingende Theorie, aber nun erfahre ich es am eigenen Leib. Es war wie eine Kette, die ich heute „goldene Kette" nenne, sie gab mir Kraft, weiterzuleben und zu kämpfen. Immer wieder kamen die Leute, fragten nach meiner Gesundheit und meinem Befinden, gaben mir etwas, und ich sagte mir: Wenn die alle für mich kämpfen, wie soll ich mich dann aufgeben? So viele Menschen auf einmal können sich doch nicht irren, gerade ich muß nun auch für mich weiterkämpfen. Dank der vielen Spenden konnte ich mir den Luxus erlauben, mich in verschiedenen Krankenhäusern von verschiedenen hochangesehenen Ärzten durchchecken und untersuchen lassen. Ich hatte also das große Glück, sowohl auf moralischen Beistand als auch auf finanzielle Unterstützung zählen zu können. Diese Gewißheit verhalf mir zu einer großen inneren Ruhe.

Nicht alle bezahlen dasselbe

Zur Erklärung für die Leser:

Die Mehrheit der Peruaner hat keine Krankenversicherung, weil sie sich di EsSalud ese nicht leisten können. Sie kostet bei einem Mindestlohn von 550 Soles 50 Soles. Die, die krankenversichert sind, sind bei EsSalud (staatlich) versichert und gelten als privilegiert.

®EsSalud
Logo der staatlichen Krankenvesicherung in Peru
EsSalud

In der Clínica Neoplásica, eine staatliche, sehr gute Klinik, die aber mit den anderen staatlichen Kliniken von EsSalud nichts zu tun hat, werden Patienten behandelt, die nicht bei EsSalud versichert sind. Das sind zum einen die Reichen, aber auch die Armen – und die Politik dieses Krankenhauses ist es, diese Armen kostenlos zu behandeln.

Die staatlich versicherten Patienten werden in den EsSalud-Krankenhäusern behandelt. Wenn sie in ein besseres Krankenhaus wie z.B. die Clínica Neoplásica wollen, müssen sie viel Geld bezahlen. Praktisch zahlen sie die Behandlung der Armen mit.

Da Angel bei EsSalud versichert ist, hat er etwas Geld und außerdem sein Bett in einem der Krankenhäuser von EsSalud. Diese Krankenhäuser sind aber sehr schlecht und haben lange Wartezeiten. Deshalb wollte er woandershin, und das ging dann nur durch hohe Kosten in der Clínica Neoplásica.

H.K.: In Peru ist ja die Mehrheit der Bevölkerung nicht versichert, und es gibt weder eine Verpflichtung, sich im Krankheitsfall abzusichern, noch ist man im Alter durch eine Rentenversicherung abgesichert. Die meisten Menschen sind auf sich selbst gestellt und müssen zusehen, wie sie ihre Arztkosten decken können bzw. für ihr Alter vorsorgen können. Wie sieht das bei Dir aus?

A. Vargas: Ich bin selbständig tätig und habe mich sehr wohl immer um eine Krankenversicherung gekümmert. Als es darum ging, daß ich operiert werden sollte, reichte ich den entsprechenden Antrag bei meiner Krankenkasse ein. Mehrfaches Nachfragen ergab, daß mein Antrag immer auf irgendwelchen Schreibtischen liegenblieb und nicht bearbeitet wurde. Da mir nicht mehr viel Zeit blieb und ich auf der anderen Seite die finanzielle Unterstützung meiner Freunde hatte, beschloß ich, meine Behandlung selbst zu bezahlen.

Da ergab sich nun folgendes Problem: Als ich im Krankenhaus ankam und meine persönlichen Daten abgab, konnten sie im System sofort herausfinden, daß ich staatlich versichert war, und das bedeutete, daß ich, wenn ich auf eine Operation bestünde, diese aus eigener Tasche bezahlen müßte. Außerdem würde sie mich ungefähr das Doppelte kosten wie die eines nichtversicherten Patienten.

Als ich völlig verständnislos nachfragte, da ich diese Entscheidung ganz und gar nicht nachvollziehen konnte, erklärte man mir folgendes: Ich sei staatlich versichert und hätte bei EsSalud ein Bett frei. Wenn ich dies nicht nutzen würde, nähme ich in der Clínica Neoplásica einem anderen Patienten den Platz weg. Aus diesem Grund müsse ich das Doppelte bezahlen. Allerdings muß ich sagen, daß ich – von EsSalud behandelt – heute noch nicht operiert wäre und wahrscheinlich nicht mehr hier säße. Also sitze ich hier dank meiner Freunde, die es mir ermöglicht haben, den doppelten Preis für eine Operation zu bezahlen.

Meinen Organen nach war ich ein hundert Jahre alter Mann

Nach der Operation erhielt ich von einer meiner Bekannten eine Empfehlung, die mir sehr geholfen hat: Sie empfahl mir einen Arzt, den Sohn eines anerkannten deutschen Arztes hier in Lima, der mir hohe Dosen Vitamin C verabreichte, um mein Immunsystem zu stärken. Außerdem empfahl er mich an einen anderen, sehr jungen Arzt weiter, der aufgrund seiner guten Noten und u.a. auch wegen seiner guten Chemiekenntnisse ein Stipendium in Kuba erhalten hatte. Dort konnte er sich dahingehend spezialisieren, wie man den Körper durch Zugabe bestimmter Mineralien von Schwermetallen entgiften könne. Denn mein ganzer Körper war vergiftet, u.a. mit Amalgam[1], Kupfer und anderen Schwermetallen. Er meinte, meine Organe wären so stark belastet, daß sie denen eines über hundert Jahre alten Mannes glichen.

H.K.: Woher kommt diese Ansammlung von Schwermetallen in Deinem Körper?

A. Vargas: Das kommt sicherlich aus meiner Kindheit. Ich trank kaum fließendes Wasser, sondern holte es immer aus schmutzigen Brunnen oder Gruben; das war hartes, mit Metallen belastetes Wasser. Dieser Arzt untersuchte mich und meinte, ich sollte mir keine Sorgen machen, er würde mich heilen. Dabei erwähnte er immer Gott und betete für mich.

---

1 Ein Amalgam (griech. μαλακός, „weich" mit Alpha privativum, d. h. das „Nicht-Erweichende"; nach anderer Etymologie arab. ‚al malagma' = erweichende Salbe) ist in der Chemie eine Legierung des Quecksilbers. Quelle: wikipeda.de

Schon als Kind hatte ich einen starken Willen

H.K.: Und Du, wie stehst Du zum Glauben? Ist dieses Thema wichtig für Dich, betetest Du auch zu Gott?

A. Vargas: Ja, ich bin sehr strenggläubig, habe einen sehr starken Glauben und einen sehr starken Willen. Und schon als Kind passierten mir Dinge; wenn ich von denen erzähle, werden sie mich alle für verrückt erklären.

H.K.: Erzähle mal, was hast Du denn Verrücktes getan?

A. Vargas: Ich mußte bereits als kleiner Junge auf dem Land arbeiten, dabei ging es immer darum, Futter für die Tiere von einem Ort zum andern zu schaffen. Da die Wege recht lang waren, betete ich zu Gott und stellte mir vor, wie ich 120 kg, also drei Säcke auf einmal, den langen Weg entlangschleppen könnte. Die Leute meinten immer, daß das unmöglich sei; und als sie mich dann so bepackt sahen, da schüttelten sie die Köpfe und verstanden nicht, wie ich das schaffte. Als sie mich um mein Geheimnis fragten, behauptete ich immer, daß ich immer beten würde, und mit meinem festen Glauben und mit meinem Willen erhielt ich immer die nötige Kraft, um dann dies alles so durchzuhalten. Ich lernte dies von meiner Mutter und meiner Großmutter, die mich immer aufforderten, durchzuhalten und daran zu glauben, daß ich Schmerzen oder andere Probleme lösen könne, indem ich positiv denken würde. So war das z.B. bei Zahnschmerzen oder auch Bauchschmerzen: Sie waren immer ganz nah bei mir und überzeugten mich davon, daß diese Schmerzen bald ein Ende haben wollten, und am Ende war es dann auch immer so.

H.K.: Wieso, denkst Du, hat das geholfen?

A. Vargas: Ich denke, das liegt daran, daß ich immer in gutem Glauben gehandelt habe. Ich habe nicht gebetet oder so gehandelt, weil ich irgend etwas aufrechnen wollte oder mit irgend etwas rechnete. Nein, ganz im Gegenteil. Meine Zuversicht, mein Glaube, mein Wille waren immer durchdrungen von dem positiven Geist einer positiven Handlung. Dazu gehört auch, daß man sich öffnet, vertraut und nicht die Geduld verliert.

Mit einem Lächeln in den Tag hineingehen

H.K.: Als die Ärzte Dir mitteilten, wie es um Dich stand, daß der Krebs bereits so weit fortgeschritten war, wie war da Deine erste Reaktion?

A. Vargas: Zuerst einmal muß ich sagen, das diese Nachricht mein Leben kaum beeinträchtigte. Ich nahm sie als Teil meines Schicksals an, als würde ich von Gott auf die Probe gestellt werden. Ich wollte mich nicht darüber beschweren, sondern ich beschloß, diese Probe anzunehmen. Ich fand es sogar beinahe interessant, daß mein Leben diese Wendung nahm. Denn nun mußte ich entscheiden, was ich aus der mir verbleibenden Zeit, die mir zum Leben blieb, machen würde.

Eine wesentlich größere Belastung stellte für mich meine Familie dar. Wie sollte ich ihnen von meiner Krankheit erzählen? Wie nimmt meine Familie diese Nachricht auf, wie geht sie damit um? Meine spontane Reaktion war: Sie dürfen es nicht wissen, ich muß irgendwie verhindern, daß sie es erfahren. Doch ich selber beschloß, mich auf meine neue Situation einzustellen – mit dieser Krankheit zu leben und das Beste daraus zu machen.

Nimm doch einmal ein ganz einfaches Beispiel: Der Tag beginnt, und es begegnet uns ein Mensch mit einem Lächeln im Gesicht. Das empfinden wir als sehr angenehm, und sofort ist unser Tag von einer Freude und einem positiven Gefühl bestimmt, alles ist hell und fröhlich, und sogar eine schlechte Nachricht kann uns nicht mehr so leicht aus der Fassung bringen.

Nehmen wir nun den gegenteiligen Fall an: Es begegnet uns jemand mißmutig, launisch; dann müssen wir meist feststellen, daß diese Begegnung unseren gesamten Tag beeinflußt. Aus diesem Grund sage ich immer, man soll den Menschen mit einem Lächeln begegnen und bewußt mit einem Lächeln in den Tag hineingehen. Im Grunde genommen bedeutet dies, daß man auf ganz einfache Art und Weise Positives veranlassen kann. Wenn man sich dessen bewußt ist, dann merkt man auch, daß man sein eigenes Leben ganz anders gestalten, selbst beeinflussen und in den Griff bekommen kann. Für mich war diese Art zu denken immer wichtig, denn nur so gelang es mir, auch in den vielen schwierigen Momenten, die ich hatte, gut zu leben.

Ich möchte aber noch kurz etwas zu dem Arzt sagen, der mir sehr geholfen hat. Er erzählte mir von verschiedenen Patienten, die er durch die Behandlung mit den Mineralien heilen konnte. Ich war dabei, man könnte vielleicht sagen, eher ein Versuchspatient, da diese Behandlungsmethode derzeit noch nicht registriert war, wenn auch kurz davor. Wichtig dabei ist ein hoher Grad an Disziplin – alle drei Tage mußte ich dort hinfahren, dann wurden mir die Mineralien in den Unterleib gespritzt. Dabei erklärte mir der Arzt, daß es ihm wichtig sei zu verhindern, daß wieder irgendwelche Pharmakonzerne, wie oft üblich, Profit aus diesen Medikamenten herausschlagen könnten, indem sie die Potenz, und folglich die Wirksamkeit dieser Produkte, sehr stark herabsetzen und die Medikamente dennoch mit dieser geringen Konzentration sehr teuer verkaufen.

Mein PSA (Prostataspezifisches Antigen)[2] ist von über 800 ng/ml zu Beginn der Behandlung auf jetzt 120 ng/ml gesunken. Ich muß regelmäßig zur Nachuntersuchung in das Krankenhaus fahren, wo ich operiert wurde. Und bereits am Eingang sehe ich oft bekannte Ärzte ziemlich freudig, strahlenden Gesichtes – sie begrüßen mich glücklich, und man merkt, daß sie kaum glauben können, daß ich noch lebe.

Sie klopfen mir dann auf die Schulter, und wenn sie mich fragen, wie es mir ginge, dann antworte ich immer, daß es mir hervorragend ginge. Wenn sie dann meine Blutwerte durchlesen, sehen sie mich an, grinsen, schütteln den Kopf und können es nicht fassen. Inzwischen bin ich in diesem Krankenhaus ein sehr bekannter Fall.

H.K.: Du hattest doch sicher sehr starke Schmerzen. Wie konntest Du die starken Schmerzen ertragen?

A. Vargas: Wie ich bereits eingangs erzählte, hatte ich zu Beginn große Schmerzen, als ich noch nicht wußte, daß ich Prostatakrebs hatte. In solchen Situationen versuchte ich mich abzulenken. Das bedeutete, daß ich nach wie vor meiner Arbeit nachging; derzeit habe ich sie zwar bis auf 30 % reduziert, dennoch möchte ich sie nicht ganz einstellen. Es tut mir gut, meine Kunden herumzufahren und mich mit ihnen auszutauschen. Allgemein konzentriere ich mich auf nützliche Dinge, um sowenig wie möglich an den Schmerz zu denken. Würde ich nur zu Hause sitzen und hätte Zeit, über mein Leid und über meine Schmerzen nachzudenken, dann säße ich wahrscheinlich nicht mehr hier.

Ich hatte eine sehr schwere Kindheit, die mich vielleicht sogar auf diese Situation vorbereitete. Ich mußte bereits im Alter von sieben Jahren arbeiten, um meiner Familie zu helfen, dringend notwendiges Geld für Lebensmittel zu verdienen. Ich habe so viel entbehrt, ja so viel Grundlegendes entbehrt, so viel Hunger gelitten, so viel Durst gehabt und so viel gefroren, daß mir diese Krankheit am Ende als gar nicht so schlimm erschien. Sogar die Schmerzen erschienen mir erträglicher als so manches, was ich als Kind erleben mußte. Ich wurde also auf diese Prüfung vorbereitet.

---

2 PSA ist zum wichtigsten Marker in der Urologie geworden und ist der empfindlichste Parameter in der Diagnostik des Prostatakarzinoms. PSA gilt als Gewebemarker, nicht als reiner Tumormarker, da es naturgemäß auch beim Prostatagesunden nachweisbar ist, beziehungsweise bei der gutartigen Prostatavergrößerung erhöht sein kann. Quelle: wikipedia.de

Für mich war niemals Wasser da

H.K.: War das hier in Lima, oder mußtest Du das in der Provinz erleben?

A. Vargas: Nein, da lebte ich direkt hier, wo wir jetzt sitzen. Denn vor Jahren gab es hier kein Haus, sondern zwei riesige Haciendas, auf denen u.a. Baumwolle angebaut wurde. Und ich wurde dabei als Baumwollpflücker angestellt. Bereits im Alter von sieben Jahren wurde ich zum Arbeiten verpflichtet, da ich dabei sehr geschickt war. Den ganzen Tag stand ich auf den Feldern und pflückte die weißen Kugeln von den Büschen. Dabei litt ich oft großen Durst; ich sah die Leute der Ländereien gutes Wasser trinken, aber für mich war nie etwas da. Wenn ich Glück hatte, gab es ein Wasserloch in der Nähe, aus dem ich das mit Schwermetallen belastete Wasser trinken konnte. Doch oft – gerade im Sommer, wenn die Baumwolle reif war –, gab es kein Wasser, in keinem dieser Wasserlöcher, und ich mußte meine Arbeit durstig verrichten. Ich konnte nicht zur Schule gehen, da meine Eltern das Geld brauchten, um für uns Kinder das Notwendigste zu kaufen.

H.K.: Wie viele Geschwister wart ihr?

A. Vargas: Wir waren 11 Geschwister, und alle halfen mit, das nötige Geld zu verdienen, damit wir überleben konnten. Diese Regel galt, bis wir 15 Jahre alt waren. Bis dahin mußte ich alles Geld abgeben. Erst ab dem 15. Lebensjahr galt, daß derjenige, der arbeitet, sein Geld auch selbst in die Tasche stecken könne. Aus diesem Grund stellte es mir mein Vater frei, mein Geld der Familie zur Verfügung zu stellen oder für eigene Zwecke zu benutzen. Da ich keine Verpflichtungen hatte und meine Eltern unterstützen wollte, gab ich es nach wie vor an die Familie ab, da meine Eltern dieses Geld dringend benötigten. So arbeiteten wir die ganze Woche durch, und sonntags hatten wir meist Zeit zu spielen. Dabei erinnere ich mich, wie ich mir eines Tages, beim Fußballspielen, den Fuß verletzte. Ich riß mir den Nagel aus dem Nagelbett; das schmerzte fürchterlich, ich desinfizierte diese Wunde lediglich mit Kerosin und band einen Lappen darum.

Unerträgliche Schmerzen

H.K.: Gab es denn gar keinen Arzt oder jemand, der für diese Verletzungen zuständig war?

A. Vargas: Nein, für derart kleine Verletzungen hatten wir keine Versorgung. Im Falle einer größeren Verletzung gab es eine Station des Roten Kreuzes, wo wir hingehen konnten und medizinisch versorgt wurden. Doch in diesem Falle beließ ich es bei der eigenen Behandlung. Schließlich mußte ich auch am nächsten Tag arbeiten.

Es war Montag, und es war der Tag, an dem die Baumwollfelder gegossen wurden. Ich erinnere mich, wie ich mit dem verbundenen Fuß tief im Schlamm steckenblieb, und als ich den Fuß herausziehen wollte, verspürte ich schreckliche, durch den Sog beinahe unerträgliche Schmerzen. Der Schlamm war sehr steinig, und beim Herausziehen spürte ich jeden einzelnen Stein wie ein Messer in der Wunde; ich schrie vor Schmerz, als ich den Fuß aus dem Morast herauszog. Die Wunde entzündete sich, das Bein wurde immer dicker, es schmerzte immer stärker, und als ich meinen Eltern erzählte, daß ich eine kleine Verletzung am Fuß hätte, nahmen sie das nicht sonderlich ernst. Sie meinten nur, daß das von selbst verheilen würde. Leider verheilte es aber nicht.

Aber als mein Unterschenkel dicker als mein Oberschenkel war und die Schmerzen unerträglich wurden, ging ich zu dieser Station des Roten Kreuzes. Dort beschimpften sie mich, ich sei wohl verrückt, unverantwortlich und wolle mir wohl das Leben nehmen. „Willst Du denn, daß man Dir das Bein amputiert?" fragte mich der behandelnde Arzt. Kopfschüttelnd machte er sich an die Arbeit, schnitt mir das geschwollene Bein einige Zentimeter über dem Knöchel auf und schabte mit einer Art Löffel stinkendes, verwestes Fleisch heraus. Nach Angaben des Arztes hätten sie mir das Bein abnehmen müssen, wenn ich noch ein paar Stunden länger gewartet hätte.

Alle diese Eingriffe erfolgten immer ohne Narkose oder Schmerzmittel, dergleichen gab es nicht. Dafür kannten wir uns aber sehr gut mit Kräutern und Naturheilmitteln aus. Bei Entzündungen beispielsweise benutzten wir gerne den Breitwegerich. Wir benutzten auch verschiedene andere Pflanzen zur Linderung von verschiedenen Leiden.

Meine Kinder sollten es besser haben

H.K.: Das hört sich ja fast so an, als wäre das wie eine Vorbereitung auf Dein späteres Schicksal gewesen.

A. Vargas: Ja, das stimmt, nach alledem, was ich in meiner Kindheit und Jugend erlebte, ist der Krebs, den man nun bei mir entdeckte, lange nicht so schlimm. Auch die Schmerzen sind wesentlich leichter zu ertragen, zumal mir heutzutage Schmerzmittel zur Verfügung stehen. Ich selbst habe fünf Kinder und wollte sie vor diesem ganzen Leid bewahren. Sie wuchsen behütet auf, hatten ihre Schulausbildung und mußten nie für etwas kämpfen. Mein Ziel war es, ihnen die glückliche Kindheit zu geben, die ich nicht hatte. Heute weiß ich, daß ich ihnen damit nichts Gutes getan habe, denn ich habe es nicht geschafft, bei ihnen die Bildung des Willens zu fördern, mit dem sie auch einmal eine tragische oder schwierige Situation oder ein bestimmtes Schicksal ertragen und meistern können.

Freunde gibt es überall, man muß sie nur suchen

H.K.: Noch einmal zurück zu Dir und Deinem Leben: Was würdest Du einem Menschen sagen, der zum ersten Mal hört, daß er sterbenskrank ist und selbstverständlicherweise sehr traurig und erschüttert ist, weil er spürt, daß sein Leben dem Ende zugeht? Wie würdest Du ihn ermutigen, und mit welchen Worten würdest Du ihm begegnen?

A. Vargas: Dazu kann ich Dir ein Beispiel erzählen: In der Klinik, in der man mich operierte, begegnete ich einem Mann, der sich vor Schmerzen krümmte. Ich beschloß, auf ihn zuzugehen, grüßte ihn, setzte mich zu ihm und meinte: „Dir geht es aber schlecht! Aber weißt Du was, mir geht es auch schlecht. Vielleicht geht es Dir schlechter, oder vielleicht geht es mir schlechter, daß wissen wir beide nicht. Das spielt auch gar keine Rolle. Entscheidend und wichtig ist, daß Du erkennst, daß Du Dir selbst mit Deinem Verhalten keinen Gefallen tust. Du hilfst Dir nicht, indem Du Dich bemitleidest. Sieh doch das Positive: Deine Familie ist hier, Du bist nicht allein. Sie begleiten Dich, und sie sind bei Dir. Meine Familie tut das nicht. Ich bin allein, doch Du bist nicht allein, sondern solltest Dich freuen, daß Du jemandem hast, mit dem Du Dein Leid teilen kannst. Sieh es positiv und denke daran, daß Du diese Situation irgendwie meistern wirst, daß Du daran wachsen wirst, daß es dafür eine Lösung geben und daß Dir Deine Familie dabei helfen wird. Das, was Du erlebst, ist nicht so schlimm. Viele andere haben dasselbe durchgemacht. Bete und glaube, daß Du aus dieser Situation herauskommen wirst, und Du wirst sehen, daß das der richtige Weg ist."

Am nächsten Tag operierten sie ihn, und auch nach der Operation lag er, sich vor Schmerzen krümmend, in seinem Bett. Er litt, er beschwerte sich, und es schien, als würde er Höllenqualen erleiden. Da ging ich zu ihm hin und meinte: „Du siehst ja schon viel besser aus! Und Du wirst sehen, daß es Dir morgen noch viel besser gehen wird." Da blickte er mich entgeistert an und meinte: „In Dir habe ich hier wirklich einen Freund gefunden." Und ich antwortete ihm lediglich, daß er überall Freunde finden könne, es gebe sie überall, er müsse sich nur auf die Suche machen. Ich merkte, wie es ihm nach und nach immer besser ging. Sein ganzes Leben hatte sich verändert und vor allem seine Einstellung zum Leben.

Später einmal sagte er zu mir: „Es stimmt wirklich, Angel Vargas, was Du gesagt hast – es geht mir jeden Tag ein bißchen besser." Auch die Ärzte wunderten sich über seinen Wandel, und sie sagten zu mir, daß ich jeden Monat wenigstens einmal vorbeikommen solle, um mit den Patienten zu sprechen, um ihnen Mut zu machen.

H.K.: Das kann ich mir gut vorstellen, denn sie fühlen sich von Dir verstanden, und sie spüren auch die Ernsthaftigkeit in Deinen Worten und glauben Dir, weil Du selbst ein schweres Schicksal tragen und ertragen mußt.

A. Vargas: Ja, mag sein, daß dies der Grund ist, und ich glaube fest daran, daß gerade kranke Menschen genau spüren, wann jemand in guter oder in böser Absicht handelt.

Vom Egoismus bedeckt
schläft menschlicher Wille
bis er, erwachend,
das schaffende Wort gebiert.
FP

Unbändiges Interesse für die Welt

Interview mit Rainer Kubiessa

von Wolfgang Weirauch

Rainer Kubiessa, geb. 1943 in Potsdam, Abitur in Rendsburg, Studium der Erziehungswissenschaften und Anglistik von 1963-67 in Hamburg, 1. Lehramtsprüfung 1967, Unterrichtstätigkeit als Klassenlehrer und Oberstufenlehrer in Waldorfschulen in Rendsburg, Flensburg und Wendelstein (Nürnberg) 1967-2008. Mitglied im Arbeitskreis für Gründungsfragen im Bund der Freien Waldorfschulen 1974-94, Tätigkeit als Gründungsberater in Schleswig-Holstein 1974-94, Gründungslehrer der Waldorfschule in Flensburg 1983, Dozent für Lehrerbildung in Witten-Annen 1978-88; Kiel 1988-96; Wien 1986-92; Jena seit 2002. Konzeption und Mitbegründung des Fernstudiums Waldorfpädagogik – Seminar für Pädagogische Praxis in Jena; Schulberatung.

Am Ende des ersten Kurses, den Rudolf Steiner 1919 anläßlich der Gründung der Freien Waldorfschule den ersten Waldorflehrern gegeben hat, spricht er am 6.9.1919 in einem Schlußwort zusammenfassend über die vier Aufgaben des Waldorflehrers.

Erstens müsse der Lehrer wissen, daß er mit jedem Wort und mit jeder Empfindung auf die Schüler wirke und daß er ein Mensch der Initiative sein solle; zweitens solle der Waldorflehrer ein möglichst großes Interesse für die Welt und für den Menschen aufbringen; drittens dürfe er keinen Kompromiß mit dem Unwahren eingehen, bis hinein in die Methode des Unterrichts; viertens sollte der Waldorflehrer nicht verdorren, nicht versauern und eine frische Seelenstimmung anstreben.

Wer als Waldorflehrerin oder Waldorflehrer diese vier Aufgaben beherzigt, verinnerlicht und aktiv gestaltet, der geht einen Willensweg. Sie oder er geht einen Willensweg mit sich selbst und in Kommunikation mit der Welt – hier besonders mit den Schülerinnen und Schülern, die man erzieht.

Über diesen Willensweg der Waldorfpädagogin beziehungsweise des Waldorfpädagogen spreche ich im nachfolgenden Interview mit Rainer Kubiessa. Als lebenserfahrener Pädagoge stellt er die Verantwortung der Lehrer dar, wenn sie von der ersten bis zur achten Klasse, und genauso in der Oberstufe, die Schüler Schritt für Schritt in ihrem Willen schulen – von der Nachahmung bis zur Freiheit. Auch betont Rainer Kubiessa zum einen die Wichtigkeit, die Schüler zu Menschen zu erziehen, die nach Abschluß der Schule in der Lage sind, ihren Willen möglichst mit einem freien Denken zu ergreifen, so daß sie in der Welt aus freiem Willen handelnde Menschen werden, zum anderen wie wichtig es für den Lehrer ist, Interesse für die Welt zu entwickeln und diese Interessensfrüchte an die Schüler weiterzugeben.

Wolfgang Weirauch: Wie würdest Du den Willen definieren?

Rainer Kubiessa: Den Willen gibt es im Leiblichen, im Seelischen und im Geistigen. In der menschlichen Seele ist der Wille der Gegenpol der Vorstellung. Im Willen besteht Kontinuität, unbewußt oder bewußt; ganz im Gegensatz zu den Vorstellungen, die uns fehlen, wenn wir schlafen. Umfassend ist der Wille kaum zu beschreiben, da er eigentlich allumfassend ist, und das wäre ein etwa gleichschwieriges Unterfangen wie für einen Fisch, wenn er den gesamten Ozean beschreiben müßte.

W.W.: Wie drückt sich der Wille im Geistigen, wie im Seelischen und wie im Leiblichen aus?

R. Kubiessa: Im Geistigen ist es die Kraft, die unsere Gedanken bewegt und konzentriert, z.B. die Konzentrationskraft, auch das Aufwachen zur Erkenntnis in einer Wesensbegegnung, die Kraft der Verbindung mit dem Zeitlosen. Im Seelischen drückt sich der Wille z.B. dadurch aus, daß man sich in einen anderen Menschen hineinversetzt, z.B. auch dann, wenn er Gefühle bewußt bildet – Gefühle, die zwar in ihm liegen, aber die er bewußt bilden will. Dasjenige, was man allgemein Interesse nennt, ist ein Hineinfühlen, aber zugleich auch ein Hineintasten – also ein Willensakt – in ein anderes Wesen, in eine andere Situation. Im Leiblichen sind es zunächst einmal die Bewegungsabläufe, die Gliedmaßen des Menschen, alles das, wodurch der Mensch sich bewegt. Ferner drückt sich der Wille im Aufbau der Organe, im Wachstum aus sowie in den gesamten Stoffwechsel- und Fortpflanzungsprozessen.

Als würde das Kind von außen bewegt

W.W.: Ein harmonisches Seelenleben entsteht dann, wenn die Kräfte des Denkens, des Fühlens und des Wollens einigermaßen in Harmonie sind. Was geschieht z.b., wenn eine der drei Seelenkräfte zu einseitig entwickelt wird?

R. Kubiessa: Es ist wichtig, sich klarzumachen, daß der Wille diejenige Kraft ist, aus der sich die beiden anderen entwickeln bzw. durch die diese angestoßen werden. Beim kleinen Kind haben wir ein Willensbild dergestalt, daß die Bewegungen des ganz kleinen Kindes gar nicht zu diesem Wesen zu gehören scheinen. Es ist so, als würde das Kind von außen bewegt. Rudolf Steiner weist darauf hin, daß beim kleinen Kind die Verhältnisse aus dem Vorgeburtlichen noch in das Wesen dieses kleinen Kindes hereinwirken, und die Bewegungen des Kindes sind Nachahmungen dessen, was das Kind im Vorgeburtlichen durchgemacht hat.

Und die Aufgabe der Erwachsenen ist es, diese vorgeburtlichen Willensbewegungen im kleinen Kind weiterzuführen, harmonisch zu entwickeln und für das Leben des Kindes an die hiesigen Lebensverhältnisse anzupassen. Insofern haben die Erwachsenen, aber auch das heranwachsende Wesen, die Aufgabe, den Willen stark zu machen, an die Lebensverhältnisse anzupassen. Und wenn in der ersten Phase des Lebens der Wille durch Nachahmung geschult wird, ergibt sich daraus eine Grundlage, aus der sich dann in späteren Lebensjahren das Fühlen und das Denken entwickeln können. Wenn sich hier ein Gleichgewicht ergibt, wird dies zu einem harmonischen Aufbau, zu einem harmonischen Verhältnis der drei Seelenkräfte führen. Umgekehrt gesprochen ist es relativ aussichtslos, ein harmonisches Gefühls- oder Gedankenleben zu haben, wenn sich der Wille nicht vorher genügend stark ausgebildet hat. Eine Disharmonie ergibt sich immer dann, wenn eine der drei Seelenkräfte überwiegend stark oder auch viel zu wenig ausgebildet wird.

Verschiedene Gesichter des Willens

W.W.: Wenn man den Willen, vor allem im Seelischen, betrachtet, so wird man relativ rasch feststellen, daß der Wille sehr viele Gesichter, sehr viele verschiedene Arten hat. Kannst Du dazu etwas sagen?

R. Kubiessa: Betrachtet man mit dieser Fragestellung die Biographie eines Menschen, kann man z.B. mit der letzten Stufe des Willens beginnen, also mit dem Willen eines sehr alten und weisen Menschen. Beim alten Menschen spielt der Zugang des Willens zum Geistigen eine sehr große Rolle; der alte Mensch hat die Möglichkeit, aus einer großen Lebenserfahrung heraus die Verbindung zum Geistigen zu richten, seine Gedanken so zu führen, daß daraus Willensimpulse entstehen, die gar nicht unbedingt in die Gliedmaßen gehen müssen, die sich aber willentlich dem Geistigen widmen können.

Wenn wir in der Biographie rückwärts gehen, haben wir in der mittleren Lebensphase des Menschen einen Menschen mit einem emanzipierten Willen – eine gesunde Entwicklung vorausgesetzt –, in der der Mensch mit seinem Denken und seinem Fühlen den Willen in gesunder Weise einsetzen kann, und zwar so, wie sein Ich es für richtig hält.

In der ersten Lebensphase ist es so, daß der Wille überhaupt noch nicht von den Vorstellungen getrennt ist – das Seelenleben ist einheitlich, vor allem der Wille ist ganz leibgebunden, und das Kind ist diesem Willen ausgeliefert. Wenn man z.B. einem Erstkläßler sagt, daß er doch bitte ins Büro gehen und Kreide holen solle, dann springt er bereits beim ersten Halbsatz auf und rennt zur Tür, bevor er den Auftrag ganz gehört hat. Er hört nur „Büro gehen", und sein Wille schießt schon zur Tür. Und ein Schüler der höheren Klassen wird sich dagegen nur sehr mühsam aus seiner Bank emporheben und vielleicht fragen: „Muß ich denn schon wieder gehen?" Einen Erstkläßler kann man dagegen ohne weiteres in seinen Willen versetzen, ohne daß er weiß, was eigentlich für eine Absicht dahintersteht. Das wären im Groben die Willensarten innerhalb der Biographie eines Menschen.

W.W.: Darüber hinaus hat der Wille ja noch weitere Gesichter, z.B. daß man seinen Willen gezielt nach außen setzt, sowohl in sinnvoller wie auch in gewalttätiger Weise, daß man andererseits aber auch den Willen so einsetzen kann, daß man willentlich etwas empfängt.

R. Kubiessa: Unbedingt. Das aber hängt von der Färbung bzw. von der Art des jeweiligen Ichs ab. Dabei geht es darum, ob der Mensch z.B.

seinen Willen egoistisch einsetzen will – ob er in irgendeiner Weise ein Täter ist – oder ob er seinen Willen selbstlos einsetzt, um etwas zu empfangen. Oder auch anders ausgedrückt: Ein sehr tatkräftiger Mensch wird seinen Willen eher nach außen richten, ein kontemplativer Mensch wird eher die empfangende Seite des Willens entwickeln. Dieser Gegensatz spielt in der Menschheitsgeschichte eine große Rolle, angefangen mit Kain und Abel.

© gemeinfrei   James Joseph Jacques
Kain führt Abel zum Tod

Nachahmung macht den Willen stark

W.W.: Schauen wir noch einmal in die Biographie des Menschen. Kann man sagen, daß der Wille bei einem kleinen Kind noch ungeformt und zappelnd ist und auch in den ersten Jahren mehr oder weniger am stärksten ist, weil der Mensch in diesen Jahren am meisten lernen muß?

R. Kubiessa: Ich glaube, daß es ähnlich, aber nicht ganz so ist. Denn das Kind ist in den ersten Jahren relativ hilflos. Es bringt zwar einen starken Willen mit, muß sich auch mit seinem Willen in diese Welt hineinbegeben und das Gehen lernen, genauso das Sprechen; aber wenn man auf der anderen Seite bedenkt, welcher Willensaufwand von einem Erwachsenen aufgebracht werden muß, um das Aufwachsen und Erziehen eines Kindes zu leisten – welcher Aufwand an Pflege, Ernährung, Stillen usw., so daß man ständig um das Kind präsent sein muß –, dann ist das ein riesiger Willensaufwand, ein riesiges Willenspotential, welches das Kind umgibt.

Insofern sehe ich die Willenskonzentration eher im Umkreis eines Kindes als beim Kind selbst. Das kennzeichnet den Menschen als soziales Wesen, denn der Mensch ist abhängig vom anderen Menschen. Das ist auch gut so, denn sonst würde die Entwicklungsmöglichkeit als freies Wesen überhaupt nicht möglich sein. Durch die Bereitschaft der anderen Menschen – in diesem Fall der Eltern – wird der Wille des Kindes stark.

Dieser Wille des Kindes wird stark dadurch, daß es in den ersten Jahren seines Lebens das nachahmt, was ihm von anderen beigebracht wird. Von selbst entwickelt sich der Wille eigentlich überhaupt nicht, sondern immer nur in der Korrespondenz mit dem, was ihn in seiner Umgebung umgibt.

Der Wille schafft sich seine eigenen Erzieher

W.W.: Und auf welche Weise wird der Wille in den späteren Lebensjahren nach und nach vom Fühlen und Denken ergriffen?

R. Kubiessa: Das ganz kleine Kind wendet sich im Wachzustand mit seinem Willen der Welt zu, und es wünscht sich, sich selbst in dieser Welt neu zu beheimaten. Es kommt aus einer ganz anderen Existenz heraus und tritt in eine neue fremde Welt ein. In dieser neuen Heimat möchte es sich einleben und dort eine neue Heimat finden. Möglich wird dies durch die Nachahmung. Das Kind wünscht sich, mit seinem ganzen Wesen in dieser Welt anzukommen. Zuerst kann der Wille auch ungeformt und ungestüm sein, aber im Hintergrund ist er eigentlich immer zielgerichtet. Er ist nicht chaotisch, so daß man ihn nicht wie eine rohe Kraft zuerst bändigen müßte, sondern er gliedert sich allmählich in die Welt des Wesentlichen ein. Das kann man auch an der Veränderung des Atems – an dem immer tiefer gehenden Atem des Kindes – bemerken, wie es sich allmählich immer tiefer in diese Welt einlebt.

Der Wille des Kindes kultiviert sich allmählich an der Kultur seiner Umgebung. Und je älter das Kind wird, je mehr der Heranwachsende sich in diese Welt einlebt, desto unabhängiger werden Fühlen und Denken vom Willen, emanzipieren sich und können allmählich so gerichtet werden, daß sie ihrerseits unabhängig vom Willen Gefühle und Gedanken erfassen und dann den Willen ergreifen und in die Tat bringen. Wenn der Wille aber im späteren Lebensjahr immer noch chaotisch und ungeordnet ist, muß man schauen, welche Fehlentwicklung vorliegt. Der Wille ist, so gesehen, der Ausgangspunkt für die Entwicklung des Fühlens und des Denkens, die dann später ihrerseits die Erziehung des Willens übernehmen. Der Wille schafft sich sozusagen seine eigenen Erzieher.

Der Klassenlehrer verwebt die drei Seelenkräfte

W.W.: Nehmen wir einmal die Klassenlehrerzeit der Waldorfschule, also die ersten acht Schuljahre: Inwiefern muß hier auf die Untrennbarkeit von Denken, Fühlen und Wollen geachtet werden, so daß nicht eine der Seelenkräfte einseitig ausgebildet wird?

R. Kubiessa: Die Waldorflehrer haben die Aufgabe, in den ersten acht Schuljahren Zugänge zur Welt zu öffnen, und zwar auf der Empfindungsebene. Alle Seelenkräfte müssen angesprochen werden, alle Seelenkräfte wollen sich entwickeln – aber nicht gleichzeitig. Alle wollen auch nicht in gleicher Weise entwickelt werden.

Im zweiten Lebensjahrsiebt stehen die Empfindungen und die sich daraus später entwickelnden Gefühle und Gedanken im Mittelpunkt. Die Klassenlehrerzeit ist eigentlich die Hochzeit für Weltempfindungen, für die Empfindungen, die man von der Welt aufnimmt. Im dritten Lebensjahrsiebt dagegen ist die Zielsetzung die der Entwicklung des freien Denkens. Somit hat der Klassenlehrer nicht nur die Aufgabe, die Zugänge zu den Seelenkräften und den Kräften der Welt zu öffnen, sondern er hat auch dafür Sorge zu tragen, daß die Seelenkräfte untereinander in eine harmonische und positive Verbindung treten. Der Klassenlehrer muß also die Übergänge vom Wollen zum Fühlen gestalten und vom Fühlen zum Denken bzw. zum eigenen Urteilen. Die Gestaltung dieser Übergänge ist eine zweite wesentliche Aufgabe des Klassenlehrers.

Und im zweiten Lebensjahrsiebt hat man eine Art Konzentration dieser drei Seelenkräfte, zu Beginn den Übergang vom Wollen zum Fühlen, die Entwicklung des Fühlens und dann den Übergang vom Fühlen zum Denken. Der Klassenlehrer hat also wie kein anderer die Möglichkeit, diese drei Seelenkräfte in möglichst harmonischer Weise ineinander zu verweben.

Etwa im siebten Lebensjahr mit dem Zahnwechsel emanzipiert sich das Denken vom Leib, sieben Jahre später das Fühlen, und der Wille emanzipiert sich erst mit dem 21. Lebensjahr vom Leib. Insofern hat der Klassenlehrer eine enorme Aufgabe für die gesamte Schulzeit, und zwar nicht nur für die Klassenlehrerzeit, sondern auch für den Bereich der Oberstufe. Denn das Denken an den Willen anzuschließen ist eine außerordentlich wichtige Aufgabe in den höheren Klassen, was nicht von alleine geht und was auch schon in Vorbereitung innerhalb der Klassenlehrerzeit eingerichtet werden muß.

W.W.: Kannst Du Beispiele oder Elemente aus den ersten Schuljahren nennen, die man bewußt so veranlagen kann, daß sie noch nicht auf das Denken des Schülers abzielen, und auf die man in höheren Klassen wieder zurückgreifen kann, indem man sie diesmal denkerisch durchdringt?

R. Kubiessa: Generell gilt es, den Unterricht bildhaft zu gestalten, so daß entsprechend der Klassenstufe Denken, Fühlen und Wollen in einer harmonischen Weise angesprochen werden, nicht dagegen einseitig eine dieser drei Seelenkräfte. Hinzu kommt aber das, was Du soeben angesprochen hast, nämlich die Verbindung der einzelnen Entwicklungsphasen untereinander, und zwar vom Wollen über das Fühlen zum Denken hin.

Die schönste Waage

Um es einmal anschaulich zu machen, erläutere ich dies vielleicht an einem Beispiel: Eine von mir sehr geschätzte Kollegin, die dem zweiten Gründungskollegium der Waldorfschule in Stuttgart angehörte, Lotte Ahr, erzählte einmal, daß sie in einem dritten Schuljahr, in dem gerade die Rechenepoche war und es um die Maße und Gewichte ging, den Kindern den Auftrag gab, zu Hause eine Waage herzustellen. Gedacht war an eine kleine Waage, mit der man in der Schule kleine Sachen wiegen konnte. Dies haben die Kinder gemacht: Sie haben am nächsten Tag ihre Waagen mitgebracht und dann während des Hauptunterrichts tüchtig verschiedene Gegenstände gewogen. Irgendwann stellte man dann fest, welches die schönste Waage sei, und diese ließ sich die Klassenlehrerin schenken. Sie wollte sie bewußt für spätere Zeiten aufbewahren.

Nach weiteren vier Jahren, während des 7. Schuljahres – es ging darum, den Gleichungsbegriff in der Algebra einzuführen – holte sie diese Waage hervor, bevor der Abstraktionsvorgang von den Kindern durchdacht wurde.

Das halte ich deswegen für wichtig, weil man sich fragen sollte, wovon denn bei jedem Abstraktionsvorgang abstrahiert werden soll. Hier war ein willensgesättigter, gefühlsgesättigter Eindruck, der sich mit dieser Waage verbunden hatte, denn alle Kinder hatten eine Erinnerung an die Unterrichtsstunde mit der Waage, und von diesem Erlebnis aus konnten sie nun die Abstraktion durchführen, also in einen unanschaulichen abstrakten Bereich vordringen.

Ich halte es also für wichtig, ausgehend von gemeinsamen Erlebnissen den Willens- und Gefühlsbereich anzuschließen, um diese dann in das gegenstandsfreie Denken zu überführen. Wenn man diesen Vorgang unterbricht, nicht entsprechend übergangsmäßig gestaltet, vereinseitigt man die Kinder. Ich habe das selbst im Mathematikunterricht erlebt und habe den Lehrer immer gefragt, warum er nun diese oder jene Gleichungen an die Tafel schreibe. Seine Antwort war meistens, man könne dies doch so machen. Aber ich antwortete ihm dann, daß man es genauso sein lassen könne. Mir fehlte dabei der Sinn. Wenn ich aber das Erlebnis mit dieser Waage gehabt hätte, hätte ich einen Sinn erkennen können.

Quellorte für Willenskräfte

W.W.: Wie legt man in den ersten Schuljahren einen gesunden und starken Willen bei den Kindern an?

R. Kubiessa: Hier kommt es besonders stark auf die rhythmische Unterrichtsführung an, also indem man Handlungen mit ihnen durchführt, die jeden Tag wiederkehren und die ohne Reflektion, ohne Kommentar ablaufen. Hierdurch bilden sich Gewohnheiten aus, durch die für die Kinder auch eine Art Behaglichkeit, eine Art Heimatgefühl entsteht. Sie wissen, daß sich etwas ständig wiederholt, und das schafft auch Vertrauen.

Des weiteren geht es um Erzählungen, die in die Tiefe der Seele der Kinder führen – in erster Linie sind dies Märchen und legendenartige Geschichten, die die Kinder aus dem äußeren Sinnes- und Wahrnehmungsbereich in eine Verinnerlichung führen. Durch die dadurch erzeugten Andachtskräfte entsteht bei den Kindern ein Quell für Willenskräfte, z.B. wenn man sich vornimmt, auch so zu sein wie der Prinz oder ein anderer Held einer Geschichte. Genauso kann man sich vornehmen, nicht so zu sein wie der Bösewicht. Diese anfänglichen moralischen Fragen sind Quellorte für Willenskräfte; gleichzeitig entstehen dadurch religiöse Kräfte. Alles das, was ins Religiöse hineinführt, ist ohnehin außerordentlich willensbildend.

Eine weitere Willensschulung sind sämtliche künstlerischen Arbeiten wie z.B. das Formenzeichnen, wobei ich das künstlerische Gestalten immer so verstehe, daß man dem Kind auch eine gewisse Gediegenheit in der Gestaltung seiner Hefte und seiner übrigen Arbeiten abverlangt. Man sollte sich z.B. nicht mit dem zufriedengeben, was das Kind an Fähigkeiten im Künstlerischen mitbringt, sondern Perspektiven aufzeigen, wie man z.B. eine Form noch schöner gestalten kann. Solche Ansprüche führen das Kind weiter und stärken seine Willenskräfte. Wenn man ihnen nur das zubilligt, was sie ohnehin schon können, bekommen sie keinen Anreiz, ihre Fähigkeiten zu steigern. Dann haben sie das Gefühl, daß sie nichts lernen. Wenn man einen künstlerischen Anspruch stellt – natürlich in einer dosierten Form entsprechend dem jeweiligen Alter –, dann entsteht auch keine Langeweile.

W.W.: Ist es für diese Art von Pädagogik wirklich nötig, daß der Klassenlehrer die ersten acht Schuljahre unterrichtet, oder geht es auch, daß er nur sechs Jahre unterrichtet?

R. Kubiessa: Ich meine, daß der Klassenlehrer die acht Jahre unterrichten sollte. Denn es ist sehr wichtig, die Verbindung zwischen dem willensbetonten Leben der etwa zwei ersten Klassen und dem allmählich im Urteil erwachenden Achtkläßler herzustellen, und dafür bedarf es einer inneren Spannung. Es ist ein Unterschied, ob ein Lehrer nur einen schönen bildhaften Unterricht gestaltet oder ob er während dieses bildhaften Unterrichts immer noch einen zweiten Gedanken denkt, der so gewichtet ist, daß es ihm klar ist, daß man sich in den unteren Klassen in der Willensebene befindet, aus der aber in den späteren Jahren das Gedanken- und Urteilsleben entspringen wird. Das Beispiel mit der Waage zeigt, wie das konkretisiert und später an die Oberfläche geholt werden kann. Es brauchen nur einige wenige solcher später bewußtwerdenden bildhaften Parallelen sein, die den Kindern zu Bewußtsein gebracht werden, um in ihnen exemplarisch eine Begriffsbildung auszulösen, die lebensvoll ist, weil sie sich am gemeinsamen Erlebnisprozeß der ganzen Klasse orientiert. Es ist wie ein gemeinsames Ankommen bei sich selbst und in der Gegenwart, wenn – als weiteres Beispiel – Drittkläßler in der Schöpfungsgeschichte von den vier Elementen Erde, Wasser, Luft und Feuer gehört haben, mit deren Hilfe Adam Ackerbau betreibt, Häuser baut, also seine Welt erschafft, in der er leben kann, und dann später den Hochofen-Prozeß verstehen und dabei aufmerksam gemacht werden, daß bei diesem Anfang einer neuen technischen Welt ebenfalls die vier Elemente Erde (Erz/Kohle), Wasser (Kühlung),Luft (Gebläse) und Feuer in riesigen Ausmaßen beteiligt sind. Wichtig ist, daß der Lehrer für sich immer wieder die Korrelation zur späteren Entwicklung seiner Kinder denkt.

Wenn diese Idee, wenn dieser Gedanke unterschwellig wirkt, hat das eine enorme Bedeutung für die Entwicklung des Kindes. Rudolf Steiner macht an verschiedenen Orten auf diese unterschwellig wirkenden Kräfte aufmerksam, die durch den Lehrer in Gang gesetzt werden können. Und es ist ein großer Unterschied, ob der Lehrer diese Kräfte beherrscht und impulsiert oder ob er einen Unterricht nur gestaltet, aber ohne diesen Hintergrund.

Insofern ist es m.E. außerordentlich wichtig, daß der Klassenlehrer diese acht Schuljahre mit seinen Kindern durchlebt und diesen Prozeß und Spannungsbogen tatsächlich gestaltet und begleitet. Einen solchen Prozeß kann man sehr schlecht an einen anderen Lehrer übertragen. Das wird alles übersehen, wenn man der Meinung ist, daß man die Klassen-lehrerzeit verkürzen kann. Ich bin ein außerordentlicher Verfechter für das Prinzip der achtjährigen Klassenlehrerzeit.

Abstraktes Sprechen und gestauter Wille

W.W.: Kannst Du darstellen, wie eine bildhafte bzw. eine nichtbildhafte Sprache des Lehrers – besonders in den ersten Schuljahren – auf die Kinder wirkt und auf welche Weise sie für die Willenserziehung der Kinder wichtig ist?

R. Kubiessa: Das kleinere Kind ist noch ganz mit seiner Sprache im Willen verankert und braucht, um sich sprachlich verständlich zu machen, um sich sprachlich entwickeln zu können, einen bestimmten Rhythmus in der Sprache. Und diese Entwicklung geht langsamer als bei Erwachsenen. Dieser Tatsache muß in den ersten Klassen Rechnung getragen werden, und wenn man in den ersten Klassen so ganz allgemein spricht, wie wir es landläufig unter Erwachsenen tun, dann besteht die Gefahr, daß das Kind rein von der Geschwindigkeit dessen, was der Erwachsene darstellt, gar nicht mitkommt. Das Kind wird gar nicht in diese Sprache eintauchen können.

Das zweite ist, daß man bei dieser Art des Sprechens auch Begriffe gebraucht, die nicht kindgemäß sind, die das Kind nicht versteht, die zu abstrakt sind. Das Kind braucht in den jüngeren Jahren Worte, die es sich vorstellen kann, in denen es mitleben kann, durch die die Phantasie angeregt wird – also lebendige, bildhafte Begriffe. Abstrakte Wörter sind eigentlich Leerstellen im Verständnis des Kindes. Es versteht den Erwachsenen buchstäblich nicht. Das Kind will aber den Erwachsenen verstehen und zeigt dies auch; es hat aber eigentlich nur Zugang zu den Gefühlen des Erwachsenen.

Aber selbst wenn der Erwachsene abstrakt spricht, versucht das Kind dieses Verständnis zu zeigen, versucht es dasjenige zu erraten, was der Erwachsene sagt. Das kleinere Kind liest also an den Gefühlen des Er-wachsenen ab, ob er zornig ist, ob er freundlich oder ob er traurig ist, und versteht ihn über diese Gefühle, aber nicht über die abstrakte Sprache.

Man erlebt ja oft solche Situationen – z.B. in hastigen Momenten im Supermarkt, wo eine Mutter mit ihrem Kind spricht –, daß da zwei

Menschen wie Wesen von zwei verschiedenen Planeten miteinander kommunizieren. Man kann oft das Unverständnis der Kinder an ihren Gesichtern ablesen, wie konsterniert sie sind, wenn schnelle und abstrakte Worte der Mutter oder des Vaters auf sie hinabprasseln.

W.W.: Und wie überträgt sich diese Art des Sprechens auf den Willen der Kinder – schläft er ein, wird er zappelnd, in welcher Weise wird er einseitig geprägt?

R. Kubiessa: Wenn ständig auf diese Weise mit dem Kind gesprochen wird, wird es daran gehindert, sich auf tiefere Weise in die Welt einzuleben. Der Wille, der sich in die Welt einleben will, wird fortwährend aufgehalten. Das schafft einen Stau, und der Stau führt eines Tages dazu, daß er zerstörerisch wird oder werden kann. Dieser gestaute Wille wird zu einer Aggressionshandlung, die entweder nach außen oder auch gegen sich selbst gerichtet wird.

Positiv gesehen: In dem Moment, in dem der Erwachsene auf die Gefühls- und Willensregungen des Kindes eingeht, sie durch rhythmische Sprache aufgreift und das Vorstellungsleben des Kindes mit bildhaften Ausdrücken bereichert, trägt er zu einem lebendigen Interesse des Kindes bei, fördert dieses Interesse des Kindes an der Welt, und durch dieses immer stärker werdende Interesse des Kindes für die Welt stärkt sich zugleich auch das Willensleben des Kindes.

Unbändiges Interesse an der Welt entwickeln

W.W.: Mit dem Beispiel der Waage hast Du es schon genannt; aber vielleicht kannst Du noch ein wenig näher ausführen, auf welche Weise man die Schüler in den höheren Klassen durch metamorphosierten Willen zu wachen Zeitgenossen, zu Gegenwartsmenschen erziehen kann.

R. Kubiessa: Ab dem 12. Lebensjahr beginnt die Möglichkeit, den Willen in eine andere Richtung zu lenken. Etwa in dieser Zeit machen sich die Jugendlichen selbst auf den Weg und beginnen, die Welt zu erforschen, wie sie wirklich ist, und sie stellen Fragen an die Welt, weniger an die Erwachsenen. Dieser neuen Situation müßte der Lehrer dadurch Rechnung tragen, daß er den Kindern und Jugendlichen nicht mehr das beibringt, was in ihm als Bild der Welt lebt, sondern daß er sie an und in Situationen führt, in denen sie ihr eigenes Denken entwickeln können. Die Jugendlichen müssen lernen, Fragen zu stellen, um dann zu eigenen Antworten zu kommen. Hier bringt der Lehrer eine Art Opfer, denn er gibt die Autorität ein Stückweit auf; er tritt auch ein Stück zur Seite und läßt dem Jugendlichen Raum, damit dieser seine eigenen Erkundungen selbst vornehmen kann. Das ist ein ganz wichtiger Punkt für die Entwicklung des eigenständigen Denkens. Genauso ist es wichtig für den Willen zum Denken.

W.W.: Was muß der Klassenlehrer bzw. der Oberstufenlehrer selbst tun, um Gegenwartsmensch zu werden?

R. Kubiessa: Eigentlich muß er ein unbändiges Interesse an der Welt entwickeln. Er muß sich als Bürger dieser Welt verstehen und möglichst erfolgreich oder hilfreich in dieser Welt leben, und darüber hinaus sollte er eine Art Anwaltschaft für die Altersgruppe der Jugendlichen übernehmen. Das ist ähnlich wie ein Journalist, der im Hintergrund die Fragen seiner Leser kennt, die Welt für die Leser betrachtet und neue Fragen für die Leser an die Welt stellt und die Orte aufsucht, wo diese Fragen beantwortet werden. Insofern müßte der Lehrer auch eine Art Verantwortlicher für die Fragehaltung seiner Schüler sein. Er sollte also in der Welt herumgehen und die Eindrücke sammeln, die für die Entwicklung der Schüler wichtig sind.

W.W.: Eine Art Weltreporter also.

R. Kubiessa: Genau. Er muß aber ein kenntnisreicher Reporter sein, der weiß, wie die Welt aussieht und der auch weiß, was die Schüler interessiert. Denn die Schüler selbst haben genügend Quellen, um sich in der Welt zu orientieren; wenn auch oft einseitig. Es ist aber ein Unterschied, ob man sich in der Welt auskennt und aus dem reichhaltigen Angebot die richtigen Sachen für die Schüler auswählt oder ob man ungestalt auf die Welt zugeht und vielleicht von ihr überrollt wird. Es ist also Aufgabe des Lehrers, aus dem ungeheuer reichhaltigen Angebot der Welt dasjenige auszuwählen, was für den Schüler geeignet ist.

Die Gegenwart erreichen

Zur Gegenwärtigkeit des Klassenlehrers gehört noch ein zweiter methodischer Aspekt. In meinen Anfangsjahren als Lehrer erhielt ich von meinem Kollegen Reinhard Fiedler, er war Deutsch- und Geschichtslehrer, den Rat: „Richten Sie es möglichst so ein, daß Sie in der 8. Klasse in Geschichte die Gegenwart erreichen. Bleiben Sie nicht in der Französischen Revolution stecken! Und wenn Sie große Sprünge machen müssen, führen Sie als Klassenlehrer Ihre Kinder in die Gegenwart! Das ist für alles weitere Geschichtsverständnis sehr wichtig!"

Eugène Ferdinand Victor Delacroix
Die Freiheit führt das Volk, 1833
Musée du Louvre, Paris, Frankreich

Das ist sofort einleuchtend, wenn man bedenkt, wie die Kinder bereits die Schutzräume der Eltern verlassen, wie sie körperlich reifen, schwer werden, innerlich ihr Skelett ergreifen, auf der Erde ankommen, da sollten sie auch von der Jetztzeit hören und nicht nur von Bismarck oder der Französischen Revolution. Es hat dieses gemeinsame Ankommen mit dem Klassenlehrer in der Gegenwart eine große Bedeutung für alles, was in den acht Jahren davor gemacht wurde. Ihn als Gegenwartsmensch zu erleben, wirft ein neues Licht auf die Seelenbilder, die gemeinsam erlebt wurden. Es schließt sie gleichsam an die Gegenwart, die Welt der Tatsachen an.

W.W.: Was meint Steiner damit, wenn er sagt, daß der Wille im 20./21. Lebensjahr geboren wird und die Kräfte von oben und unten allmählich in einen Ausgleich kommen?

R. Kubiessa: Erst zu diesem Zeitpunkt erlebt der junge Mensch eine Emanzipierung des Willens. Davor ist der Wille noch leibgebunden. Der junge Mensch verfügt über seinen Willen noch nicht aus sich heraus. In dem Moment, in dem sich der Wille emanzipiert, ist das Ich in der Lage, sich selbst zu bestimmen. Es ist das wie eine vierte Geburt. Jedes der vier menschlichen Wesensglieder (Physischer Leib, Ätherleib, Astralleib und Ich) wird in einem zeitlichen Abstand von etwa sieben Jahren geboren. Am geläufigsten ist die physische Geburt als Emanzipation aus dem Mutterleib. Der ätherische Leib als Träger der Denktätigkeit wird im Alter von sieben Jahren, also um den Zahnwechsel herum geboren. Der astralische Leib als Träger der Gefühle wird zur Zeit des Stimmwechsels bzw. der Reifezeit um das 14. Lebensjahr geboren, und der Ich-Leib eben um das 21. Lebensjahr. Allgemein charakteristisch für jede der Geburten ist ein Heranbilden eines Kräfteleibes in einem umgebenden Trägerleib. Wenn der erstarkende Kräfteleib etwa so stark wie dieser gegen den Trägerleib wirkt, kann er sich von ihm emanzipieren. Beim Ich ist es der eigene Wille gegenüber den gesamten Willenskräften, die ihn im Körper und in der Welt umgeben, und in denen er sich heranbildet. Mit dieser Zeit kann das Ich beginnen, autonom den Willen zu ergreifen, und es kann freie Handlungen begehen, die der jüngere Mensch vorher in dem Sinne nicht vollbringen konnte. Alles, was da nach Freiheit aussieht, ist eigentlich eine Art Vorgriff, wenn es vor diesem 21. Lebensjahr stattfindet.

Die Ichkraft und der wachwerdende Wille

W.W.: Allgemein heißt es bei Steiner immer, daß der Wille schlafe. Kann man es nicht auch so sehen, daß der Wille etwa ab dem 21. Lebensjahr zunehmend bewußt wird, oder ist das nur die Ich-Kraft, die souverän mit diesem Willen umgeht?

R. Kubiessa: Beides hängt zusammen. Die Ich-Kraft ist ein großer Bestandteil dieses wachwerdenden Willens. Der schlafende Wille ist derjenige Wille, der noch nicht vom Ich ergriffen ist. In dem Moment, in dem das Ich als geistiger Wesenskern den Willen ergreift, ergreift es sich selbst und verändert mit dem Willen die Welt. Dieser Akt vollzieht sich im Wachzustand. Der noch nicht vom Ich ergriffene Wille lebt dagegen weiter im Leib, regelt alles Unterbewußte und schläft in bezug auf die Bewußtseinskräfte des Menschen, die noch nicht in diesen schlafenden Willen eindringen können.

Willenskräfte – aus Liebe und Weisheit wirksam

W.W.: Gibt es auch im späteren Leben des Menschen Willensverwandlungen?

R. Kubiessa: Beim kleinen Kind steht der Wille, die Tat, ganz am Anfang; das Tun ist allesbestimmend. Wenn man sich ein Kind vorstellt, das in der richtigen Weise nachahmt, dann sucht es, zumindest unbewußt, das Wesentliche einer solchen Handlung. Es ahmt das nach, was sinngebend ist. Es ahmt das nach, was in der Welt sinngebend ist. Wenn man das zum Alter hin spiegelt, dann kann man erkennen, daß der alte Mensch einen Teppich gewoben hat, der aus all seinen Erfahrungen besteht, aus all seinen Gedanken und Taten, und daß er mit und aus diesem Teppich aus den verflochtenen Erfahrungen und vollzogenen Willenstaten, die miteinander verflochten sind, für andere Menschen etwas Gutes oder Weisheitsvolles tun kann. Ein solcher Teppich kann weisheitsvoll sein, und die Willenshandlungen eines solchen alten Menschen sind eher aus der Betrachtung oder der Ruhe heraus wirksam, sie sind von den Gedanken geleitet. Sie sind nicht mehr ungestüm wie bei einem kleinen Kind, sondern werden im besten Falle von Weisheitskräften gelenkt und haben eine aufbauende Bedeutung für die Welt.

Früher war es so, daß man alte Menschen gebeten hat zu segnen. Und ich würde mir wünschen, daß es mehr und mehr alte Menschen gibt, die diese Möglichkeit wieder in sich entdecken: so zu handeln, so zu segnen, daß andere Menschen dadurch eine Hilfe bekommen. Das können vielleicht auch jüngere Menschen, aber die älteren Menschen haben dazu die größte Möglichkeit, um über den erfahrungsgesättigten Gedanken für andere Menschen etwas bereitzustellen, was ganz aus dem Rahmen der Zweckbindung, des Berufs und des Alltags herausfällt.

Das wären freie Willenskräfte, die aus Liebe zu anderen wirksam werden. Dieser Wille hat für mich eine Art Umkehrcharakter zu demjenigen Willen, der in den ersten Lebensjahren eines Kindes ihm durch Nachahmung geschenkt wird. Das Kind empfängt den Sinn der Welt von anderen, und zwar über die Nachahmungsbewegung, und im Alter kann der Mensch diejenige Erfahrung, die er gesammelt hat, verwandelt wieder an die Menschheit zurückgeben. An dieser Stelle kann jeder einzelne Mensch, aus freiem Willen heraus, wohltuend viel in der Welt verändern. Das wäre ein Zukunftsideal für jeden Menschen.

Natürlich gibt es heute nur sehr wenige weise Menschen, was u.a. daran liegt, daß auch die alten Menschen sich sehr an diese materielle Welt klammern und die Möglichkeit des Segnens schlicht vergessen haben. Das andere ist – und das bedingt sich gegenseitig –, daß die nachrückende Generation diese Weisheitskräfte bei den Alten auch nicht mehr erwartet.

Ein alter Mensch kann ganz im Stillen heilende Kräfte, heilende Gedanken in die Welt aussenden; aber es ist doch noch etwas ganz anderes, wenn ein jüngerer Mensch einen alten Menschen direkt fragt, ob dieser ihn segnen kann, ob dieser ihn beraten kann – indem er ihn bittet, für ihn etwas zu tun, indem der ältere Mensch an ihn denkt. So etwas geschieht ja auch zwischen Menschen, die sich nahestehen, wenn der eine vor einer Prüfung oder in einer schwierigen Situation steht.

Willensschädigungen

W.W.: Auf welche Weise kann man den Willen eines Kindes oder eines Schülers schädigen, so daß dieser Schüler willensschwach wird?

R. Kubiessa: Zum Beispiel indem man einen Stundenplan so gestaltet, daß um 8.00 Uhr Religion ist, um 9.00 Uhr Turnen, um 10.00 Uhr Mathematik und um 11.00 Uhr Handarbeit – dann schädigt man den Willen. Durch diese Art von zerhacktem Schultag wird keine Rücksicht auf die innere Seite des Kindes gelegt; und wenn diese Seite in der Handhabung der schulischen Veranstaltung mißachtet wird, schädigt man den Willen der Kinder.

Gleichermaßen tritt eine Schädigung ein, wenn der innerste Wille des Kindes nicht angesprochen wird bzw. wenn dieser mißachtet wird, z.B. durch fortwährende Gebote und Pflichtveranstaltungen, die das Kind eigentlich nicht will. Das bedeutet nicht, daß alles das, was das Kind machen muß, ihm Freude oder Spaß bereiten soll. Es ist auch ein weitverbreiteter Irrtum, daß Lernen in jedem Moment Freude bereiten muß. Wenn dem so wäre, gäbe es eigentlich kein Lernen; denn man lernt nur das, was man nicht kann. Und das, was man nicht kann, bereitet nicht unbedingt Freude. Erst die Freude am Gelernten schafft rückwirkend dieses Hochgefühl am Lernen. Eigentlich erlebt man hier zuerst das Gegenteil, dann die Mühsal der Überwindung und des Lernens, und erst nach diesem Prozeß entwickelt man Freude über das, was man kann. Deswegen kommt es darauf an, daß hier der innere Wille des Kindes erreicht wird, daß man ihm ermöglicht, über die Hindernisse auf dem Weg hinwegzuhelfen, das Kind so zu motivieren, daß es diese Hindernisse selbst überwindet. Das erreicht man z.B. dann, wenn das Kind gegenüber dem Erwachsenen Ehrfurcht und Liebe empfindet, wenn der Erwachsene eine echte Autorität ist, die ihm hilft, über diese Hindernisse hinwegzukommen.

W.W.: Gibt es weitere Elemente im Unterricht, die den Willen schwächen? Und welche Elemente verstärken den Willen einseitig bis hin zur Gewalt?

R. Kubiessa: Jede Überbetonung einer abstrakten Denkweise schwächt den Willen. Wenn die Seele zu früh intellektuell beansprucht wird, wird der Wille des Menschen geschwächt. Wenn man die intellektuellen Kräfte eines Kindes zu früh aktiviert, koppelt man den Willen einseitig aus dem Seelenleben ab.

Auf der anderen Seite kann man den Willen einseitig verstärken, indem man völlig übertriebene Pflichtveranstaltungen durchführt: Erziehungsprogramme wie während des Dritten Reichs, wo man ganz bewußt darauf geachtet hat, daß das, was man beibrachte, nicht reflektiert werden durfte, nicht mit Gedanken begleitet und meist nur die körperliche Ertüchtigung an den Anfang gestellt wurde. Jede einseitige Förderung von körperlichen Tätigkeiten vereinseitigt den Willen und brutalisiert und animalisiert den Willen. Auch dann koppelt sich der Wille aus dem seelischen Gefüge ab und neigt dazu, zerstörerisch zu werden. Das hat die Geschichte zur Genüge gezeigt.

W.W.: Wie kann man den Willen brechen?

R. Kubiessa: Durch alle Maßnahmen, die zu einer Ent-Ichung führen. Das kann z.B. passieren, wenn man Kinder mit falschen Medikamenten behandelt. Man kann den Willen auch durch bestimmte Entzugserscheinungen brechen, indem man z.B. dem Kind konsequent systematisch bestimmte Erlebnisse entzieht, die in seiner Entwicklung zum Menschen notwendig sind. Prominentestes Beispiel dafür ist das Schicksal von Kaspar Hauser. An ihm kann man verfolgen, daß hier die Absicht bestand, daß das sich inkarnierende Ich keine Möglichkeit bekommen sollte, sich frei zu entwickeln. Als dieser Plan dann doch zu mißlingen schien, hat man Kaspar Hauser ermordet. Man kann also den Willen durch Abspaltung des Ich von der eigenen Inkarnation brechen.

W.W.: Welche Rolle spielen Süchte, z.B. Drogensucht, in bezug auf die Degenerierung des Willens?

R. Kubiessa: Hier besteht ein enger Zusammenhang zwischen dem ersten und dritten Lebensjahrsiebt, in welchem vornehmlich die Erscheinungen verschiedenster Süchte auftreten. Das hängt damit zusammen, daß die Willenskräfte im ersten Lebensjahrsiebt nicht in der Weise entwickelt worden sind, wie es eine gesunde Entwicklung nötig gehabt hätte, weil die Nachahmungskräfte nicht richtig initiiert worden sind. Die Nachahmungskräfte und die Willenskräfte sind bei solchen Menschen meist unterentwickelt. Die Kinder haben wahrscheinlich im ersten Lebensjahrsiebt permanent so etwas wie eine Art Rückstau erfahren. Dadurch entsteht eine Art unausgelebter Wille, der in späteren Lebensjahren – nach der Pubertät – in einer Art Zerstörung nach innen wirkt. Nach innen entsteht eine Art Zerstörung der eigenen Seelenkonfiguration, nach außen Formen von Aggression oder Brutalisierung. Alle Süchte, alle Gewaltexzesse sind nach meiner Beobachtung Willensprozesse, die im ersten Lebensjahrsiebt nicht richtig gegriffen worden sind und dann in späteren Jahren in falscher Form ihren Weg in die Welt finden.

Die Arbeitswelt hat sich aus dem Erlebnisbereich der Kinder herausgezogen

Gerade in unserer modernen Zeit ist die Möglichkeit der Nachahmung sehr gefährdet, da es z.B. immer weniger Berufe gibt, an denen die Kinder Nachahmung lernen können und da immer weniger unmittelbare Tätigkeiten vorhanden sind, die die Kinder anschauen können. Unsere Welt ist so technisiert, daß die handwerklichen Tätigkeiten stark reduziert sind; eigentlich hat sich die gesamte Arbeitswelt aus dem Erlebnisbereich der Kinder herausgezogen.

Und hier liegt eine riesige Aufgabe für die gesamte Gesellschaft, ein neues Bewußtsein dafür zu erwecken, was es heißt, für die Kinder Nachahmungsebenen zu schaffen. Allerdings will ein Kind auch kein Mini-Freilichtmuseum, auch keinen Schonraum haben, sondern die Kinder sind stark daran interessiert, am Leben der Erwachsenen teilzunehmen, so wie es gerade heute vor sich geht. Ein Kind möchte auch nicht in ein schön gestaltetes Kinderzimmer gesperrt werden, in dem seelisch und geistig nichts los ist. Die Kinder wollen an den Aktionen der Erwachsenen teilnehmen.

Hieraus entsteht für die Erwachsenen die Notwendigkeit, gewisse Elemente ihres Lebens so zu gestalten, dem Kind so darzubieten, daß das Kind hier mitleben kann. Hier bedarf es vieler Phantasiekräfte, vieler Gestaltungskräfte der jeweiligen Erwachsenen. Auf diesem Sektor muß noch sehr viel getan werden. Eigentlich dürsten die Kinder sehr stark danach, in der richtigen Art nachahmen zu können.

W.W.: Damit sprichst Du unsere mediendurchzogene Welt an und das Problem, daß immer mehr Kinder in immer jüngeren Jahren immer mehr Stunden vor den Bildschirmen sitzen und eigentlich nur noch eine virtuelle Welt nachahmen, woraus die immer stärker um sich greifende Onlinesucht entsteht, verbunden mit starker Willenslähmung.

R. Kubiessa: Das ist ohne Frage so. Ich habe immer wieder beobachtet, daß dort, wo die Kinder in einem ungestalteten Tagesablauf den Medien überlassen werden, zumindest die Gefahr einer Willensschädigung besteht. Es ist aber etwas problematisch, den Medienkonsum allein für die Willensschädigung verantwortlich zu machen, da der Medienkonsum meist die Folge anderer Mißstände ist. Das kann Beziehungsmangel im Elternhaus, Ernährungsmangel, mangelnde soziale Zuwendung, Alkoholsucht, sonstige Verwahrlosung sein. Es können auch Ehescheidungen sein, mangelnde Zeit für das Kind – eigentlich ist das immer ein ganzer Komplex von Ursachen für die Willensschädigung. Der Medienkonsum spielt hier zwar eine große Rolle, aber das Problem einer Willensschädigung ist nicht dadurch zu beheben, daß man dem Kind verbietet, fernzusehen oder vor dem PC zu sitzen. Das wäre zu kurz gegriffen. Veränderungen kann man nur dann erreichen, wenn man das gesamte Leben und Umfeld verändert. Auch die Waldorfpädagogik allein reicht nicht aus, um einen solchen Schüler aus seinen Problemen herauszuführen. Wenn die Willensschädigung bereits eingetreten ist und das Umfeld zu Hause nicht mitspielt, ist rein durch den pädagogischen Gestaltungsprozeß nur wenig zu erreichen; aber man muß es natürlich versuchen und die Jugendlichen mit Interesse und Beobachtungsgabe begleiten.

Der Willensweg des Lehrers

W.W.: Jeder Lebensweg eines Menschen ist eigentlich auch ein Willensweg zur Entdeckung der Welt oder des Menschen. Inwiefern ist auch der Lehrerberuf ein solcher Willensweg?

R. Kubiessa: Mit Sicherheit ist jeder Lebensweg ein solcher Erfahrungs- und Willensweg; speziell beim Lehrer sollte es so sein, daß er seine Unterrichtsinhalte nicht wie ein Rezept anwendet, sondern seine Handlungen selbst immer wieder neu herausfinden muß. Dazu muß der Lehrer einen speziellen Willen entwickeln, denn das Herausfindenwollen dessen, was er im Unterricht gestalten will, muß er selbst wollen. Diesen Willen kann ihm niemand abnehmen, kann ihm niemand befehlen. Insofern ist der Lehrerberuf ein wirklicher Erfahrungsweg.

W.W.: Wenn ein Lehrer vor der Klasse steht, so steht er vor 30 oder 40 Menschen mit einem individuellen Willen. Eigentlich kennt der Lehrer den Willen dieser Schüler nicht. Was entsteht in diesem Verhältnis zwischen den Menschen, die eigentlich nichts von dem verborgenen Willen des anderen wissen?

R. Kubiessa: Am stärksten ist dies dann der Fall, wenn der Lehrer zum ersten Mal am ersten Schultag auf seine Schüler trifft. Die Kinder gehen an diesem Tag mit einem großen Vertrauen auf den Lehrer zu. Für sie ist der Lehrer eine wichtige Autoritätsfigur, die alles das ordnen soll, was für ihr Leben wichtig ist.

Wenn der Lehrer dagegen vor die Klasse tritt, steht er vor einer unbeschriebenen Landkarte, und er muß mit einem großen Verantwortungsgefühl herausfinden, welche verschiedenen Willensbilder die einzelnen Kinder mit sich bringen, welche Wege sie einschlagen wollen und welches Schicksal jedes Kind hat. Hier muß der Lehrer zunächst eine große Geduld entwickeln, und er muß auf feine Äußerungen innerhalb des Zusammenlebens der Klasse achten; aber nach und nach wird sich anhand der Arbeit, die man miteinander tut, offenbaren, was die jeweilige Willensrichtung der einzelnen Schüler ist. Diese Individualisierungen kristallisieren sich allmählich heraus. Vor allem dann, wenn der Unterricht künstlerisch gestaltet wird, zeigen sich die verschiedenen Schattierungen jeglicher Begabungen, und dadurch erhält der Lehrer Anhaltspunkte für die verschiedenen Differenzierungen der einzelnen Schüler und ihrer Willensintentionen. Hier muß der Lehrer schöpferisch sein und mit großer Aufmerksamkeit die Schüler begleiten. Dadurch entsteht bereits in der ersten Klasse eine enorme gegenseitige Kenntnis; man nimmt sich als Glied eines Organismus wahr, so daß die anderen Kinder es spüren, wenn ein Kind in der Klasse fehlt.

Wichtig vor allem ist aber, daß der Erwachsene seine Frage nach dem Erkennen der Kinder schöpferisch offenhält, und wenn er wirklich die Frage offenhält, dann kann er damit rechnen, daß auch entsprechende Antworten kommen. Hierbei wird ihm auch geholfen. Allerdings muß der Lehrer diese innere Fragehaltung haben. Dann wird er auch sehr viel über die einzelnen Kinder erfahren.

Schöpfer aus dem Nichts

W.W.: Das ist ja auch eine Art Schulungs- und Willensweg, auf den sich der Lehrer begibt. Da er sehr oft aus dem Nichts schöpferisch gestalten muß, weiß er nie, wie die Schüler reagieren und was sie am nächsten Tag machen werden, und oftmals kann eine Vorbereitung auf den Unterricht am nächsten Tag gar nicht durchgeführt werden, da der Lehrer aus dem Moment heraus etwas Neues greifen muß. Ist der Lehrer so gesehen auch ein Schöpfer aus dem Nichts?

R. Kubiessa: Auf jeden Fall. Die Momente, in denen der Lehrer aus dem Nichts heraus etwas gestalten muß, sind ziemlich häufig. Wenn er einen Schulungsweg geht, also eine Selbsterziehung betreibt, hat er eine große Chance, daß ihm in solchen Momenten etwas Gutes einfällt. Aber dafür gibt es keine Garantie. In dem Moment, in dem man an sich selbst arbeitet, ist man auch in der Lage, aus dem Moment heraus etwas zu greifen, spirituell aufzunehmen und zu gestalten, um anschließend im Unterricht mit den Kindern etwas Sinnvolles zu tun. Wenn der Lehrer dies nicht kann, wird er relativ schnell in seinen Methoden abstumpfen, und dann entsteht leicht die Situation, daß sich der Lehrer mit dem Rükken an der Wand empfindet und auf allgemeine Regelungen zurückgreift. Und die sind meist der Tod eines inneren Verständnisses, einer inneren Verbindung zu den Kindern. Auch der Griff in die Trickkiste hilft nicht wirklich. In dem Moment, in dem man den inneren Schulungsweg als Lehrer nicht geht, hat man sofort mit dieser Problematik zu tun.

W.W.: Erzieht der Lehrer die Schüler auch in ihrem Willen für die Zeit nach dem Tod?

R. Kubiessa: Unbedingt. Wir leben uns in diese Welt ein und bilden hier in dieser Welt Begriffe, und diese Begriffe haben immer einen ordnenden, aber zugleich begrenzenden Charakter, an dem man sich dann orientieren kann. Andererseits lernen wir, uns in der Welt zu betätigen und später auch in der Welt zu arbeiten. Dazu erüben wir Fähigkeiten. Diese Fähigkeiten sind von ihrer Art immer so, daß sie unbegrenzt sind, vor allem, solange sie Übungsfelder sind. Was aber in diesen Bemühungen lebt, ist zugleich ein geistiger Gehalt. Dieser geistige Gehalt in den Willenshandlungen, in dem jeweiligen Bemühen, in den daraus werdenden Fähigkeiten besteht weiter, auch nach der Schule, auch nach dem Tod. Die Wirkungen des Bemühens sind in den Taten und Werken des jeweiligen Menschen vorhanden, und dieser geistige Gehalt bleibt auch dann bestehen, wenn der Mensch stirbt. Und daraus ergibt sich für die Zeit nach dem Tod und für das nächste Leben eine riesige Entwicklungschance. Beim Tod wird lediglich die leibliche Grundlage für dieses Bemühen, für diesen Willenseinsatz genommen. Der geistige Prozeß bleibt bestehen. Insofern wirkt alles das, was in den Willen hinein erzogen wird, über den Tod hinaus bis ins nächste Leben. Insofern wirkt der Lehrer sogar auf die nächste Inkarnation des Kindes vorbereitend.

W.W.: Wenn man einmal davon ausgeht, daß Willenskräfte auch Liebeskräfte sind, inwiefern sollte dann ein Lehrer dasjenige, was er den Schülern beibringt, und diejenigen, die er erziehen will, lieben?

R. Kubiessa: Ein Lehrer, der seine Kinder zu erkennen versucht, der auch an sie denkt, wenn er nicht in der Schule ist, der freudig nach Inhalten sucht, die für die jeweilige Situation im Unterricht besonders geeignet sind, der sich auch von Enttäuschungen nicht entmutigen läßt, sich mit ganzer Seele einsetzt – der liebt seine Kinder, und der liebt auch das, was er ihnen beibringen möchte.

W.W.: Was war für Dich in Deinem Leben der größte Willenseinsatz, und was fiel Dir am schwersten?

R. Kubiessa: Mein größter Willenseinsatz war, mich zu dem durchzuringen, was ich ganz aus mir selbst heraus vollbringen wollte, und das dann auch zu tun. Ich meine damit diejenigen Dinge, die ich getan habe, weil sie ganz aus mir selbst entsprangen, und die ich nicht für einen anderen Menschen oder eine Gemeinschaft aus bloßem Pflichtgefühl getan habe.

W.W.: Und durch welchen Willenseinsatz hast Du am meisten gelernt?

R. Kubiessa: Das ist eine gute Frage. – Sehr wichtige Dinge habe ich gelernt durch Achtgeben auf Äußerungen von Menschen, die mir unsympathisch waren. Am meisten habe ich aber durch meine Schülerinnen und Schüler gelernt, die ich über vierzig Jahre hindurch unterrichtet habe, und besonders natürlich von den Menschen, die ich verehre, liebe.

Vom Rätsel der Willenskraft

Den Willen bilden heißt die Zukunft vorbereiten

von Susanne Wecker

„Des Menschen Wille ist sein Himmelreich" – Jeder kennt diesen Satz, der so verstanden wird, daß ich dem Willen des anderen Menschen seinen Freiraum lassen muß, auch wenn ich sehe, daß er in sein Unglück läuft. Was ist der menschliche Wille, dem wir diese individuelle Ausprägung zuschreiben? Wie entwickeln sich die Willenskräfte im menschlichen Lebenslauf?

Neben dem Denken und Fühlen ist das Wollen eine der drei menschlichen Seelenfähigkeiten. Anders als im Denken und Fühlen sind wir im Wollen weitgehend unbewußt. Wenn wir versuchen, eine Bewegung bewußt auszuführen, können wir nur wahrnehmen, wie sich die Lage unseres Körpers im Raum verändert. Die Vorgänge, die die Bewegung ermöglichen und uns ausführen lassen, bleiben komplett verborgen. Rudolf Steiner beschreibt dies folgendermaßen:

„Der Mensch kann sich etwas vornehmen, er hat einen Gedanken. Wie der Gedanke aber hinuntergleitet in seinen Leib, wie der Willensentschluß, die Hand zu bewegen, weiterwirkt, das bleibt so dunkel wie der Zustand des Schlafes dunkel bleibt." (GA 224/1983/04.07.1923/S.78)

Stellen Sie sich vor, Sie hätten sich vorgenommen, ein Konzert zu besuchen. Sie sind verabredet, und jetzt sitzen Sie gemütlich im Sessel, müde nach einem langen Arbeitstag. Was geschieht? Sie haben ein Ziel, ein Motiv: das Konzert zu besuchen. Aber durch die Müdigkeit müssen sie sich aufraffen und fassen den Entschluß: „Jetzt gehe ich los." In dem Moment, in dem Sie aufstehen, sich bewegen, nehmen Sie die Tat nicht mehr wahr. Hinterher können Sie sofort wieder darüber reflektieren. Fassen wir diese drei Schritte noch einmal zusammen:

1. *Das Ziel oder das Motiv* für die Tat – es gründet sich im Geistigen des Menschen
2. *Der Entschluß oder der Antrieb* – fußt im Seelischen und findet oft unbewußt statt, fällt sozusagen mit dem Strom der Tat zusammen
3. *Die Tat oder Bewegung* – wird durch den physischen Leib ausgeführt.

Die anschließende Reflexion über eine ausgeführte Tat findet ganz allein im Denken statt. Denn der Wille kann sich niemals auf Vergangenes wenden. Alle unsere Taten richten sich auf die Zukunft und erfüllen sich in der Gegenwart. In dem Moment, in dem eine Tat vollendet ist, ist die Zukunft zur Vergangenheit geworden, und der Wille erlischt.

Durch das Wollen wird das, was ganz innerlich ist im Menschen, was seine innersten Impulse sind und was im Geist lebt, zu einer im Äußeren anschaubaren Wirklichkeit.

Wir können die Welt durch unseren Willen verändern, und damit verändern wir auch uns selbst. Kein Tier ist zu einer überlegten, freien Tat fähig, wobei noch zu klären wäre, was eine freie Tat ist. Es kann nicht sagen: „Heute verzichte ich aufs Futter." Gehlen bezeichnet das Wollen als das Urphänomen Mensch. Indem wir unsere Taten anschauen, auf den Willen blicken, kommen wir dem menschlichen Ich auf die Spur, bekommen wir eine Ahnung von dem geistigen Wesenskern des Menschen. Sein ganzes Wesen ist durch sein Tätigsein gegeben. Wir können nicht wissen, was es ist, sondern nur, was es tut. Ohne den Blick auf das Nachtodliche muß eine Beschreibung des Willens unvollständig bleiben, aber das würde hier den Rahmen sprengen.

Die Entwicklung der Willenskraft im 1. Jahrsiebt

Ein Kind, das geboren wird, lebt ganz und gar in seinem Willen. Unmittelbar äußert es seine Bedürfnisse, die aus den Notwendigkeiten des Leibes und Lebens entspringen. Hunger, Unwohlsein, Bedürfnis nach Nähe. Unermüdlich sind die Strampelbewegungen, das Greifen oder die Tätigkeit des ganzen Leibes beim Trinken. Die Wachphasen sind kurz, noch schläft das Bewußtsein. Erst allmählich werden die Bewegungen koordinierter, und die Welt wird immer mehr wahrgenommen. Mit größtmöglicher Offenheit und Hingabe nimmt das Kind seine Umgebung in sich auf. Das Kind ist so hingegeben, daß es nicht anders kann, als das mitzumachen, was es erlebt. Was wir als Nachahmungskraft bezeichnen, müßte eigentlich „Mitahmenskraft" heißen, denn es geschieht in unmittelbarer Gleichzeitigkeit. Aus diesen Kräften erlernt das Kind durch unermüdliches Üben, sich aufzurichten und die ersten Schritte zu machen: das Gehen. Aus dem Greifen, der Bewegung der Arme und Beine bildet sich das Sprechen, und an der Sprache wiederum das Denken – die drei urmenschlichen Fähigkeiten. Im Gehenlernen klingt etwas von dem Urindividuellen des Kindes an.

„Und wer sich ein Beobachtungsvermögen nach dieser Richtung aneig-
net, der wird finden, daß die Lebensschicksale sich in einer merkwürdig
bildhaften Form ausdrücken in der Art und Weise, wie das Kind beginnt
aufzutreten, wie das Kind beginnt, die Knie zu beugen, wie es beginnt, sich
seiner Finger zu bedienen. Das alles ist ja nicht bloß etwas materiell Äußer-
liches, das alles ist ja das Bild gerade für das Geistigste des Menschen." (GA
306/1975/17.04.23/S.54)

Bis zum Zahnwechsel ist die Kraft der Nachahmung, die der religiösen
Hingabekraft beim Erwachsenen zu vergleichen ist, so stark, daß das
Wahrgenommene bis ins Innerste, bis in den Leib hinein wirkt. An dieser
Hingabekraft kultiviert sich der Wille des kleinen Kindes. Was braucht
das kleine Kind, um seinen Willen gesund zu entwickeln?

Ein Vater steht in der Bücherei und nimmt aus den oberen Regalen ein
Buch, schlägt es auf, blättert und stellt es zurück. Zu seinen Füßen ist sein
dreijähriges Kind ebenfalls damit beschäftigt, ein Buch herauszunehmen,
durchzublättern, und es versucht, es zurückzustellen.

„Laß das!" – Die Reaktion des Vaters ist verständlich, aber als er weiter-
blättert, nimmt sich auch sein Kind das nächste Buch und blättert darin.
Der Vater reagiert verärgert; eigentlich jedoch sollte der Vater froh sein
über eine so gesunde Kraft, die nicht versiegt. Das kleine Kind hat eine
Tätigkeit erlebt und genau das gleiche getan. Wenn die Tätigkeiten sinnvoll sind oder sogar urbildhaft, wie z.B. das Brotbacken, kann das Kind
an ihnen gesunde und starke Kräfte ausbilden. Viele Tätigkeiten sind
allerdings aus unserer Welt verschwunden oder sind so komplex geworden,
daß sie undurchschaubar sind. In den meisten Familien übernimmt die
Spülmaschine den Abwasch, die Waschmaschine wäscht die Wäsche,
das Essen kommt als Fertigmenü auf den Tisch. Die Aufzählung ließe
sich beliebig fortsetzen. Es kann nicht darum gehen, auf diese Arbeitser-
leichterungen zu verzichten, aber vielleicht kann man sich gemeinsame,
sinnvolle Tätigkeiten wie z.B. das Backen vornehmen und dann den
Nachahmungskräften des Kindes auch ausreichend Raum geben, also
auch ertragen, wenn das Mehl daneben geht.

Raum geben für die Willensentwicklung hat mehrere Ebenen.

Als erstes: Möglichkeiten einräumen für die Betätigung der Nachahmungskräfte. Es bedeutet, daß das Kind sich bewegen, betätigen können
muß. Es muß Bewegungsraum haben, und es muß Vorbilder haben. Ist
es sicher und fest in seiner Babywippe angeschnallt, kann es sich nicht
drehen, rollen oder robben.

Zweitens: Wie muß dieser Raum gestaltet sein? Weil die Eindrücke so fein bis ins Leibliche und Seelische wirken, ist es wichtig, daß die Umgebung schön ist, gestaltet, geordnet und gepflegt ist.

Als drittes ist der individuelle Zeitraum wichtig. Jeder Mensch vollzieht die Entwicklungsschritte in seinem eigenen, individuellen Zeitmaß. Wenn mit einem Kind z.B. das Laufenlernen geübt wird, wenn es mit bestimmten Hilfsmitteln dazu gebracht wird, zu früh das Gehen zu erlernen, überspringt es Entwicklungsschritte, die nicht zur vollen Ausreifung kommen können. Es werden Kräfte aufgerufen, die bis ins Leibliche wirken und in späterer Zeit zu Krankheiten führen können.

„Bis zu diesem Grade geht es, daß alles Seelisch-Geistige, das wir beim Kinde ausüben – denn es ist ja ein Seelisch-Geistiges, wenn wir es durch Zwang in die vertikale Lage, in das Gehen hineinbringen, selbst wenn wir mit gleichgültigem Herzen dabei sind –, bis zu diesem Grade geht es, daß das Geistige beim Kinde in das Physische hineinwirkt. Und die Kräfte bleiben. Die Kräfte, die wir da durch Maßnahmen höchst fragwürdiger Art erzeugen, diese Kräfte bleiben das ganze menschliche Leben hindurch, und später zeigen sie sich, wenn sie nicht richtig waren, in physischen Krankheiten. (GA 307/1986/10.08.1923/S.108)

Es gilt also den Blick dafür zu entwickeln, welches Zeitmaß das Kind individuell für sich wählt.

Schließlich gilt die seelisch-geistige Qualität des Raumes: Wie ist die innere Haltung dem sich entwickelnden Kind gegenüber. Wird es liebevoll und in Ehrfurcht begleitet, erlebt es Wahrhaftigkeit und Klarheit, kann sich der Leib gesund entwickeln. Vertrauen und ein gesundes Selbstbewußtsein bilden sich. Freude am Tun wird veranlagt. Rudolf Steiner beschreibt dies am Beispiel des Gehenlernens:

„Wenn Sie an einem Kinde sehen: der Organismus orientiert sich dahin, aufrecht zu stehen, zu gehen, wenn Sie mit einer innigen Liebe auf dieses wunderbare Geheimnis des Menschenorganismus hinsehen, der aus der horizontalen Lage in die vertikale übergehen kann, wenn Sie das religiöse Gefühl haben, in scheuer Ehrfurcht den schaffenden Götterkräften gegenüberzustehen, die hier das Kind hinorientieren in den Raum, wenn Sie, mit anderen Worten, als der Hilfeleister beim Gehen, beim Orientierenlernen dastehen als derjenige, der die menschliche Natur in dem Kinde innig liebt, indem er jede Äußerung dieser menschlichen Natur mit Liebe als der Hilfeleister verfolgt: dann erzeugen Sie in dem Kinde gesundende Kräfte, die sich gerade in einem gesunden Stoffwechsel noch zwischen dem

Foto: Ragesoss

Kinder bei einem Fangspiel

fünfzigsten und sechzigsten Jahre zeigen, wo man nötig hat, diesen Stoffwechsel zu beherrschen." (ebd.)

Kommt in der Nachahmungskraft durch die große Hingabe an die Welt eine Selbstlosigkeit des Kindes zum Ausdruck, könnte man meinen, alle Kinder würden in der gleichen Weise nachahmen. Doch es gibt bereits in diesem Alter eine individuelle Farbe, die in diesen Kräften wirkt: Nicht jedes Kind wählt sich das gleiche für seine Nachahmung. Ich kann einiges über das Kind lernen, wenn ich auf das schaue, was sich das einzelne Kind als Objekt seiner Nachahmung gewählt hat. Dies wird besonders deutlich in Familien, in denen es mehrere Geschwister gibt und man miteinander vergleichen kann, was der einzelne wählt, obwohl doch die gleichen Möglichkeiten bestehen.

Zweites Jahrsiebt

Mit dem Zahnwechsel werden im Kind Kräfte frei, die bisher mit der Ausgestaltung des Leibes beschäftigt waren. Diese Kräfte können jetzt zum Lernen eingesetzt werden. Die Nachahmungskräfte wirken noch zwei Jahre, dann versiegen sie allmählich. Jetzt muß der Wille auf andere Art erreicht und gebildet werden. Noch immer herrscht die Freude an der

Bewegung vor. Wer auf dem Pausenhof der Unter- und Mittelstufe steht, kann beobachten, mit wieviel Freude Fang- und Ballspiele ausgeführt werden. Erst in der 7. Klasse wird es ruhiger. „Ich friere und stehe mir die Beine in den Bauch" war z.B. die Antwort einer Siebtkläßlerin auf die Frage, warum sie so unglücklich aussähe.

Der Wille kann bei gesunden, nicht mediengeschädigten Kindern meist schnell entzündet werden. Mit Hingabe lauschen sie einer spannenden Erzählung, um dann begeistert zu malen. Gelingt es, das, was das Kind lernt, mit lebhaften Gefühlen begleiten zu lassen und bis in die Tätigkeit zu führen, werden die Willenskräfte mit Begeisterung eingesetzt. Ein Zweitkläßler, der sein ganzes Heft füllte, als er das Einmalzwei bis über die Zahl 2.500 aufschrieb, ist nur ein Beispiel dafür. In der 3. Klasse fand ein Besuch in der Schmiede statt. Jedes Kind durfte selber ein glühendes Stück Eisen zu einer Spirale formen. Im Tun wurden die Werkzeuge, die Esse und das Feuer erlebt. Was so erfahren wurde, konnte in lebendigen Aufsätzen geschildert werden.

An der Tätigkeit erwachen die Denkkräfte. So hat das Lernen den ganzen Mensch ergriffen. Über das Gefühl ist es in den Willen gegangen, in die Tätigkeit, und von dort hat es den Weg ins Denken genommen. In diesem Alter ist der Erwachsene der Vermittler der Welt. Spricht er direkt den Denkpol an, indem er abstrakte Begriffe benutzt, gerät das Kind in ein distanziertes Betrachten der Welt. Der Wille erlahmt. Folge sind Antriebslosigkeit und Langeweile.

In der „Allgemeinen Menschenkunde" (GA 293) wies Rudolf Steiner die Waldorflehrer auf die wohltuende Kraft der Wiederholung hin: Jede bewußte Wiederholung stärkt den Willen.

Vergleicht man den Willen mit einem Bachlauf, kann man sich einerseits einen kraftvollen Strom vorstellen, der in einem festen Bett fließt; dagegen einen anderen Wasserlauf, der ständig seinen Weg suchen muß. Dieser verteilt sich und büßt seine Kräfte ein. Damit die Wiederholung nicht der Gefahr erliegt, in Routine abzugleiten, muß sie bewußt getan werden. Jedes Üben eines Musikinstrumentes, das Sprechen des Morgenspruches, das Singen von Liedern – all das stärkt den Willen. Um dies durchzuführen, braucht das Kind allerdings noch die Willenskräfte des Erwachsenen. Früher waren diese Kräfte viel stärker in der Kultur verankert, z.B. in den Bräuchen zu den Jahresfesten. Ist eine Wiederholung zu einer Art Ritus geworden, wie ein Abendlied oder das Gebet vor dem Zubettgehen, fordert das Kind es mit großer

Willenskraft ein, selbst wenn die Eltern es aus Eile gerne einmal ausfallen lassen würden.

Gelingt es dem Lehrer, Erwartungen zu wecken, indem er einen Blick auf die Zukunft wirft, auf das, was man später lernen wird, richtet sich auch der Wille des Kindes in die Zukunft. Am Beispiel der Schmiede könnte man z.b. erzählen, daß die Kinder in der Chemie des 7. Schuljahres lernen werden, wie das Eisen aus dem Stein, dem Eisenerz, herausgeholt wird. Schwächend wäre es allerdings, wenn dies dann nicht eingehalten wird.

Werden die religiösen Hingabe- und Andachtskräfte, die das Kind in so reichem Maße besitzt, gepflegt, richten sich die Willenskräfte in der Verehrung auf etwas Höheres:

„Die allerstärksten Impulse werden aber auf den Ätherleib durch diejenigen Empfindungen und Vorstellungen hervorgerufen, durch die der Mensch seine Stellung zu den ewigen Urkunden des Weltalls fühlt und erlebt, das heißt durch die religiösen Erlebnisse. Niemals wird sich der Wille eines Menschen und damit sein Charakter gesund entwickeln, wenn er nicht tief eindringende religiöse Impulse in der in Rede stehenden Lebensepoche durchmachen kann. In der einheitlichen Willensorganisation kommt es zum Ausdruck, wie der Mensch sich eingegliedert fühlt in das Weltganze. Fühlt sich der Mensch nicht mit sicheren Fäden angegliedert an ein Göttlich-Geistiges, so müssen Wille und Charakter unsicher, uneinheitlich und ungesund bleiben.“ (GA 34/1987/1907/S.339)

So kann das Kind Vertrauen in einen sinnvollen Weltzusammenhang entwickeln.

Drittes Jahrsiebt

Im Jugendalter wird der Wunsch, in Eigentätigkeit zu kommen, immer stärker. Der Jugendliche begibt sich auf die Suche nach seinem eignen Ich, nach dem, was als Geistiges in ihm lebt. War es bisher die Erwachsenenwelt, die ihm Richtschnur und Orientierung bot, fordert er jetzt die Freiheit, sich selbst erfahren zu dürfen. Gleichzeitig gehen ihm die Kräfte der Aufrichte, des Sprechens und Denkens ein Stückweit verloren. Durch das Längenwachstum der Knochen wird der Körper schwerer und ungelenk. Das freie, leichte Aufrechtstehen des Kindes ist verlorengegangen und muß von innen her neu errungen werden.

In der Sprache verblassen die Konsonanten, die Stimme verändert sich. Es fällt schwer, den anderen an dem neu sich bildenden Innenleben teilhaben zu lassen – zu unsicher ist noch der Boden. Nach einer Theateraufführung der 8. Klasse sagte ein Vater: „Am meisten hat mich erstaunt, meinen Jungen mehrere Sätze am Stück sprechen zu hören. Zu Hause antwortet er seit zwei Jahren nur mit Einwortsätzen. Ich wußte gar nicht mehr, daß er dazu in der Lage ist." Das Denken ist jetzt fähig, Kausalitäten zu verfolgen. Messerscharf sind die Urteile über andere. Doch das eigene Tun wird nur wenig reflektiert. Es gibt Handlungen, die wirken, als hätte das Denken komplett ausgesetzt. Völlig gedankenlos wird eine Tischdecke zerschnitten, nur weil die Schere zufällig daneben lag. Auf die Frage: "Was hast du dir dabei gedacht?", lautet die Antwort: "Nichts."

Die inneren Fragen, die einen Jugendlichen bewegen, sind die Fragen nach seinem eigenen Ich, seinem geistigen Ursprung und gleichzeitig die Frage nach dem anderen Menschen, dem Du und der Gemeinschaft. Die Sehnsucht nach Liebe, Hingabekraft und Freundschaft sind erwacht. Was geschieht in der Menschenbegegnung? Gibt es wirkliche Wesensbegegnung, oder entstehen Machtkämpfe, Streit und Verletzung, weil man sich nicht gesehen fühlt?

Am anderen möchte sich der Jugendliche selbst erleben, finden. Wie oft jedoch versucht er, noch etwas zu sein, was er gar nicht ist, strebt einem Idol nach, indem er versucht, wie ein Star auszusehen, sich cool und überlegen zu geben, während es in seinem Inneren komplett anders aussieht.

Findet er in dieser Zeit einen Erwachsenen, der ihn erkennt, der weiß, was hinter der äußeren Fassade wirklich an Suche stattfindet, kann ihm diese Ichbindung Orientierung und Richtschnur sein. Allerdings muß der innere Freiraum gewahrt bleiben. Man darf nicht der Versuchung erliegen, beeinflussen zu wollen.

Durch sein Ich, durch die eigenen Ideale und sein ständiges Bemühen um Verwandlung wirkt der Erwachsene auf den Jugendlichen. Jede Tat muß neu hinterfragt werden dürfen: Meinst du wirklich das, was du sagst? Bist du in der Lage, dich selbst zu verändern? Als Wand, die gnadenlos eingerissen wird, wird alles erlebt, was mit Sätzen daherkommt wie: „Das haben wir schon immer so gemacht", oder: „Das tut man nicht".

Im Urteilen ist der Jugendliche sehr scharf und klar. Damit er aber nicht nur in der beurteilenden Distanz zur Welt verbleibt, ist es gerade wichtig, die Willenskräfte zur Aktivität aufzurufen. Er muß tätig werden, und zwar aus eigenem Antrieb.

Wie eine neue Skelettbildung, die Aufrichtekraft gibt, wirken in diesem Alter Ideale. Die Orientierung an Höherem, dem es sich lohnt zu folgen. Vorbild sind Menschen, die sich besonders für Ideale wie Freiheit, Gerechtigkeit, Liebe und Selbstlosigkeit eingesetzt haben. Deshalb kommt den Schilderungen von Biographien in diesem Alter eine große Bedeutung zu.

Gegen die Gefahr des Drogenmißbrauches hilft es, sich zu begeistern, sich für etwas zu entflammen. Wieviel Willenskraft und Ideenreichtum und Bereitschaft kann der Jugendliche mobilisieren, wenn er sich für etwas einsetzen will. Er muß wahre menschliche Ideale ausbilden dürfen. Wahre lebendige Ideale betreffen das menschliche Leben. Sie haben Inhalte, die zur Konsequenz führen. Sie müssen erkämpft werden und mit Selbstüberwindung und innerem Bemühen bezahlt werden. Dieses Feuer, das einem in jüngeren Jahren wie geschenkt wird, kann auch der Erwachsene in sich wachrufen. Rudolf Steiner beschreibt die Begeisterungskraft für Ideale als den Willensweg zu Christus, weil mit dem Handeln aus Idealismus ein Handeln aus den geistigen Impulsen verbunden ist, nicht das Handeln aus dem Gewordenen, Erstarrten.

„Das ist der Willensweg zu dem Christus. (...) Fragen Sie heute nicht nach abstrakten Wegen zu dem Christus, fragen Sie nach diesen konkreten Wegen. (...) Fragen Sie, wie der Willensweg ist, so werden Sie nicht irgend etwas Abstraktes finden, sondern die Notwendigkeit, einen Idealismus sich anzuerziehen. Dann aber, wenn Sie sich diesen Idealismus anerziehen, oder wenn Sie ihn der Jugend, der aufwachsenden Jugend anerziehen, was insbesondere notwendig ist, dann finden Sie in dem, was da als Idealismus heranerzogen wird, daß in dem Menschen der Sinn erwacht, nicht nur dasjenige zu tun, wozu die äußere Welt stößt. Sondern aus diesem Idealismus heraus quellen die Impulse, mehr zu tun, als wozu die Sinneswelt stößt, quillt der Sinn auf, aus dem Geiste heraus zu handeln. In dem, was wir aus anerzogenem Idealismus tun, verwirklichen wir dasjenige, was der Christus wollte, der nicht deshalb aus außerirdischen Welten auf die Erde herabgekommen ist, um bloß irdische Ziele hier zu verwirklichen, sondern aus der außerirdischen in die irdische Welt herabgekommen ist, um Überirdisches zu verwirklichen. Wir wachsen aber nur mit ihm zusammen, wenn wir uns Idealismus anerziehen, so daß Christus, der überirdisch im Irdischen ist, in uns wirken kann. Nur im anerzogenen Idealismus verwirklicht sich das, was das Paulinische Wort über den Christus sagen will: „Nicht ich, sondern der Christus in mir." (GA 193/1977/11.02.1919/S.63)

Für den Jugendlichen kann das Erleben eines Menschen, der diese Kräfte in sich wachgerufen hat, wie ein Leitstern sein.

In diesem Alter, in dem alles auf das eigene Ich orientiert ist, sind Erziehungsmittel, die stark auf den Willen wirken, die Selbstüberwindung und der Verzicht. Aus Freiheit und eigener Willenskraft auf etwas zu verzichten läßt den Menschen die Verwandlungskraft des Willens unmittelbar erleben. In einer 13. Klasse, beansprucht durch die Anforderungen der wichtigen Klausuren, entscheidet sich eine Gruppe von Schülern, den ganzen November über auf den Genuß von Süßigkeiten und Alkohol zu verzichten. In der klugen Entscheidung, nicht den Dezember zu wählen, wird die Selbsteinschätzung der eigenen Willenskräfte deutlich. Überwinde ich mich, sei es im Verzicht, sei es, weil ich erkannt habe, daß eine bestimmte Tat notwendig ist, siegt das Höhere über das Niedere in mir. Wie schwer dies ist, kann jeder selber ausprobieren, indem er sich freiwillig Aufgaben der Selbstüberwindung oder des Verzichts stellt. Allerdings kann er gleich im Anschluß an die geleistete Tat ein inneres Freiheitsgefühl wahrnehmen.

Die Selbsterziehung im Erwachsenenalter

Für den Erwachsenen, der seit dem 21. Lebensjahr sein Ich ganz zur Verfügung hat, gibt es in den Nebenübungen Rudolf Steiners, die zur Begleitung des Schulungsweges gegeben wurden, eine Willensübung. Am Anfang des Artikels hatten wir den Willensakt in drei Schritte eingeteilt:

1. Das Motiv
2. Den Antrieb
3. Die Tat.

Wie sieht nun eine Übung aus, die den Willen in allerstärkstem Maße schult? Alle drei Schritte müssen aus vollkommener Freiheit vollzogen werden, ohne jeglichen Anstoß durch die Außenwelt.

Erstens das Motiv: Ganz aus freiem Entschluß nehme ich mir eine Tat vor. Diese Tat sollte für die Außenwelt keine Bedeutung haben. Eine Blume täglich zu gießen, ist etwas durchaus Sinnvolles. Jeden Tag ein bestimmtes Buch aus dem Regal zu nehmen und sofort wieder zurückzustellen oder sich den Schuh auf- und wieder zuzubinden ist eine sinnlose Tat; damit aber ein völlig selbstbestimmter freier Willensakt.

Zweitens der Antrieb: Schwer ist es, die Tat jeden Tag um eine bestimmte Zeit oder in einer Zeitspanne zu vollziehen. Auch hier erfolgt der Antrieb aus völlig freier Initiative. Es sei denn, ich knüpfe die Handlung an etwas an, was ich sowieso jeden Tag um eine feste Uhrzeit tue, wie z.B. das Zähneputzen. Wer versucht, diese Tat zu einem bestimmten Zeitpunkt auszuführen, wird merken, wie schwer es ist, immer zur selben Zeit an diese Initiative zu denken.

Drittens die Tat: Ich führe sie bewußt aus und wiederhole sie über einen längeren Zeitpunkt, den ich bestimme.

Diese Übung erscheint zunächst gar nicht so schwer, wird sich aber im Tun für manchen als echte Herausforderung zeigen. Sehr deutlich tritt die geforderte Ichführung in der Betätigung des Willens hervor. In unserem Alltag sind die meisten Handlungen durch Notwendigkeiten von außen veranlaßt, oder wenn sie von innen kommen, liegt die Triebfeder vorwiegend im rein Seelischen: Ich will mir Wohlgefühl verschaffen, Selbstbestätigung erreichen etc. Erst wenn ich lerne, aus völliger Selbstbestimmung zu handeln – aus Erkenntnis und freiem Entschluß –, werde ich der Herr über meine Taten.

Eine Übung wie die hier beschriebene wird wie ein Keim wirken, der langsam auch im Alltag seine Kraft zu entfalten beginnt. Im Anschluß an die Tat kann ich ein Gefühl von innerer Tatkraft wahrnehmen. „Ich tue etwas, weil ich es will!" – diese Haltung befreit mich aus der Sklaverei des „Ich muß!" und der Diktatur der Zeit. Als Folge werde ich meine Handlungen mit einer anderen Haltung oder Gesinnung ausführen können. Eine aus innerer Freiheit und Liebe vollzogene Tat wirkt anders als eine durch äußere Notwendigkeiten veranlaßte oder gar erzwungene.

Je mehr der Mensch sich befähigt, seine Taten mit Gedanken zu durchdringen, sich Rechenschaft abzulegen über sein Tun, desto freier wird er.

Eine Übung hierzu ist der Rückblick auf eine vollzogene Tat. Frage ich mich: Was war mein Motiv? Was wollte ich erreichen? Wie war die Ausführung, welche Schritte bin ich gegangen? Was habe ich erreicht? – spricht sich unmittelbar der nächste Schritt darin aus: Was ist für die Zukunft notwendig? Aus Fehlern und Erfolgen kann ich lernen.

Auch die abendliche Rückschau, in der ich die Ereignisse des Tages rückwärts an mir vorbeiziehen lasse, als wären es fremde und ich nicht der Handelnde, läßt mich Wesentliches, Geistiges erkennen und impulsiert eine willenshafte Vorsatzbildung.

Auf die Frage, wie man als geistiges Wesen auf der Erde zu lernen vermag, weist Rudolf Steiner auf die beiden Pole des Denkens und Wollens hin. In den Gedanken werden wir nicht geistiger, indem wir uns durch unsere Umwelt im Denken bestimmen lassen, sondern *„durch die innere willensgemäße Arbeit innerhalb der Gedanken. Daher besteht auch Meditieren darinnen, daß man sich nicht einem beliebigen Gedankenspiel hingibt, sondern daß man wenige, leicht überschaubare, leicht prüfbare Gedanken in den Mittelpunkt seines Bewußtseins rückt, aber mit einem starken Willen diese Gedanken in den Mittelpunkt seines Bewußtseins rückt. Und je stärker, je intensiver dieses innere Willensstrahlen wird in dem Elemente, wo eben die Gedanken sind, desto geistiger werden wir. Wenn wir Gedanken von der äußeren physisch-sinnlichen Welt aufnehmen – und wir können ja nur solche aufnehmen zwischen Geburt und Tod –, dann werden wir dadurch, wie sie leicht einsehen können, unfrei, denn wir werden hingegeben an die Zusammenhänge der äußeren Welt; wir müssen dann so denken, wie es uns die äußere Welt vorschreibt, insofern wir nur den Gedankeninhalt ins Auge fassen; erst in der inneren Verarbeitung werden wir frei.*

Nun gibt es eine Möglichkeit, ganz frei zu werden, frei zu werden in seinem inneren Leben, wenn man den Gedankeninhalt, insofern er von außen kommt, möglichst ausschließt, immer mehr und mehr ausschließt, und das Willenselement, das im Urteilen, im Schlüsseziehen unsere Gedanken durchstrahlt, in besondere Regsamkeit versetzt. (...)

Auf diese Weise heben wir uns heraus aus der physisch-sinnlichen Notwendigkeit, durchstrahlen uns mit dem, was uns eigen ist und bereiten uns vor für die moralische Intuition. Und auf solchen moralischen Intuitionen beruht doch alles das, was den Menschen von der geistigen Welt aus zunächst erfüllen kann.“ (GA 202/1980/19.12.1920/S.201f.)

Der andere Pol, der Willenspol, muß immer mehr aus dem herausgelöst werden, was aus dem Organismus an Instinktivem und Triebhaftem kommt. Dies geschieht, indem wir den Willen mit unserem reinen Denken, den moralischen Intuitionen, durchdringen. *„Diese intuitiv erfaßten moralischen Ideale können wir dem Gedankenwillen mit auf den Weg geben hinunter nach der Willensregion. Dadurch wird unser Wille durchsetzt von Moralität, und im Inneren des Menschen findet fortwährend der Kampf statt zwischen demjenigen, was der Mensch hinunterschickt aus seinen moralischen Intuitionen in die Willensregion, und demjenigen, was da wühlt und brodelt in seinem instinktiv-traumhaften Leben. Das ist alles das, was im Menschen vorgeht, ist zu gleicher Zeit dasjenige, in dem sich vorbereitet seine Menschenzukunft über den Tod hinaus.“* (ebd./10.12.1920/S.94f.)

Zu vollkommeneren Handlungen kommen wir dadurch, daß wir uns an die Außenwelt hingeben, ohne uns dabei zu verlieren.

„Wir kommen zu einem immer vollkommeneren Handeln eigentlich dadurch, daß wir diejenige Kraft in uns ausbilden, die man nicht anders nennen kann als Hingabe an die Außenwelt. Je mehr unsere Hingabe an die Außenwelt wächst, desto mehr regt uns diese Außenwelt an zum Handeln. Dadurch aber gerade, daß wir den Weg finden, um hingegeben zu sein an die Außenwelt, gelangen wir dazu, dasjenige, was in unserem Handeln liegt, mit Gedanken zu durchdringen. Was ist Hingabe an die Außenwelt? Hingabe an die Außenwelt, die uns durchdringt, die unser Handeln mit dem Gedanken durchdringt, ist nichts anderes als Liebe.

Geradeso wie wir zur Freiheit kommen durch die Durchstrahlung des Gedankenlebens mit dem Willen, so kommen wir zur Liebe durch die Durchsetzung des Willenslebens mit Gedanken. Wir entwickeln in unserem Handeln Liebe dadurch, daß wir das Willensgemäße hineinstrahlen lassen in die Gedanken. Und da wir als Menschen eine Ganzheit, eine Totalität sind, so wird, wenn wir dazu kommen, in dem Gedankenleben die Freiheit und in dem Willensleben die Liebe zu finden, in unserem Handeln die Freiheit, in unserem Denken die Liebe mitwirken. Sie durchstrahlen einander, und wir vollziehen ein Handeln, ein gedankenvolles Handeln in Liebe, ein willensdurchsetztes Denken, aus dem wiederum das Handlungsgemäße in Freiheit entspringt.“ (ebd./19.12.1920/S.204f)

So werden durch den Menschen die zwei größten Ideale der Freiheit und der Liebe für die Welt verbunden.

Wo der Wille ist, ist der Weg!

Interview mit Dirk Schreiber

von Matthias Klaußner

Dirk Schreiber, *geboren in Aachen am 06. April 1962. Verheiratet, vier Töchter zwischen Neunzehn und Zwei. Studium der Germanistik, Theaterwissenschaft, Geschichte und Kunstgeschichte in München und Berlin. Waldorflehrer-Ausbildung in Kassel. Arbeitet bei „PAR-CE-VAL – Jugendhilfe im Verbund" für die Kinder und Jugendlichen und in der Erwachsenenbildung am IAPP (Institut für angewandte Psychologie und Pädagogik), Berlin.*

Die Frage „Was ist der Wille?" hat nicht nur die Philosophie seit jeher beschäftigt. In neuerer Zeit befassen sich Psychologen mit dem Phänomen und fragen sich ebenfalls wie die alten Philosophen, ob der Wille feststeht, ob dieser in gewisser Weise unser Handeln im vorhinein bestimmt oder ob der Wille gebildet wird. Freilich sind die Untersuchungsmethoden andere geworden. Eine gesicherte Erkenntnis hat man jedoch bislang nicht. Lediglich unscharfe Definitionen lesen wir in einschlägigen Fachlexika, doch immer wird „Wille" im Ansatz als etwas aufgefaßt, was ermöglicht, daß gesetzte Ziele in irgendeiner Weise in die Tat umgesetzt werden. Und wir finden verwandte Begriffe – mehr aber auch nicht.

Willensbildung, Willenserziehung, Willensschulung – all das sind Begriffe, die nicht nur Waldorfpädagogen und fleißige Anthroposophen ständig gebrauchen. In unseren Breiten wie auch in fernöstlichen Kulturen gehört die Bildung des Willens, die Stärkung der Willenskraft zum festen Bestandteil der vermeintlich kulturellen Errungenschaften. Ob der Weg des Samurai, der achtgliedrige Pfad oder Yoga – hierzulande begibt man sich wohl eher auf den Jakobsweg, um denn „mal weg" zu sein, geht in Exerzitien oder macht die Nebenübungen. Doch: Dienen diese Maßnahmen alle dazu, den Willen zu stärken? Oder dienen sie womöglich dazu, den Willen zu finden?

Das Gros der Wissenschaftler und sicherlich auch der Leser ist sich einig. Wille hat etwas mit Disziplin zu tun. Nur dadurch lassen sich selbstgesetzte Ziele erreichen. „Wo ein Wille ist, ist auch ein Weg" lautet die Redensart. Auch sehr bemerkenswert ist eine Wendung, die ich kürzlich hörte: „Der Wille ist der Steigbügel zum Erfolg".

Doch: Erliegen wir hierbei nicht einer Täuschung, hinsichtlich des Begriffs „Wille"? Wenn es möglich wäre, den Willen zu bilden und zu schulen, wenn dieses sinnvoll und notwendig scheint, warum bereitet es soviel Mühsal, warum scheitern viele gerade junge Menschen und inzwischen auch immer mehr ältere an ihrem vermeintlichen Willen? Will denn niemand etwa lernen, über sich und seinen Willen mittels eiserner Disziplin hinauszuwachsen? Geht es eventuell nicht allein darum, ob der Mensch etwas will und dann beginnt, dieses Gewollte, das selbstgesteckte Ziel auch zu erreichen?

Was aber, wenn ein Mensch nach dieser konventionellen Definition verlautbaren ließe: „Ich *will* glücklich sein und mein Glück finden, indem ich erst einmal keine einzige Erwartung erfülle". Selbst ich habe an mich keine andere Erwartung als eben diese – glücklich zu sein. Kommen Ihnen nicht auch Bilder von Menschen, die an einem brennenden Ölfaß unter einer Brücke stehen, in den Sinn?

Menschen, die wir liebevoll als Obdachlose oder hinterrücks als Penner bezeichnen. Oft sind Drogen im Spiel, gesellschaftlich tolerierte – legale wie Alkohol oder illegale wie THC[1], Heroin, Crack, Kokain etc. Doch sind es nicht die Außenseiter unserer Gesellschaft, an denen sich diese Phänomene zeigen. Immer wieder stellen Studien fest, daß sich die Problematik der Drogensucht durch alle Gesellschaftsbereiche zieht. Haben denn so viele Menschen einen schwachen Willen? Sind wir wirklich nicht Herr unseres Willens? Oder könnten Süchte auch ein Zeichen einer fehlenden Resonanz auf meine Bedürfnisse, meine Vorstellung vom Leben, auf meinen Willen sein?

Der Mensch, der leben möchte, ohne Erwartungen zu erfüllen, hat es schwer in unserer Gesellschaft. Er wird sehr schnell den Eindruck erwecken, er verfüge nur über wenig Willenskraft. Doch vielleicht gehört ja viel mehr Willenskraft dazu, den Erwartungen dieser Gesellschaft nicht zu

---

1 Tetrahydrocannabinol, stammt aus dem Harz der Hanfpflanze. (Anm. der Red.)

entsprechen, um vielleicht als Gärtner oder Dichter, zwar ohne Schulab-
schluß, aber dafür mit wachem Geist, frohem Herzen und gesunder Seele
anderen zu dienen. Es obliegt folglich den anderen, diesen Menschen zu
ermutigen und nicht zu demütigen.

Dazu ein Teil aus Edmond Rostands „Cyrano de Bergerac" – 2. Auf-
zug, 8. Auftritt.

Cyrano, der immer wieder mißverstanden wird und aneckt, erklärt
seinem Freund:

> *Gut, wie soll ich's halten künftig?*
> *Mir einen mächtigen Patron entdecken?*
> *Und als gemeines Schlinggewächs dem Schaft,*
> *an dem ich aufwärts will, die Rinde lecken?*
> *Durch List empor mich ranken, nicht durch Kraft?*
> *Nein, niemals! Oder soll ich Kröten schlucken,*
> *auf allen Vieren kriechen, gleich dem Vieh,*
> *durch Rutschen wund mir scheuern meine Knie,*
> *Kreuzschmerzen leiden durch beständ'ges Ducken?*
> *Niemals! Soll ich für meine Verse dem Verleger,*
> *der sie mir druckt, bezahlen runde Summen?*
> *Niemals! In der Verbrüderung der Dummen*
> *gefeiert werden als der Bannerträger?*
> *Niemals! Stets rechnen, stets Besorgnis zeigen,*
> *lieber Besuche machen als Gedichte,*
> *Bittschriften schreiben, Hintertreppen steigen?*
> *Nein, niemals, niemals, niemals! – Doch im Lichte*
> *der Freiheit schwärmen, durch die Wälder laufen,*
> *mit fester Stimme, klarem Falkenblick,*
> *den Schlapphut übermütig im Genick,*
> *und je nach Laune reimen oder raufen,*
> *nur singen, wenn Gesang im Herzen wohnt,*
> *nicht achtend Geld noch Ruhm, mit flottem Schwunge*
> *arbeiten an der Reise nach dem Mond*
> *und insgeheim sich sagen: Lieber Junge*
> *freu' dich an Blumen, selbst an Blättern,*
> *die du von deinem eignen Beet gepflückt!*
> *Wenn dann vielleicht bescheid'ner Sieg dir glückt,*

dann mußt du ihn nicht teilen mit den Vettern;
dann darfst du König sein in deinem Reiche
statt zu schmarotzen, und dein Schicksal sei,
wenn du der Buche nachstehst und der Eiche,
nicht hoch zu wachsen, aber schlank und frei.

Ob ein Mensch unter einer Brücke schlafen muß, liegt nicht an mangelnder Willenskraft, sondern am Wegsehen und an den Erwartungen der anderen.

Im Gespräch mit D. Schreiber, langjähriger Waldorflehrer und gegenwärtig Mitarbeiter bei der Jugendhilfeeinrichtung PAR-CE-VAL, rückt der Begriff Wille eher in ein anderes Licht. Der Wille erscheint als etwas, was allen Taten, allen Vorhaben bereits vorausgeht. Nicht der Wille entscheidet über das gesetzte Ziel, sondern die Resonanz, die mein Handeln in der Welt hervorruft. Wie soll man sich das vorstellen? Versucht nicht eher der eigene Wille Anerkennung und Resonanz hervorzurufen, um dann seine Verwirklichung zu ermöglichen?

Der Begriff Wille sollte eben nicht verwechselt oder analog gebraucht werden mit der Fähigkeit, Ziele zu erreichen, oder mit der Fähigkeit, diszipliniert zu arbeiten, sich morgens früh aufzuraffen etc.

In welchen Wirkungen und Variationen sich der individuelle Wille des Menschen zeigen kann, welche Resonanzen er hervorruft und welche Voraussetzungen zur Umsetzung dieses Willens geschaffen werden könnten, sind Aspekte, die im folgenden Interview näher betrachtet wurden.

Ich möchte Ihnen an dieser Stelle einen Vorschlag machen: Lesen Sie das Interview gemeinsam mit einem „Interviewpartner" und tauschen Sie beim zweiten Lesen einmal die Rollen. Möglicherweise erleben Sie ja selbst, wie sich Ihre Vorstellung vom Willen ändert. Nachdem ich das Interview geführt hatte, waren mein Begriff und meine Vorstellungen von dem, was Wille ist, jedenfalls nicht mehr dieselben wie zuvor.

Ich schlage vor, die Redensart etwas abzuwandeln. Nicht: „Wo *ein* Wille ..." – sondern: „Wo *der* Wille ist, ist *der* Weg!" könnte sie lauten. Ich wünsche Ihnen reiche Erkenntnisse.

Matthias Klaußner: Wie sind Sie von der Waldorfpädagogik zu PAR-CE-VAL gekommen?

Dirk Schreiber: Ich arbeite jetzt fast sieben Jahre bei PAR-CE-VAL. Begonnen hat die Arbeit für mich im Jahre 2001 im Dezember. Die

Einrichtung ist im März 2000 gegründet worden. Zuvor habe ich etwa zehn Jahre als Waldorflehrer in der Oberstufe gearbeitet, und zwar in den Fächern Deutsch und Geschichte, Kunstbetrachtung und Religion.

Dann gab es einen speziellen, ziemlich existentiellen Grund, warum ich nicht an der Waldorfschule geblieben bin. Ich lernte eine junge Frau, die meine Schülerin hätte sein können, in einem Zustand kennen, in dem sie selbst keine geführten Schritte mehr machen konnte. Sie konsumierte Drogen verschiedenster Art, und ich lernte sie also in diesem Zustand kennen, in dem sie außerordentlich hilflos war. Ich sah das und sprach sie an. Andere hätten das auch sehen können – ihre Eltern, ihre Lehrer. Die haben das aber ausdrücklich nicht gesehen, obwohl die alle in einem Waldorfschulumfeld lebten. Es hat sich dann ein Gespräch mit ihr entwickelt, und nach und nach hat sich ein Vertrauensverhältnis aufgebaut, so daß wir beide dann beschlossen haben, ich solle die Stabilität ihres verlorenen Weges sein. Also: Sie sucht den Faden, und ich bin jemand, der das „Setting" zur Verfügung stellt, nicht den Faden für sie spinnt oder sucht. D.h. ich habe im Privaten eine Art unprofessionelle Jugendhilfeeinrichtung für eine Suchtgefährdete selbst hergestellt. Und in dem Augenblick, in dem ich mich auf ihr Schicksal oder ihren Weg eingelassen habe, wußte ich, daß das nicht zu verbinden wäre mit dem Arbeitsaufwand und der Arbeitsweise eines Waldorflehrers. Mit war klar, daß ich das so nicht weiterführen konnte, und mir war zu dem damaligen Zeitpunkt bekannt, daß diese Einrichtung PAR-CE-VAL in Berlin gegründet wurde. Diese Einrichtung schaute ich mir damals schon an; bald darauf verließ ich die Schule und fing in der Jugendhilfe an.

M.K.: Was ist aus der jungen Frau von damals geworden?

D. Schreiber: Sie ist inzwischen meine Frau.

M.K.: Haben Sie das Gefühl, daß diese Begegnung eine schicksalhafte für Ihre Frau war, oder hätte es für Sie jemand anders sein können? Sind vielleicht eher Sie selbst auf einen neuen Aspekt hingewiesen worden, oder war es schicksalhaft für Sie beide zugleich?

D. Schreiber: Die Passung in dieser Begegnung ist eine inhaltliche. Ich hatte das Gefühl, daß jemand Impulse in sich trägt und Interesse hat sowie Blickrichtungen und Begabungen, mit denen ich selbst etwas zu tun habe, so daß das nicht irgend jemand ist, sondern jemand Konkretes, für den ich dann auch den Eindruck hatte, etwas „anbieten" zu können. Und die Konsequenzen, die sich dann daraus ergeben haben, sind eigentlich die gleichen Konsequenzen, die ich wahrscheinlich auch erfahren hätte, wenn ich sie nicht kennengelernt hätte; denn ich wäre vermutlich auch so nicht an der Waldorfschule geblieben, weil ich den Eindruck gewinnen mußte – durch meine Erlebnisse an den Schulen –, daß die Waldorfpädagogik von Steiner für die Oberstufe nicht so umfassend entwickelt worden ist wie für die unteren Klassen und die Mittelstufe. Ich hatte den Eindruck, daß im Lebensvollzug an den Schulen die Neigung, die staatlichen Abschlußbedürfnisse ernst zu nehmen, viel größer war, als in einer vertieften pädagogischen Arbeit eine Waldorf-Oberstufe auszukleiden, wie das durch Steiner angeregt worden ist.

M.K.: Ihr Schritt zu PAR-CE-VAL ist also motiviert worden auf der einen Seite durch die Begegnung mit der jungen Frau und auf der anderen Seite durch das Interesse, diesem „Laden" Waldorfschule wieder entfliehen zu wollen.

D. Schreiber: Ich wollte weder der Pädagogik entfliehen noch den Schülern, sondern ich wollte einer Bequemlichkeit entfliehen, für die ich so nicht angetreten bin.

M.K.: Was heißt Bequemlichkeit für Sie? Sie haben es gerade umschrieben. Einerseits hat Steiner den Lehrplan für die oberen Klassen nicht so entwerfen können wie für die unteren Klassen; das hatte verschiedene Gründe. Das bedeutet aber, daß die Notwendigkeit, sich damit zu befassen, stärker gegeben ist – dem wird aber nicht entsprochen.

Die Waldorfpädagogik hat keinen Lehrplan

Wir sind beim Thema Wille. Da steht ja in dieser Hinsicht etwas gegeneinander: einerseits die Pädagogik, die von Steiner gestaltet wurde, und der Wunsch, dieser zu entsprechen; andererseits, diese maßgeblich mitzugestalten, aufgrund eines erhöhten Bedarfs gerade in der Oberstufe. Dieser Bedarf weicht aber einer Art Sich-Beugens aufgrund der staatlichen Anforderungen im Hinblick auf die zu erzielenden Abschlüsse. Damit verbunden ist dann ein Verfallen in routinierte Abläufe, das Verfallen in einen Trott, in dem jeder Lehrer auch aus berechtigten Gründen sagt: „Darüber hinausgehen können wir kaum, wir sind ohnehin oft überlastet! Wir wollen gern, aber wir können nicht, weil uns gewisse Daumenschrauben angelegt werden. Wie schätzen Sie diese Situation ein?

D. Schreiber: Ich würde das, ohne mich von etwas abgrenzen zu wollen, gleich radikal sagen: Rudolf Steiner entwickelte für die damaligen Lehrer die Gesichtspunkte, unter denen sie ihre Inhalte finden können. Und diese Inhalte sind das Milieu, in dem die Arbeit des Erwachsenen, des Lehrers, mit den Kindern stattfinden soll. Für die Oberstufenlehrer kann man das für die Konferenzen, die er mit ihnen abhält, sehr gut nachvollziehen: Da sind die Oberstufenlehrer eigeninitiativ und arbeiten z.B. in Klasse 9 Goethes „Faust". Steiner sagt dazu sinngemäß: „Machen Sie das nicht in Klasse 9 – wenn schon, dann machen Sie das in Klasse 12!". Die Initiative liegt also nicht bei Rudolf Steiner, den Faust für die Klasse 12 vorzuschlagen, sondern die Initiative liegt beim Lehrer, einen geeigneten Stoff für seine Schüler zu finden, und Steiner berät ihn, was der Stoff birgt, und rät, diesen lieber in der 12. anzusetzen. Für die Klasse 9 ist dieser eher ungeeignet und schwer zu begründen. Da hat man schon das Prinzip von Waldorfpädagogik. Die Waldorfpädagogik hat gar keinen Lehrplan, sie kann auch keinen haben, weil die den Erwachsenen anvertrauten Menschengruppen für ihre Entwicklungsschritte eine Art Anregung brauchen – z.B. in der Oberstufe für die Urteilsbildung, für das Sich-im-Urteilen-Üben, das sich im Umgang mit den Kindern und Jugendlichen begründen muß. Die Frage aber ist: An welchem Gegenstand soll das also geübt werden? Und dieses Prinzip wird aktuell eher nicht gesehen oder nicht gemacht oder auch nicht gewollt.

M.K.: Das Schema gibt also aktuell eher die Inhalte vor, als daß man abspürt, welchen Bedarf das Leben bringt? Konkret: Ein Klassenspiel wird für die 8. geplant. Die Klasse von Schülern stellt einen gewissen Bedarf vor, aber die Schüler schweigen – sie können ihren Bedarf schließlich nicht immer formulieren. Jetzt ist ein Lehrer da, der sagt: So wie ich das einschätze, so wie ich meine Klasse kenne, möchte ich ganz gerne im 8. Schuljahr dieses oder jenes Klassenspiel ansetzen. Von der gewöhnlichen Auswahl der für die 8. vorgeschlagenen Klassenspiele möchte ich mich aber verabschieden, da ich meine Klasse entsprechend anders wahrnehme und dieser gerecht werden will.

Wäre das ein eher richtiger Ansatz? Richtiger als zu sagen, daß einer gewissen Entwicklungsphase mit bestimmten Inhalten konventionell begegnet wird? Wird das Lauschen auf die Bedürfnisse der Schüler der von Steiner entworfenen Waldorfpädagogik gerechter als die Entsprechung des zwar an der Menschenkunde orientierten, aber dennoch routinierten Lehrplans?

Kein Kompromiß mit dem Unwahren

D. Schreiber: Steiner sagt in einem seiner Vorträge (GA 307/1957/7.8.23/S.62f.), daß man ein Bild, eine Intuition von dem haben muß, wohin der einzelne Mensch sich entwickeln will. Und in der Erkenntnis dieser Ebene kann der Lehrer das finden, was man als Übstein für dieses Kind oder diese Entwicklung bereithalten kann. Das heißt konkret: Streng genommen gibt es also auch keine „Inhalte". Streng genommen gibt es nur den Lehrer, der in der Lage ist, aufzufassen, was in diesem Kind liegt. Man muß den Begriff Wille ernst nehmen, denn der Wille zeigt sich ja in dem, was die Möglichkeiten der Umgebung konkret an jemanden herantragen. Meine Situationen und Umgebungen sind ja nur *meine* Situationen und Umgebungen – jeder andere hat wiederum andere. Und wenn darin das liegt, was als Passung zu dem entsprechenden Willen da ist, der in mir auch inkarnationsmäßig bis in das Physische drinsteckt, muß ich davon ausgehen, daß ich der richtige Lehrer für dieses Kind bin, wenn ich bei ihm bin. Sonst wäre ich da nicht hingekommen. Somit muß ich auch in der Lage sein aufzufassen, was mit dem Kind ist. Steiner gibt auch an anderer Stelle an, wie die Bedingungen des Lehrer-Seins sein müssen. Er sagt u.a. sinngemäß, der Lehrer dürfe auf keinen Fall einen Kompromiß mit dem Unwahren eingehen: *„Er darf nie Kompromisse schließen mit dem Unwahren, sonst werden wir sehen, wie durch viele Kanäle Unwahrhaftiges, besonders in der Methode, in unseren Unterricht hereinkommt. Unser Unterricht wird nur dann eine Ausprägung des Wahrhaftigen sein, wenn wir sorgfältig darauf bedacht sind, in uns selbst das Wahrhaftige anzustreben."* (GA 295/1977/6.9.19/S.185)

Und da sieht man schon, daß die Waldorfpädagogik keine Methodenschule sein soll und keine sein kann, weil die Waldorfpädagogik daran anknüpfen muß, was an Umgang da ist mit dem oder den Kindern. Wenn ich wahr leben kann, was sich da als Beziehung im Umgang mit den Kindern ereignet, dann ergibt sich für mich aus dieser Intuition, wenn überhaupt, erst eine Methode.

Willenserziehung ist nicht Erziehung des Willens

M.K.: Ich greife mal einen Gedanken von vorhin auf: „Was ich als Mensch werden will – bzw. bereit bin, werden zu wollen...". Ist der Wille eines Wesens, welches sich hier als Mensch inkarniert, fest oder eher beweglich? Wenn Sie sagen, als Lehrer habe ich nicht die Aufgabe, irgendwelchen Stoff abzuarbeiten, und zwar so weit, daß es eigentlich keine Inhalte gibt...

D. Schreiber:... das ist ein Mißverständnis. Es braucht natürlich Inhalte, das ist gar keine Frage. Aber keine, die irgendwo festgelegt wurden und fortwährend routineartig wiederholt werden. Welche Inhalte es sind, das kann sehr speziell sein. Wahrscheinlich würde ich in einer 11. Klasse in Norddeutschland etwas anderes als Inhalt wählen als für eine 11. Klasse in Luxemburg, weil die Umgebung, die diese Kinder sich ausgesucht haben, um aufzuwachsen, auch bereits eine Konsequenz aus ihrem Dasein ist.

M.K.: Das ist genauer. Ist das willentlich manifestiert, ist da etwas, das ganz klar mit dem Wollen zu tun hat, etwas, das womöglich aus einem Vorleben kommt oder im Bezug dazu steht? Oder ist es eher so, daß ich als Pädagoge, als Erwachsener, sagen muß: Ich habe die Aufgabe, den Willen zu bilden, in Luxemburg also anders als an der Nordseeküste?

D. Schreiber: Das Dasein eines Menschen, der auf dieser Erde ist, bezieht sich von dem, was er sich als Möglichkeit absteckt, schon sehr auf das, was war, aber auch auf das, was sein soll – mit ihm, für ihn, für die Welt. Das heißt konkret: Jemand, der seine Gaumenbildung auf einem Untergrund von Geest oder Marsch heranbildet und *spitzer Stein* – statt *schpitzer Schtein* – sagt, der ist ja schon physisch in einer vollständig anderen Diktion als jemand, der eine massive Vokalisation in der Sprache heranbildet, weil er in der Grandiosität eines Gebirges heranwächst. D.h. die Maßgabe, wie die Leibgestalt sich findet, ist schon hierdurch spezifisch, und dann haben wir noch gar nicht von den astralen und ätherischen Verhältnissen gesprochen.

Der Wille sollte vollziehen können, was er wollen muß

Die Willenserziehung ist ja nicht die Erziehung des Willens – da gibt es gar nichts zu erziehen. Sondern Willenserziehung heißt: Macht die Wesensglieder so verfügbar, daß der Wille vollziehen kann, was er wollen muß.

M.K.: Hier liegt mir eine Definition des Begriffs Wille aus dem Meyerschen Lexikon vor: *„Als zentraler Begriff in der Philosophie und der Psychologie bezeichnet der Wille die menschliche Fähigkeit, selbstgesetzte Ziele planvoll zu verfolgen und umzusetzen."*
Man kann also als Mensch auf dieser Erde seine eigenen Ziele setzen. Wenn man davon ausgeht, daß ein Mensch bereits mit einem festen Willen auf die Welt kommt – kann man diesen Willen überhaupt beeinflussen? Oder kann man damit nur umgehen, indem man beispielsweise sagt: Wir helfen Dir, diesen Willen genauer zu formulieren, ihn zu finden?

D. Schreiber: Es gibt ja bekanntlich eine Willensschulung, wie sie beispielsweise in den jesuitischen Exerzitien vorgenommen wird. Strenggenommen ist das aber nicht der Wille, den wir meinen, wenn wir die Wege eines Menschen anschauen. Unser Auftrag, sowohl in der Jugendhilfe als auch in der Waldorfpädagogik, ist der, daß die Geschmeidigkeit und Gesundheit des physischen Leibes, des Ätherleibes und des Astralleibes so gepflegt oder wiederhergestellt werden, daß das, was diese Individualität wollen muß, auch leben kann. Und von einem Ziel kann dabei gar nicht die Rede sein, weil sich Aspekte des Daseins nicht nur aus der Vergangenheit ergeben, sondern vor allen Dingen natürlich auch aus der Zukunft hereinleuchten.

Ob man also ein bewußtes Auf-etwas-Zugehen, Etwas-Wollen – wie im landläufigen Sinne – als Wille bezeichnen kann, wäre noch sehr die Frage. Vielleicht würde ich in sehr vielen Fällen davon reden, daß Entschlüsse gefaßt und Vorstellungen gebildet werden.

Aber daß es eine Voraussetzung gibt, diese Vorstellungen zu bilden, das hätte schon viel eher mit Wille zu tun.

M.K.: Das ist interessant, da ich bei mir oft bemerke, daß das, was ich mir vornehme, nichts mit dem zu tun hat, was abseitig, diffus darunterliegen mag. Ich kann also mit „eisernem Willen" sprichwörtlich versuchen, etwas in die Tat umzusetzen, bemerke aber, daß ich dabei unglaublich viel Energie verschwende; wohingegen Dinge, von denen ich glaube, daß ich damit überhaupt nichts zu tun habe, mir plötzlich zufallen. Ich muß in solchen Fällen kaum eine Anstrengung aufbringen. Trotzdem haben diese Dinge mit mir zu tun; oft viel später, erst im Rückblick zeigt sich das.

Das würde Ihre Aussage unterstreichen, daß Aspekte unseres Daseins auch aus der Zukunft in unsere Gegenwart hereinleuchten, daß sich also – im nachhinein beurteilt – etwas ergeben hat, was sich erst in einer bestimmten Konstellation als sinnvoll erweist.

D. Schreiber: Das entspricht exakt auch meinem Erlebnis und meiner Auffassung. Im Grunde ist es schon fast ein Indiz dafür, daß etwas *gewollt* wird; und wenn dann unendliche Ketten von Sperrigkeit auftreten, kann etwas nicht stimmen. Denn für meine Begriffe zeigt sich eben gerade der Wille in der konkreten Umgebung, in den konkreten Möglichkeiten, und wenn da keine Resonanz ist für das, was impulsartig von einem ausgeht, dann ist irgend etwas nicht entsprechend.

Wille ist die Konsequenz des Karmas in der Verwirklichung

M.K.: Wie könnte man an dieser Stelle Wille und Karma unterscheiden?

D. Schreiber: Karma unterscheidet sich ja gar nicht vom Willen, sondern der Wille ist die Konsequenz des Karmas in der Verwirklichung. Und das Karma müßte auch nicht nur als etwas angesehen werden, was Folge ist, sondern genauso kann es etwas sein, was Vorbereitung ist. Das würde dann dem Karma-Gedanken nicht widersprechen.

M.K.: Steiner empfiehlt ja, daß man im Einzelfall sehr zurückhaltend sein sollte in der Beurteilung dessen, was Karma sein kann, sein soll oder auch sei. Aber wir hätten mit dem Willen zumindest eine Art Anzeiger, mit dessen Hilfe man sagen kann: So wie Wille wirkt, kann ich vielleicht eine Art von Orientierung finden, dahingehend, ob ich mich völlig verzettele, ob ich also in dieser Welt mit dem Kopf gegen die Wand renne oder – um mit Kästner zu sprechen – mir „an offenen Türen den Kopf einrenne".

Mein Weg könnte gemessen am Willen also einerseits da entlanglaufen, wo ich Widerstände bekomme; andererseits habe ich die Möglichkeit, diese Widerstände wahrzunehmen und mein Handeln zu korrigieren – also durch eine gewisse Resonanz, die ich erfahre, infolge einer Spur, die ich möglicherweise karmisch selbst gelegt habe.

D. Schreiber: Ja, aber ich halte es auch für einen Ausdruck eines Daseins in voller Gültigkeit, wenn ein Leben fast nichts als Stauung hervorruft, immer wieder ansetzt, etwas nicht vollziehen kann. Auch das halte ich für eine berechtigte Wirksamkeit, die von einem Menschen für ihn oder andere ausgehen kann, und ich meine nicht, daß das ein unangemessener Ausdruck eines womöglich nicht vorhandenen Willens ist. Das ist der Grund, warum Steiner sagt, daß Karma so schwierig zu klären sei – ähnlich wie wir das jetzt im Gespräch bewegen, denn wir bleiben ja in der Beobachtung, im Abtasten dessen, worin sich das Phänomen zeigt.

M.K.: Welche Rolle spielt man als Pädagoge, wenn man wahrnimmt, daß jemand nur in einer Stauung begriffen ist? Hat man auf der einen Seite die Berechtigung oder sogar den Auftrag zu handeln, oder hat man eher den Auftrag zu untersuchen und eventuell aufzufangen, oder als dritte Möglichkeit: Hat man den Auftrag, alles sich selbst zu überlassen?

© gemeinfrei   Bearb.:Daniel Baránek
Martin Buber (1878-1965)

D. Schreiber: Das ist zu abstrakt, weil es so nicht ist. Entweder bin ich im konkreten Leben mit konkreten Menschen verbunden, dann nehme ich auch in Antworten meine Verantwortung wahr, so wie Martin Buber das versteht. Verantwortung heißt: Ich verantworte den Blick des Kindes, ich verantworte die Handlung des Nachbarn usw. Und in diesem Sinne wird sich mir, wenn ich wirklich mit dem mir anvertrauten Kind verbunden bin, auch innerlich aussprechen, was dahingehört. Es kann sein, daß es wichtig ist, einer Menschennatur gegenüber ständig Widerstände hervorzurufen, damit diese kräftig wird in dem, was diese Natur, dieses Wesen will. Und ein anderes Mal ist es entscheidend, daß ich diesem Menschen die Schwellen abbaue, damit er an etwas herankommt, was er allein nicht erlangen kann. Das kann man aber nicht von außen, nicht abstrakt entscheiden.

M.K.: Also läßt sich kein Regelwerk ableiten in dem Sinne: Wenn Phänomen A wahrgenommen wird, reagieren wir mit Rezept X. Das wäre ja etwas, was widersprüchlich zu dem erscheint, was wir als Wille bezeichnen, zumindest verstehe ich Wille jetzt als etwas, was bestimmte Phänomene hervorruft, aber als solcher wiederum verborgen ist, zumindest dem Intellekt verborgen ist. Ist dem so?

Die spirituelle Dimension der Waldorfpädagogik wird verschwiegen

D. Schreiber: Ja. Das ist ja gerade der Grund, warum Rudolf Steiner erwartet, daß der Waldorflehrer Selbsterziehung betreibt, einen Schulungsweg geht, weil es sonst nicht denkbar ist, daß er seine Aufgabe als Mensch aus dem gewöhnlichen Gang seiner Zeitgenossen schafft, ihm also Intuition nicht ohne weiteres einfach so zur Verfügung steht. Die spirituelle Dimension, die die Waldorfpädagogik aus der Anthroposophie heraus eigentlich hat, wird zugunsten der Machbarkeit von Waldorfpädagogik verschwiegen.

M.K.: Ich frage mich, woran das liegen könnte. Denn eigentlich sind als Lehrer tätige Menschen, insbesondere Waldorflehrer, doch daran interessiert, sich selbst weiterzuentwickeln; das unterstelle ich jetzt einmal, da ich immer vom Positiven ausgehen möchte. Doch weiß ich auch, daß (Waldorf-)Lehrer sehr viel arbeiten und häufig überlastet sind. Solche Fragen nach dem Wesentlichen, geschweige denn nach Schulungswegen, werden erstmal hintangestellt, einfach, um den Alltag zu bewältigen. Das Funktionieren des Betriebs überstrahlt in gewisser Hinsicht die persönliche Notwendigkeit von Entwicklung.

Das Wesen des Ersatzes tritt an die Stelle

D. Schreiber: Das spricht eigentlich dafür, daß da etwas nicht stimmt. Denn das ist gerade das Wesen des Ersatzes, daß er nämlich immer so tut, als *sei* er etwas – aber eigentlich macht er keine echte Erfüllung möglich.

M.K.: Ist das denn eine Vorsätzlichkeit? Das liegt doch meistens auch darin begründet, daß ich schon meine, ich habe bereits so viel Willenskraft, ich bringe so viel Willen auf, um z.b. morgens um halb sechs aufzustehen, jeden Tag, und dann auch noch die Konferenz mitzugestalten und die Fragen in Elterngesprächen verantwortungsbewußt zu beantworten. Das bezeichne ich doch schon als „willentlich", als „Willenskraft". Wozu denn dann noch ein Schulungsweg? Ich bin doch froh, daß der Laden läuft, daß wir einigermaßen schaffen, was Steiner vorschlägt – wenn auch vielleicht mal Hausbesuche oder sonst etwas auf der Strecke bleiben. Wäre es gut, sich vorzunehmen, einmal im Jahr in Exerzitien zu gehen und damit eine Art Schulungsweg anzusetzen?

D. Schreiber: Ich kann das für andere nicht gut beurteilen. Ich kann das lediglich für mich beurteilen.

Die Welt sprechen lassen

Ich weiß, daß ich, wenn ich mir etwas so vorstelle, wie es sein muß, im Grunde an der Stelle, an der ich etwas plane, bevor eine Situation eintritt, die eintretende Situation verneine. Denn an und für sich müßte man von einem reifen erwachsenen Menschen erwarten können, daß er geneigt ist, sich der Situation so zu stellen, wie sie dann eben ist, und daß er sich selbst so stellt, wie er dann eben ist. An und für sich müßte man an einer ganz anderen Stelle fleißig werden, nämlich an der, auf Sicherheiten aus dem Vorstellungsleben zu verzichten.

Das heißt nicht, daß man sich mit vielen Dingen nicht befassen darf – zu seiner Zeit, zu Hause, wenn man allein ist. Aber wenn man dann unterwegs in der Welt ist, eventuell in einer Begegnung mit Kindern oder Jugendlichen, dann ist erstmal nur Platz für Erlebnis und nicht für Vorstellung. Natürlich fasse ich Wahrnehmung begrifflich als Vorstellung auf; aber an und für sich eröffnet mir die Welt doch das, was für mich dort hineingehört. Deswegen ist das eine Haltungsfrage. Also: Lasse ich mich durch den Gang der Ereignisse, lasse ich mich durch die Beziehungen, lasse ich mich durch die Erwartungen der Welt leiten in dem, was dahin gehört, oder meine ich, der Welt etwas einverleiben zu müssen, weil ich das so klug ausgedacht habe?

M.K.: Und wo bleibt dann mein Spielraum? Wenn ich durch die Welt gehe und versuche, dieser Spur hinsichtlich meines Willens ein Stückweit zu folgen, bin ich denn dann in irgendeiner Weise noch frei in meinem Willen? Die Berührung mit meinem Willen ist ja auch wie eine Art Wind, der mich da durchträgt. Eigentlich kann ich dann doch, ich sehe das positiv, sehr gelassen sein. Die Beobachtungen scheinen dem aber zu widersprechen.

D. Schreiber: Die Gelassenheit tritt deswegen oft nicht ein, weil es kein Vertrauen in das Karma oder kein Vertrauen in die Bedingungshaftigkeit des Willens gibt. Ich bin ja nicht leer, wenn ich durch die Welt gehe, sondern ich bin so differenziert und so reif, wie ich mich selbst auch darum bemühe. Aber dazu zählt auch, daß die Welt mich in einem Zustand antreffen möge, der die Welt nicht verneint, sondern der sie bejaht, der den Schüler nicht verneint, sondern bejaht, der den Jugendlichen nicht verneint, sondern bejaht. Und dann zeigt sich schon, was durch mich da hineingetragen werden kann.

M.K.: Insofern habe ich Einfluß und Verantwortung gegenüber der Welt, oder speziell als Lehrer gegenüber dem Kind. Wenn ich mich öffne, kann ich ja nicht die Hände in den Schoß legen, loslassen und hoffen, daß mich der Wind schon irgendwo hinwehen wird, sondern ich muß mich über das Gebiet, in das ich hineinsegle, umfassend informieren – ich benötige die Kenntnis des Segelns und muß schiffstüchtig sein. Dazu gehören Standfestigkeit und Navigationskenntnis.

Die Chancen der Freiheit

Aber was für einen Spielraum habe ich, wenn ich feststelle oder glaube, daß es da noch eine andere Macht außer mir oder in mir gibt, die mich lenkt? Denn Freiheit ist ja nicht Beliebigkeit, Freiheit ist ja etwas Gewolltes.

D. Schreiber: Die Freiheit liegt generell in den Möglichkeiten, die der einzelne hat, und darin, wie er aus sich selbst heraus seinen Willen ergreift. Und die Möglichkeiten, die er hat, werden nicht nur in der Situation frei und gefunden, sondern die Bedingungen für die Freiheit, die der einzelne hat, werden im Nachtodlichen mit Hilfe anderer Wesen in eine Gestalt gebracht, die ihm dann zur Verfügung steht, wenn er dann wieder auf der Erde ist. Und andere Menschen, die um ihn herum sind, sind Teil oder Inhalt dieser Bedingungen. Und ob die mögliche Freiheit in diesen Bedingungen dann in diesem Leben aufgegriffen wird oder nicht, hängt dann wieder von manchem anderen ab.

Das ist gerade das Problematische für viele der Jugendlichen, die bei PAR-CE-VAL leben. Daß sie Eltern haben, die vielleicht in hohem Maße für sie Sorge getragen haben, die sich um die Erziehung und um eine Begleitung bemüht haben, die aber in der Weise, wie es für diese Kinder nötig gewesen wäre, doch nicht richtig waren, so daß die Kinder in Verhältnisse kamen, die sie nicht geplant hatten, die aber von vornherein möglich waren mit diesen Eltern.

Das bedeutet: Nicht die Eltern haben etwas falsch gemacht, oder das Kind ist in eine falsche Gesellschaft gekommen, sondern: Das Leben ist riskant! Alle Beteiligten versuchen etwas, und es gelingt, was gelingt. Und was nicht gelingt, ist deswegen noch nicht vergebens, sondern dann kann man versuchen, etwas auszugleichen, dann kann man als jemand wie ich, der zunächst vielleicht berufsmäßig fremd dazukommt – zu einer Problematik mit Sucht –, jemand sein, der in Teilen und in Nuancen doch stabilisierend sein kann.

M.K.: Nehmen wir an, es kommt ein junger Mensch zu Ihnen zu PAR-CE-VAL. Man trifft ja oft bei Drogenabhängigen zunächst auf eine möglicherweise äußerlich harte Erscheinung. Oft sind diese Menschen gezeichnet von dem, was sie erlebt haben. Wie nehmen Sie die von Ihnen eben beschriebenen Schicksalsbedingungen und Chancen für die Freiheit wahr?

D. Schreiber: Ein Jugendlicher, der neu zu uns kommt, ähnelt dem Zustand der anderen Jugendlichen, die vor ihm gekommen sind, sehr, weil sein Astralleib nicht an die Welt angebunden ist, sondern weil der sich aufgebläht hat zu krassem Selbstbezug. Und auf diese Verzerrung zu sehen ist nicht sinnvoll, weil da niemand ist – außer einem unangebundenen Astralleib, der eben purer Egoismus ist. Den Menschen wahrzunehmen heißt: hinter diesen Larm oder hinter diese Phrasen oder dieses Schrille zu schauen und sich belehren zu lassen, was da für einer lebt, der sich geltend machen wollen würde, wenn man ihm jetzt helfen konnte.

So hat man nach zwei, drei Monaten immer das volle Erlebnis eines vollständigen Menschen, weil der Jugendliche durch andere Gewohnheiten, die die Strukturen in der Jugendhilfeeinrichtung mit sich bringen, mehr und mehr sichtbar wird. Und die Jugendlichen, die bei PAR-CE-VAL leben, sind relativ rasch wieder als 17-, 18jährige aufzufassen, in dem Alter, in dem sie eben auch sind – und das, was sie als Schädigung vielleicht auch länger noch mit sich tragen, betrifft eben bestimmte Seiten der Wesensglieder oder eben auch den physischen Leib hinsichtlich gesundheitlicher Beeinträchtigungen.

Ein realistisches Selbstbild erhalten

M.K.: Wenn Sie die Jugendlichen wahrnehmen, wo docken Sie hinsichtlich des Willens an? Wo findet eine Berührung statt, wo kann ein Erwachen stattfinden, auch für Sie? Welche Aufmerksamkeit bringen Sie den Jugendlichen entgegen? Geht es dabei um einen Freiraum, den Sie gewähren, damit Sie überhaupt zum Willen vordringen können?

D. Schreiber: Der Jugendliche, der zu uns kommt, hatte ein Informationsgespräch, und er hat sich entschieden, zu uns zu kommen. Und wenn er dann konkret am Ort angekommen ist, erhält er einen Jugendlichen als Paten. Der zeigt ihm die Gepflogenheiten, der zeigt ihm die Örtlichkeiten, und von dem ankommenden Jugendlichen als Einzelperson wird erstmal nichts weiter gewollt, als daß er sich in die Üblichkeiten hineinstellt – in die Tagesstruktur, die Bereitschaft, im Programm mitzugehen. Letztlich spielt sich alles auf dem Hintergrund einer beziehungsgetragenen Bejahung dieses Jugendlichen ab.

Der sieht am Blick der Erwachsenen – also daran, wie sie ihn anschauen – ein lebendiges echtes Interesse für einen anderen Menschen und nicht für einen Drogenabhängigen oder Looser. Unsere Mitarbeiter sind in der Lage, dieses Prinzip der Einrichtung zu leben, und das liegt an einem beziehungstragenden Ansatz, der konfliktorientiert arbeitet.

M.K.: Heißt konfliktorientiert: Handeln in dem Moment, in dem ich auf Widerstände treffe?

D. Schreiber: Ich kann die Widerstände auch hervorrufen. Es geht darum, daß der Jugendliche ein realistisches Selbstbild erhält, daß ihm klar wird, was er vermag, was er nicht vermag. D.h. wir spiegeln ihm auf der Grundlage der Beziehung, daß *eine* Art in Ordnung ist, eine andere nicht in Ordnung ist; daß wir dieses oder jenes von ihm anders sehen, anders erwarten, und nachdem diese Sichtbarkeit für seine Verhältnisse eingetreten ist, wird jetzt nicht kontrolliert oder gefordert oder erwartet, sondern man schaut, ob er das ergreifen kann.

Die Wildheit beim Spinatessen

M.K.: Ein gängiger Willensbegriff wird ja so gesehen, den jungen Menschen überhaupt erst die Fähigkeit zu vermitteln, zu arbeiten, angestrebte Ziele zu erreichen und Techniken zu vermitteln, wie man in dieser Welt besteht – verbunden mit einem gewissen Reflexionsvermögen. Also fangen wir frühzeitig auch inzwischen in der Waldorfschule damit an, Prüfungen oder Tests zu schreiben – wir müssen also Willenbildung betreiben, um auf die Welt vorzubereiten. Das ist aber ein sehr eingeschränkter Willensbegriff, der eigentlich nur eine Art der Disziplinfähigkeit beschreibt. Wille wird mit Disziplin gleichgesetzt. Ist es denkbar, daß Jugendliche aufgrund eines solchen Willensbegriffs seitens der Erwachsenen in solche Zustände getrieben werden, daß sie am Ende z.B. bei Ihnen, bei PAR-CE-VAL, landen?

D. Schreiber: Relativ häufig haben die Kinder die Schwierigkeit, aus den Erwartungsbildern der Erwachsenen nicht herausgelassen zu werden. Sie empfinden Mißtrauen gegenüber der Erwartungshaltung der Erwachsenen in bezug auf das Erfolgreichsein, das Arbeiten, das Absolvieren von Abschlüssen oder das Gestalten von Sozialprozessen. All diese Dinge wollen alle unsere Jugendlichen, sobald sie es können. Dafür muß keine Sorge getragen werden. Was jedoch niemand mag, ist, daß man ihm vorschreiben möchte, was er sein müßte. Und ich sage es einmal anders: Die Wildheit und Uneinschätzbarkeit heranwachsender junger Menschen ist so atemberaubend, daß die Erwachsenenwelt etwas so Bedrohliches nicht zulassen kann.

M.K.: Meinen Sie mit Wildheit die Jugendlichen in den Vororten von Paris – brennende Autowracks und gewaltbereite Jugendliche –, als Folge einer extremen Vernachlässigung von jungen Menschen und völlig verfehlter Sozialpolitik? Oder meinen Sie eine Art von wildem Interesse, welches Jugendliche dieser Welt entgegenbringen, womit wir – ein, zwei Generationen weiter – schon nicht mehr umgehen können?

D. Schreiber: Diese Wildheit meine ich nicht. Ich meine die Wildheit des Zweijährigen beim Essen von Spinat. Es ist für Eltern nicht leicht auszuhalten, daß das Kind den Genuß des Löffels daran erlebt, daß es ihn rumdreht, bevor es ihn in den Mund steckt und die Hälfte von dem Spinat auf Lätzchen, Tisch oder Teppich landet. Und diese Form von Wildheit ist etwas, was vom Erwachsenen sehr schnell in Form gefaßt wird. Das ist auch berechtigt, denn das Kind selbst fühlt sich unwohl mit einem bekleckerten Spinatlatz. Aber das Mittelmaß wäre, eine Form zu finden, die nicht die Neigung hat, das Essen mit Messer und Gabel als das Wertvollste anzusehen, sondern als neue Möglichkeit des Essens zur Wildheit das Vermögen des Essens mit Löffeln dazuzustellen. Die eine Natur im Kind wird es dankbar ergreifen, die andere kann zunächst noch überfordert sein mit diesem Instrument und wird vielleicht zu einem anderen Zeitpunkt darauf zurückkommen.

Es ist also nicht so sehr die Frage, ob das Wilde schlecht ist oder schlimm, sondern es ist die Frage, wofür das Kind seine Wildheit braucht und wie lange es diese braucht. Und der Erziehungsstandard in unserer Gesellschaft ist das möglichst rasche Eintrocknen von Uneinschätzbarem durch bewährte Kulturtechnik. Die Bewertung von Kulturtechnik ist so absolut geworden, daß das Dynamische oder Eigentypische einer Kindes- oder Jugendentwicklung als Störfaktor für diese Kulturtechniken verstanden wird.

M.K.: Es geht also nicht darum abzulehnen, daß gewisse Grenzen zu ziehen sind, sondern es geht im wesentlichen darum zu schauen, wann ein Kind in der Lage ist, diese Grenzen auch in sein Handeln zu integrieren und eine Zuwiderhandlung nicht als Mißerfolg zu bestrafen mit schlechten Noten oder gar mit Schlägen. Wäre es eine Art sanfter Willensschulung, wenn wir vorbildlich präpariert sind, indem wir die Verhaltensmuster vorleben?

D. Schreiber: Man müßte sich freimachen von dem, was man von jemandem will. Man kann das, was man selber vermag und hat, anbieten, indem man es lebt oder tut, oder auch, indem man es geführt zeigt. Die Erwartung, daß es genommen wird, ist schon übergriffig. Das zeigt sich auch an den Jugendlichen. Es muß für keinen dieser Jugendlichen dafür geworben werden, für die Schule zu lernen. Es ist sogar so, daß bei PAR-CE-VAL eine relativ hohe Schwelle den Unterricht vor Jugendlichen schützt, die dem nicht gewachsen sind. Bei uns gibt es Schule als eine Reifesituation, in die der Jugendliche auch erst hineingewachsen sein muß. Und daß er das erreichen möchte – also in der Schule zu sein –, das spricht für sich selbst, dafür brauchen wir nichts zu tun. Sie wollen das können.

M.K.: Ein gängiges Vorurteil scheint mir zu sein, daß Drogensüchtige oder Schulabbrecher mit Schule doch zunächst einmal nichts zu tun haben wollen, denn genau davor sind sie ja geflohen.

D. Schreiber: Sie wollen nichts mit der Schule zu tun haben, die sie „genossen" haben, aber wenn die Jugendlichen die Menschen kennenlernen, die bei PAR-CE-VAL arbeiten – Mitarbeiter, Sozialpädagogen, Lehrer –, dann können sie in der Begegnung erfassen, daß diese Erwachsenen anders gestimmt sind als diejenigen, die sie zuvor erlebt haben, und es kann sich bei ihnen auch die Erwartung einstellen, daß Schule anders sein wird als das, was sie bisher erlebt haben. Diese Erwartung bestätigt sich dann.

M.K.: Wie kommt es dazu, daß der eigentliche Wille, der doch da sein müßte, sich in Straffälligkeit umsetzt – Straffälligkeit nicht nur äußerlich, sondern auch hinsichtlich der Sünde an mir selbst, weil ich einen mir eigentlich vorgenommenen Weg verlasse und nicht mehr mir selbst gemäß lebe?

D. Schreiber: Äußerlich geht die Straffälligkeit meist mit Drogenmißbrauch einher, weil das die Form der Finanzierung ist.

Darüber hinaus würde ich in der Regel nicht erwarten, daß sich ein Kind oder ein Jugendlicher ganz ohne Hilfe selbst erzieht, sondern ich würde erwarten, daß aufmerksame Erwachsene, die entweder in einer wirksamen Tradition stehen oder die in einer situationsgemäßen Erkenntnis stehen, in der Lage sind, dem Kind dazu zu verhelfen, die Wesenglieder, die sich in ihm entwickeln, in die Führung zu bekommen. Denn nicht der Wille wird beschädigt oder geschwächt, sondern die Organisation des Menschen ist nicht handhabbar, und der Wille kann sich nicht zur Geltung bringen.

Süchte als Ersatz zur Selbsterziehung

M.K.: Erwachsene spielen eine zentrale, eine wesentliche Rolle. Viele Erwachsene leben wegen ihrer Süchte nicht das, was sie leben könnten. Sie hatten in unserem Vorgespräch Zahlen genannt, die erschreckend waren. Können Sie die noch einmal darstellen?

D. Schreiber: Ich erinnere das so, daß man in dem Drogenbericht des Senats von Berlin von 2008 nachlesen kann, daß in Berlin etwa 820.000 Männer und Frauen Raucher sind, weit über 100.000 Menschen regelmäßig Alkohol konsumieren, an der Grenze zur Gewohnheit, und noch einmal so viele Menschen Alkohol konsumieren in einer abhängigen Weise; ferner, daß es doppelt so viele gibt, die in einer Medikamentenmißbrauchsgewohnheit stehen usw. Letztlich ist sogar die Zahl derer, die auf illegale Drogen angewiesen sind, noch relativ klein – etwa 18.000. Insgesamt betrifft das Drogenproblem etwa ⅔ der Einwohner Berlins.

Deutlich wird daran nur: Die Lebenspraxis ist nicht die der Selbsterziehung, sondern sie ist Daseinsüblichkeit. Und in diesem Unerfülltsein schaffen die Menschen Ersatz, der einen zunächst einmal von echter Erfüllung oder von echter Kompetenz, seinen wirklichen Willen zu leben, wegträgt – also das Gegenteil von einem Schulungsweg oder Selbsterziehungsweg.

Dem anderen der Nächste sein

M.K.: Ich meine nicht einmal, daß jeder, der z.b. raucht, einen Schulungsweg einschlagen müßte, um dann von seinem Laster wegzukommen. Es geht weiter: Unsere Verantwortung als Menschen, sowohl uns selbst als auch dem bzw. der anderen gegenüber, sollte bedeuten, daß wir uns in unserem Wesen wahrnehmen und uns mittels eines Schulungsweges in die Lage versetzen, daß wir als Lehrer unsere Schüler und daß wir überhaupt als Menschen unseren Nächsten wahrnehmen. Die Verantwortung des Gebots „Liebe Deinen Nächsten wie Dich selbst" bedeutet ja immer eine beiderseitige, mir und dem Nächsten gegenüber.

Die Schwierigkeit liegt doch heutzutage darin, daß aufgrund eines Überangebots von Medien, Gütern und Eindrücken kein Platz mehr für diese gegenseitige Achtung zu sein scheint. Ich möchte Sie nicht um ein Patentrezept fragen, diese Welt zu verbessern. Doch wie gehen Sie selbst in diese Welt, wie durch Berlin, durch Leipzig und andere Städte, und wie versuchen Sie, den anderen zu begegnen? Wie kann man ein gewisses Maß an Wachheit an sich selbst vollziehen?

D. Schreiber: Ich vermute, daß man an anderen Menschen nur so viel sehen kann, wie man an sich selbst verwirklicht hat. Es ist ein gutes Zeichen, wenn man einem Menschen gegenüber Antipathie erlebt, denn dann kann man eine Stelle an sich entwickeln, die zuvor nicht ergriffen wurde. Die Antipathie ist ein guter Leitfaden für das Reif- und Weitwerden eines Menschen, und ganz in dem Sinne ist Schulungsweg überhaupt zu verstehen. Es geht ja gerade darum, die Einschränkung des Willens zu verwandeln. Und die Einschränkungen des Willens ergeben sich eben nicht aus einer Schwächung des Willens, sondern aus dem Unvermögen, sich zu den Dingen in ein Verhältnis zu setzen. Jemand, der einen gewissen Grad von Angstfreiheit für menschliche Verhältnisse entwickelt hat, strahlt auch ein großes Vertrauen für Menschen aus, die sich selbst bedrängt fühlen müssen – denn sie können ihm ansehen, daß er zu solchen Schrecknissen des Wesens ein Verhältnis hergestellt hat. D.h. es wird in einer solchen Begegnung verheißen, daß derjenige bzw. diejenige mir helfen kann, das zu erlangen, was er bzw. sie zu haben scheint.

M.K.: Könnte man eine Begegnung als das Ende und den Beginn einer Suche auffassen – eine Suche nicht allein der Jugendlichen, die zu Ihnen kommen, sondern vielleicht auf beiden Seiten der Beteiligten?

D. Schreiber: Es muß ein beidseitiges miteinander Umgehen sein. Der Erwachsene, der sich selbst nicht einer Entwicklung preisgeben möchte, kann mit diesen Jugendlichen nicht arbeiten. Es ist geradezu eine Voraussetzung, daß der Erwachsene sich ebenfalls in Frage stellen läßt – auch von den Jugendlichen. In den dreimal pro Woche stattfindenden Gruppengesprächen ist es jedem Jugendlichen möglich, das Verhalten eines Mitarbeiters, das er fragwürdig, bedrohlich oder unangemessen findet, auch zu hinterfragen. Und er kann davon ausgehen, daß das genauso angeschaut wird wie sein eigenes.

M.K.: Das kann ja durchaus schmerzhaft sein für denjenigen Mitarbeiter, der meint, er wäre aufgrund seiner Position standfest in der Welt.

D. Schreiber: Es muß für ihn schmerzhaft sein, weil es etwas ist, zu dem er sich noch nicht ins Verhältnis gesetzt hat. Die Wirklichkeit des sich entwickelnden Menschen ist doch gerade die, daß man mehr und mehr in dem walten, stehen und wirken kann, das einem in innerer und äußerer Organisation zur Verfügung gestellt werden konnte. Um das zu ergreifen, muß man sich gerade die vorhandenen Verhältnisse zu eigen machen.

Das Erwachen im Willen

M.K.: Steiner hat Wille nicht nur als Tun bezeichnet, sondern auch als den Moment, an dem ich meine Richtung ändere. Dieser Punkt der Umkehr sei das Erwachen im Willen. Ich stelle mir das konkret vor: Man sitzt in einer Runde, und ein Jugendlicher sagt: „Ich kann mit dem, wie Sie mit mir umgehen, überhaupt nichts anfangen." Oder: „Ihre Art der Höflichkeit finde ich zum Kotzen – ich nehme Ihnen das nicht ab." Ist daran ein Erwachen möglich, oder muß man hier sehr wach sagen: Moment mal, was hat das denn mit mir zu tun? Was meint der da? – Wie kann man hier mit gesundem, wachem Geist reagieren?

D. Schreiber: Ich erinnere mich an eine Situation, in der mir ein Jugendlicher aus Rußland in einer Gruppe vorwarf, ich wäre ein Nazi, weil er den Eindruck hatte, daß ich von ihm und den anderen Jugendlichen während einer Arbeitstherapie in einem Waldstück zu viel fordern würde. Er hat das

© D. Schreiber   Quelle: D. Schreiber

Holzhacken

irgendwie gehört, daß Deutsche als Nazis angesprochen werden können, und hatte jetzt den Eindruck, daß ein ungemäßes Arbeitsfordern meinerseits ihn dazu berechtigt, mich als Nazi anzusprechen. Dann hat der, der die Gruppe leitete, ihn gefragt, wie er sich das denn vorstelle, worin sich äußern würde, daß ich ein Nazi sei. Und dann hat er erzählt, daß sie 1 ½ Stunden Äste von den Bäumen hätten schlagen müssen, es sei kalt und windig gewesen, und man könne zwischendurch nicht mal eben aufhören.

Der Gruppenleiter ließ ihn das darstellen und erzählte ihm dann, wie er selbst – der Gruppenleiter war türkischer Abstammung – das Wort Nazi versteht. Und da staunte der Jugendliche, daß das so ganz anders benutzt wurde. Und er merkte, daß er einer Sprachhülse aufgesessen war. Er wollte an und für sich sagen: „Diese furchtbare deutsche Eigenschaft, verbindlich einen Arbeitsprozeß durchzuführen, ist doch eine Zumutung für einen Jugendlichen wie mich!" Das hätte er eigentlich gerne zum Ausdruck gebracht.

Nun war die Situation also die, daß ich verstehen konnte, was er sagen wollte, ich mich aber trotzdem nochmal selbst fragte, ob ich ein Nazi sein könnte oder vergleichbare Eigenschaften habe. Und während dieses Prozesses, nämlich Berechtigtes und Unberechtigtes aufzuklären, befand ich mich genau in dem Prozeß des Aufgewühltseins wie der Jugendliche, der empört war, daß die Arbeitstherapie so anstrengend ist.

Nur der eigene Wille ist Maßstab

M.K.: Oft nimmt man sich ja selbst mit einer Art von Erhabenheit wahr, die sich darin äußert anzunehmen, daß man ja schon viele Erkenntnisse habe, und man meint, dadurch reicher und weiter auf seinem Lebensweg zu sein als andere. Im Gegensatz zu einem problembeladenen Jugendlichen sei man doch bereits abgeklärter. Die Gefahr der eitlen Erhabenheit besteht immer. Hilft es hier abermals, die Grundhaltung einzunehmen, sich in Frage stellen zu lassen, da man ja nie wissen kann, auf wen man im Leben trifft?

D. Schreiber: Man weiß ja im Grunde nicht einmal, wer man selber ist. Eigentlich ist man ein Lebenszwerg unter Lebenszwergen; mit Nuancierungen in der Reife und bestimmten Fähigkeiten, die gleichzeitig auch die Abwesenheit anderer Fähigkeiten bedeuten. Das Problem von Eitelkeit und Überheblichkeit ist normalerweise gerade da zu finden, wo man den Eindruck hat, man könne sich einer Echtheit oder Authentizität nicht stellen. Da hat man dann wieder das Ersatzwesen.

Und so könnte man sagen: Der Wille ist das Echte, das Authentische, und wenn die Existenz eines Menschen zu weit weg ist von dem, was eigentlich eine Möglichkeit dessen ist, was sich hinsichtlich des Willens ausdrückt, dann neigt er dazu, u.a. in Überheblichkeit zu verfallen, weil er keine Maßstäbe mehr hat. Denn die Außenwelt ist einfach kein Maßstab. Nur das Konkrete des eigenen Willens ist ein Maßstab. Läßt man sich also auf das Ganze ein, löst sich das Denken nach Maßstäben in gewissem Sinne auf.

Wenn man z.B. bedenkt, daß PAR-CE-VAL deswegen so heißt, weil es sich nach den biographischen Gesetzen richtet, die Wolfram von Eschenbach so schön für den Parzival benannt hat, dann wird einem schnell deutlich: Immer dann, wenn eine bestimmte Situation für ihn als neue Herausforderung auf dem Erdenplan entsteht, geht dem voraus, daß er mit seinem Schiff unterwegs ist und ein Jahr herumtreibt und nicht an Land kann. Schließlich wirft es ihn eben irgendwo hin, und dann findet er konkret das Seinige. Dieses Bild des Schiffes, wie wir es hier auch schon mehrfach hatten, ist deswegen so schön, weil man darin auch die beiden Seiten des Willen gebildet sieht: Das Schiff wäre der Wille, wie er im Knochenbau des Menschen konkret an der Individualität haftet, und das Meer wäre die Seite des Willens, die als seine konkrete Umgebung die Möglichkeit dazu schafft, was das Schiff wollen kann.

Der Wille greift rhythmisch ein

Interview mit Astrid Engelbrecht

von Wolfgang Weirauch

Dr. Astrid Engelbrecht, geb. 1952 in Westberlin, 1972 Abitur in Berlin. Ab 1974 Medizinstudium in Marburg und Heidelberg; studienbegleitend Kurse in anthroposophischer Medizin in Dornach. 1978 bis 1999 verheiratet, fünf Kinder. Seit 1992 niedergelassene Allgemeinärztin mit anthroposophischer Ausrichtung; 1992–2002 in Mannheim, seitdem in Hamburg

Wenn sich ein Mensch inkarniert, steht er vor der Aufgabe, über das gesamte Erdenleben hinweg – besonders in den ersten drei, vier Lebensjahrsiebten –, ein mitgebrachtes Willenspaket auszupacken, zu individualisieren, mit dem Ich zu ergreifen und letztlich tatkräftig nach den eigenen Idealen oder Impulsen in der Welt zu wirken. Auf diesem Weg liegen viele Hindernisse – von außen wie von innen. Diese Hindernisse können ignoriert, sie können zu Krankheiten werden, aber auch zu neuen Früchten, zu neuen Willenszielen umgeschmolzen werden.

Mit der anthroposophischen Ärztin Astrid Engelbrecht spreche ich in dem nachfolgenden Interview über die verschiedenen Willensausrichtungen, wie der Mensch in seiner Biographie mehr und mehr seinen Willen ergreift, welche Krankheiten entstehen können und wie man sie überwinden und mit neuentwickelten Medikamenten unterstützen kann.

Wolfgang Weirauch: Wie würden Sie Willen definieren?

Astrid Engelbrecht: Man kann den Willen als einen Bestandteil der Seele definieren, und zwar in dem Sinne, daß Rudolf Steiner die Seele nach Denken, Fühlen und Wollen unterscheidet. Darüber hinaus gibt es aber einen Willen, der sozusagen die Kraft des Willens ist, der dann tatsächlich die Tat vollbringt. Dieser Wille ist normalerweise etwas total

Unbewußtes. Der Mensch handhabt natürlich seinen Willen; aber was er davon in seinem Seelenleben erlebt, ist nur der seelische Ausdruck des Willens, so daß die paradoxe Situation eintreten kann, daß ein Mensch mit einem sehr starken Willen seelisch nicht in der Lage ist, diesen Willen zu ergreifen, und sich selbst auch für willensschwach hält. Das ist z.B. bei Depressionen recht häufig. Auf der anderen Seite gibt es Menschen, die mit einer starken Seele äußerst willensstark wirken, in Wirklichkeit aber nur einen relativ kleinen Willen haben. Hinzu kommt dabei noch die Frage nach der Ich-Haftigkeit des Willens.

Der mitgebrachte Wille ist wenig individualisiert

W.W.: Meinen Sie mit der Kraft des Willens die Ich-Kraft oder noch etwas anderes?

A. Engelbrecht: Letzten Endes ist dieser Wille eine kosmische Kraft, eine kosmische Gabe, die man im Laufe des Lebens durchicht.

Das kann man sehr gut an der Entwicklung des kleinen Kindes erkennen. Wenn das Baby geboren ist, kommt es mit einer Portion Willen auf die Welt, was sich in den vollständig ungestalten Gliedmaßenbewegungen und im Gebrüll äußert. Wenn man sich wirklich in das Gebrüll eines Babys hineinhört, kann man sehr gut unterscheiden, wann dieses Gebrüll reine Willenäußerung ist, wann dagegen nur Schmerz, Unlust oder Begierde. Es gibt eine bestimmte Art von Babygeschrei, wenn man da hineinhört, begegnet man dem reinen Willen.

W.W.: Können Sie dieses Willensgeschrei noch etwas näher definieren?

A. Engelbrecht: Diese Kraft ist so stark, daß eine Mutter sofort zum Kind hinrennt, um das Geschrei zum Stillstand zu bringen. Aber das ist vollkommener Unsinn – die Kinder müssen schreien, denn sie können noch nicht sprechen. Eigentlich begegnet man in diesem Geschrei einem gewissen Abgrund; dieses Geschrei ist so raumfüllend, so seelenausfüllend, daß es vom Erwachsenen wirklich einen Willensschritt braucht, um zuzuhören und nicht einzugreifen. Und erst wenn man wirklich zuhört, hineinhört, wenn man durch das Gebrüll hin-durchhört, dann kommt man zu der direkten Willensbegegnung, die bei einem gesunden Kind immer von Lebensfreude tingiert ist. In diesem Willen steckt immer viel Lebenserwartung. Eigentlich ist das ein sehr schönes Geschrei, im Gegensatz zu dem schmerzvollen Geschrei. Nebenbei bemerkt ist dieses Geschrei häufiger als das schmerzhafte. Nach meiner Einschätzung sind

75 % des Babygeschreis einfache Willenskraft, die hinausgesetzt werden möchte und die auch gerne in ein offenes Ohr trifft, mit der Tendenz: Höre, ich bin da!

W.W.: Und mit dieser Kraft meinen Sie jetzt nicht die Ich-Kraft, sondern den mitgebrachten Willen?

A. Engelbrecht: Ja, zunächst ist das der mitgebrachte vorgeburtliche Wille, den das Kind aus der geistigen Welt mitbekommen hat, der noch völlig unbearbeitet ist und den das Kind auch unbearbeitet aus sich heraussetzt. Dieser Wille ist noch wenig individualisiert. Alle Babys schreien relativ gleich. Die später sich entwickelnden unterschiedlichen Stimmen sind viel individueller als das Babygeschrei. Es gibt aber insofern schon individuelle Unterschiede, weil jedes Individuum nur so viel Willen aus der geistigen Welt mitbringen kann, wie es fassen kann. Ein sehr starkes Individuum wird also sicherlich eine größere Willensportion eingesammelt haben als ein ganz schwaches Individuum. Diese unterschiedliche Willensstärke ist durchaus schon bei Babys bemerkbar.

Göttliches Denken – göttliches Wollen

W.W.: Können Sie den kosmischen Weltenwillen im Unterschied zu dem menschlichen ein wenig näher definieren und darstellen, inwieweit er mit der gesamten Schöpfung zu tun hat?

A. Engelbrecht: Zwei kosmische Wesen müssen wollen, damit Materie entsteht. Die geschaffene Materie ist nur ein Teil dieses Weltenwillens, und zwar der herausgesetzte Weltenwille, der zu dieser sinnlichen Schöpfung geworden ist. Die eigentliche Willenskraft steht dahinter und ist kaum zu beschreiben. Das ist eine Ur-Kraft, die im Grunde in allen Religionen immer wieder auf verschiedene Weise beschrieben wird. Jeder Mensch hat zu ihr auch einen ganz persönlichen Zugang und benennt diese Kraft. Sie wird aber meist nicht als Willenskraft bezeichnet, sondern z.B. als etwas, durch das er sich getragen fühlt, als eine Kraft, durch die man nicht mehr hindurchfällt.

W.W.: Also letztlich die Kraft hoher geistiger Wesen. Wie unterscheiden Sie göttliches Denken von göttlichem Willen?

A. Engelbrecht: Da wird es sehr kompliziert. Aber es ist unterscheidbar; das eine ist die Idee, der Plan, das zweite die Durchführung dieses Plans. Vielleicht kann man es anhand der Entstehung des physischen Leibes des Menschen erklären: Auf dem alten Saturn wurde der physische

Leib von hohen geistigen Wesen geschaffen; der Schöpfung als einem Willensakt lagen die göttliche Gedanken zugrunde, die Ergebnisse aus einer Zeit vor dem alten Saturn waren. Das war der Schöpfungsplan. Der Urwille hat also mit dem alten Saturn und dieser urgöttlichen Kraft zu tun.

Kosmische Willensprozesse bei Säuglingen

W.W.: Und in welchem Verhältnis steht jetzt dieser göttliche Weltenwille, der sich u.a. in der Schöpfung manifestiert hat, zu der Portion Willen, die ein Mensch aus diesem Potential in eine Inkarnation mitnimmt, und wie verhält sich dazu das menschliche Ich?

A. Engelbrecht: Wenn das Kind lernt, seine Bewegungen gezielt zu koordinieren, wenn es laufen lernt, wenn es sprechen lernt, dringt das Ich in diesen Willen ein. Ohne ein Ich kann der mitgebrachte Wille nicht zu den menschlichen Fähigkeiten entwickelt werden. Ein Ich muß eingreifen, und wenn dieses Eingreifen gestört ist, können Grundfähigkeiten wie das aufrechte Stehen nicht errungen werden.

Der Prozeß des Durch-Ichens des Willens geht im wesentlichen bis zum 21. Lebensjahr, vielleicht noch einige Jahre länger. Bis ca. zum 26. Lebensjahr hat das Ich durch den Engel noch eine Hilfe aus der geistigen Welt. Ganz allein würde das Ich diese Aufgabe nicht bewältigen können.

Mittlerweile hat man herausgefunden, daß z.B. bei den Kindern, die sich motorisch nicht richtig entwickeln, Reflexe nicht abgebaut werden, so daß frühkindliche Bewegungsmuster auch in einem späteren Alter erhalten bleiben. Ich denke dabei z.B. an Schutzreflexe aus der Säuglingszeit. Kinder haben ganz bestimmte Reflexe, mit denen sie sich schützen können, ohne dies bewußt zu durchdringen. Dies ist eigentlich ein kosmischer Wille. Eigentlich ist jeder Reflex ein kosmischer Wille, den ein Mensch mit in diese Inkarnation hineinträgt. Aber wenn diese Willensmuster in späteren Lebensjahren nicht abgelegt oder abgebaut werden, stören sie die gezielte Bewegung des Heranwachsenden. Diese Erkenntnis ist mittlerweile in der Heilpädagogik Standard geworden.

W.W.: So ganz verstehe ich das nicht. Gilt das für jeden Reflex? Es kann doch nicht der Sinn sein, Schutzreflexe und ähnliches abzubauen.

A. Engelbrecht: Nein, die normalen Schutzreflexe müssen natürlich bleiben. Es sind komplizierte Bewegungsmuster, die man bei Säuglingen sieht. Wenn man Säuglingen an der Fußsohle entlangstreicht, stellt sich z.B. der große Zeh hoch, und so etwas darf später beim Laufen nicht mehr erfolgen.

W.W.: Ist das bei jedem Säugling so?

A. Engelbrecht: Ja, es strecken sich sogar alle Zehen nach oben, besonders aber der große Zeh. Bei Patienten, die durch einen Schlaganfall Nervenschädigungen erlitten haben, tritt dieses Muster wieder auf. Und würde dieses Muster

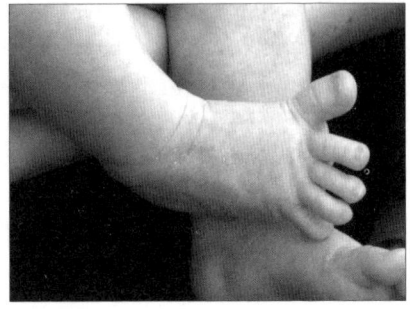

Foto: Medicus of Borg
Spontanes Babinski-Zeichen bei einem
4 Wochen alten gesunden Kind

beim heranwachsenden Kind bleiben, könnte es nie richtig laufen lernen. Man hat herausgefunden, daß Kinder, bei denen diese Reflexe bleiben, schlecht laufen lernen. Diese Bewegungsmuster eines kleinen Kindes werden bei einer normalen Entwicklung durch die gelernten Bewegungen ersetzt, die damit zusammenhängen, daß das Kind seinen Leib auch fühlt. Wenn sich z.B. ein halbjähriges Kind an der Fußsohle verletzt, hat es kaum Schmerzempfinden, weil das Empfinden dort noch nicht so richtig angekommen ist. Daß Kinder irgendwann ihren großen Zeh in den Mund stecken, ist ein Zeichen dafür, daß sie beginnen, den Zeh zu fühlen, daß sie ihn erreicht haben.

Das Ich packt das Willenspaket aus

Das ist für mich wie ein Päckchen, das der Mensch aus der geistigen Welt zur Erde mitnimmt und welches er im Laufe seines Lebens auspackt. Indem der Mensch dieses Paket allmählich auspackt, verbindet er mit dem Inhalt sein Ich, und das Ich führt dann den Willen. Hier haben wir wieder diesen doppelten Gesichtspunkt: Auf der einen Seite muß ein Paket da sein, welches man auspackt, auf der anderen Seite muß es eine Kraft geben, die das Paket auspackt.

Auf der einen Seite haben wir also den mitgebrachten Willen, auf der anderen Seite das den Willen auspackende Ich, und dazwischen liegt die seelische Komponente, inwieweit z.B. der Wille umgesetzt wird. Nehmen wir an, daß ein Mensch Hunger empfindet. Menschen mit einem durchichten Willen können selbst bestimmen, wann sie essen wollen. Menschen mit einem wenig durchichten Willen werden sofort und impulsiv das Hungergefühl befriedigen. Dazwischen gibt es alle möglichen Schattierungen. Man kann den Hunger in den Griff bekommen, in eine Form bringen oder sogar eine Essenskultur daraus entwickeln.

In den ersten Lebensjahren packen wir also das Willenspaket aus, freuen uns über die darinnen enthaltenen Gaben und Begabungen und haben sehr viel damit zu tun, diese zu ergreifen und zu betrachten, sie im Laufe des Lebens immer mehr kennenzulernen und zu durchdringen, uns zu eigen zu machen und sie in eine Form zu bringen. Ob jemand seine mitgebrachte Musikalität in seinem irdischen Leben ausbaut, ist dann eine Frage, ob der aus dem Kosmos mitgebrachte Wille vom Ich ergriffen wird.

Aber heutzutage passiert etwas völlig Neues: Wenn der Mensch all das gelernt hat, was er für ein normales Leben braucht, wird er selbst darüber hinaus schöpferisch tätig. Er beginnt nämlich, seinen Leib selbst umzugestalten. Der Mensch schafft mit seinem eigenen Willen genauso wie der göttliche Schöpferwille an seiner körperlichen Materie; er schafft sie um. Das ist der eigentlich neue Punkt.

Der zukünftige Mensch aktiviert eine neue Schöpfung

W.W.: Was meinen Sie mit neu?

A. Engelbrecht: Neu in der Evolution der Menschen. Das ist die Ausbildung des Auferstehungsleibes, auf die jetzt eine zukünftige Medizin abzielen muß. Wenn wir einen Menschen medizinisch versorgen, heilen wollen, dann können wir ihn reparieren. Wenn ein Mensch z.B. ein Magengeschwür hat, hat er eine bestimmte Stelle seines Leibes zerstört. Dieses Magengeschwür kann man medizinisch reparieren; auf der anderen Seite kann man aber auch sagen, daß dieses Geschwür einen Sinn hat. Und daraus kann sich die Ansicht ergeben, daß der Mensch eigentlich diese Stelle seines Magens neu aufbauen möchte, so wie er sie in Zukunft benötigt. Der Wille des Menschen ist mittlerweile so ausgerichtet, daß er neue Materie aufbauen kann. Das ist der springende Punkt, denn der zukünftige Mensch aktiviert eine neue Schöpfung, natürlich nur in den ersten Anfängen.

W.W.: Der Mensch bastelt also mit seinem Willen an einem neuen Paket, welches einen neuen Leib aufbaut?

A. Engelbrecht: Genau. Und diese neuen Leibesstrukturen bauen wir auf, und zwar allmählich, Stück für Stück, über viele Jahrtausende. Diejenigen Stellen unseres Leibes, die wir neu aus unserem ichhaften Willen aufgebaut haben, bleiben über den Tod hinaus bestehen. Sie bleiben von Inkarnation zu Inkarnation erhalten, so daß wir also in jedem weiteren Leben an neuen Stellen unseres Leibes arbeiten können.

Das Ich hat heutzutage ein Potential, sich in schöpferischer Weise mit dem Willen zu verbinden. Das ist neu. Daß der Mensch schöpferisch mit seinem Willen umgehen kann, zeigten schon viele Menschen in den vergangenen Jahrhunderten und Jahrtausenden, wie z.B. die großen Künstler. Natürlich haben sie sich dadurch auch selbst verwandelt, aber es geschah meist aus einer mehr träumenden Seelenhaltung heraus. Daß diese schöpferische Arbeit aus dem Ich heraus kommt, aus der Klarheit des Ichbewußtseins, ist relativ neu. Außerdem wird nicht an einem außerhalb des Menschen befindlichen Werk gearbeitet, sondern an der eigenen Leiblichkeit.

Wir werden uns für unsere Erziehung schämen

W.W.: Noch eine Frage zu dem Willenspaket, das jeder Mensch mitbekommt: Ist dieses Willenspaket bei jedem Menschen gleich groß, oder kommt jeder Mensch schon mit einem unterschiedlichen Willenspaket in die Inkarnation?

A. Engelbrecht: Jeder Mensch bekommt ein unterschiedliches Paket mit zur Erde, und zwar von der Größe, die seiner Lebensaufgabe entspricht. Die Menschen, die sich für diese Inkarnation viel vorgenommen haben, bringen ein großes Willenspaket mit. Um so ein gewaltiges Willenspaket auch wirklich auspacken zu können, braucht der Mensch als Kind eine gute Erziehung, damit auch seine Seele kräftig und mutig wird. Wenn das gelingt, kann sein Ich mit Hilfe seiner gesunden, starken Seele dieses große Willenspaket vollständig auspacken. Dann kann ein junger Mensch voller Willenskraft und Begeisterung seine Lebensaufgabe anpacken.

Es gibt dagegen auch ganz andere Menschen, die nur ein sehr kleines Päckchen mitgebracht haben und die demzufolge auch nur einen sehr schwachen eigenen Willen besitzen. Die haben dann die Aufgabe, während ihres Lebens an ihrem Willen zu arbeiten und ihn ganz bewußt zu stärken. Dann können sie in ihrem nächsten Leben ein größeres Willenspaket aus der geistigen Welt mitnehmen.

W.W.: Können Sie bitte noch ein wenig mehr über den eher starken und den eher schwachen Willen in dem einzelnen Menschen darstellen?

A. Engelbrecht: Nehmen wir an, ein Kind kommt mit seinem Willen zur Erde und dieser Wille kollidiert sehr heftig mit seiner Umwelt. Das Kind fühlt sich dann in Gefahr; und zwar in der Gefahr, daß ihm die Verbindung zu seinem Willen weggenommen wird. Jedes Kind hat noch eine ganz unmittelbare Beziehung zu seinem Willen, und fühlt ihn als etwas Kostbares. Viele Handlungen eines Kindes werden dadurch erklärlich, daß der Erzieher dieses Grundprinzip kennt. Denn sehr viele Erziehungsmaßnahmen sind nichts anderes als Maßnahmen, um das Kind von seinem eigenen Willen abzuschnüren.

Das Kind soll für die Eltern bestimmte Verhaltensmuster an den Tag legen, z.B. beim Guten-Tag-Sagen die Hand geben. Es kann aber sein, daß ein Kind instinktiv weiß, daß es einem bestimmten Menschen nicht die Hand geben will, denn ein Händeschütteln ist zugleich auch immer ein Kräftefluß. Kinder sind oft in der Lage, die Aura eines anderen Menschen wahrzunehmen und somit auch die schlechten Anteile des anderen Menschen. Diese schlechten Anteile wollen sie nicht in ihre Wesenheit hineinlassen, denn kleine Kinder sind noch komplett ungeschützt. Wenn dann ein Kind gezwungen wird, aus Anstand dem anderen Menschen doch die Hand zu geben, ist das eigentlich schon eine leichte Willensschädigung des Kindes. Außerdem tritt noch die negative Energie des Gegenübers in das Kind ein.

Im „Pädagogischen Jugendkurs" (GA 217) spricht Rudolf Steiner aus, daß wir uns in einigen 100 Jahren für die Erziehung, wie wir sie betreiben, schämen werden. Denn ein wesentlicher Faktor der Erziehung ist immer noch die Macht, die Ältere auf Jüngere ausüben. Das ist auch häufig unbewußt im Elternhaus der Fall, was man am folgenden Beispiel sehr gut beschreiben kann: Das Kind spielt mit seinen Spielsachen im Wohnzimmer und hat sich entsprechend ausgebreitet, und der Vater kommt nach Hause und sagt: „Wie sieht es denn hier aus?" Das Kind ist aber vollkommen in seinem Spiel aufgegangen und findet es absolut adäquat, wie es im Wohnzimmer aussieht, denn es entspricht seinem inneren Bild. Aber der Vater hat ein ganz anderes inneres Bild. Der Vater befiehlt dann, daß das Kind aufzuräumen

© PD   Foto: MHV
Kleinkind beimSpielen

habe, aber das Kind denkt überhaupt nicht daran aufzuräumen, weil seine Seele gar keine Unordnung empfindet. Nun gestaltet der Vater seinen Tonfall strenger und geht damit in eine Antipathiegeste gegenüber dem Kind. Das Kind spürt nun lediglich diese Antipathiegeste und erschrickt, denn es möchte seinem Vater sympathisch verbunden bleiben. Gleichzeitig beginnt eine Art Orientierungslosigkeit beim Kind, denn es versteht nicht, was eigentlich los ist. Dann beginnt der Vater noch energischer zu werden: „Wenn hier jetzt nicht langsam etwas passiert, muß ich wohl energisch werden!" Und das Kind schrumpft noch mehr in sich zusammen, es spürt, daß jetzt etwas eisig wird. Und dann kommt die Drohung des Vaters: „Wenn du jetzt nicht aufräumst, dann ...".

Die Seele des Kindes bekommt Angst

Mit dieser Handlungsweise hat man dem Kind eigentlich einen massiven Schaden zugefügt. Denn man hat dieser Seele keinerlei Chance gelassen, sich eigenständig mit dem eigenen Willensentschluß aufzuräumen, zu verbinden, und nun setzt sich der Wille des Vaters in die angsterfüllte Seele des Kindes. Für viele Kinder ist die Kälte in der Stimme der Bezugsperson fast genauso schlimm ist wie die körperliche Züchtigung. Das Kind räumt nun unter Zwang mißmutig auf, bringt die Sachen an die Plätze, wo sie einmal lagen, kommt dann zum Abendbrotstisch und sitzt dort mit sehr schlechter Laune. Dann sagt vielleicht die Mutter: „Du bist immer so mürrisch beim Essen!" Dadurch bekommt das Kind noch einmal eins drauf. Wenn man sich einmal wirklich klarmachen würde, was durch solche Abläufe mit der Seele eines Kindes geschieht, würde man vieles ändern; das geht sinngemäß bis in die Schule hinein.

Wenn der Vater zum Eichhörnchen wird

W.W.: Trotzdem muß das Kind vieles lernen; wie unterscheiden Sie hier beides?

A. Engelbrecht: Ich gebe Ihnen ein Beispiel. Wenn der Vater gelernt hätte, sich seiner Phantasie zu bedienen, würde er vielleicht in derselben Situation auf das Kind zugehen und zu ihm sagen: „Wir sind heute zwei Eichhörnchen." Das Kind würde davon so fasziniert sein, daß sein Vater nun ein Eichhörnchen ist, daß es mit ihm ohne weiteres durch das Wohnzimmer hüpfen würde und die Gegenstände dort hinbringen würde, wo sie hinsollen. Der Vater müßte nur zehn Minuten lang Eichhörnchen werden, was ihm sicher schwerfällt, zumindest schwerer, als zu befehlen oder einmal kurz zu brüllen. Aber das Wohnzimmer wäre im Nu in seinem Sinne aufgeräumt. Das entspricht der Aufforderung Rudolf Steiners, daß der Erzieher seine Seele in Bewegung bringen soll und damit eigentlich die Willensbildung des Kindes bewirkt.

Dem Egoismus keinen Raum geben

Natürlich gibt es auch Doppelgänger im Kind; das ist vollkommen klar. Denen darf man natürlich keinen Raum geben. Den Doppelgänger muß man kaltstellen, indem man ihn nicht füttert. Dann ist die Seele des Kindes unbewußt auf der Seite des Erziehers, denn das Kind kann das unterscheiden, und es gibt keine Vergewaltigung der Seele. Denn man muß den feinen Unterschied sehen, wo ein Nein als Entbehrung Seelennahrung für das Kind ist und damit eine Willensstärkung, und wo es Seelenverarmung und damit Willensschwächung ist. Wenn man die Seele des Kindes schwächt, kann es das mitgebrachte Willenspaket nicht in genügender Weise auspacken und umwandeln. Wenn ein Egoismus über das Kind kommt, sei es von innen oder auch durch die äußere Welt angeregt, dann muß der Erwachsene natürlich dem Kind helfen, ihn in richtige Bahnen lenken. Die Aufgabe für den Erzieher wäre es also, erst dann zu handeln, wenn er sich sicher ist, womit er es zu tun hat. Das ist natürlich sehr schwer, aber vielleicht gelingt es, wenn er sich zunächst einmal in die Situation ein wenig einlebt. Dann kann er bemerken, ob man es mit dem Doppelgänger oder mit der himmlischen Seele zu tun hat, die gerade auf einem ganz anderen Planeten ist.

Das ist meiner Ansicht nach der ganze Schlüssel für Disziplinfragen, auch in der Schule. Denn eigentlich gibt es keine Disziplinarmaßnahmen, die pädagogisch sinnvoll sind, weil sie auf der anderen Seite immer die schon angesprochenen Schäden hervorrufen. Wenn ein Kind z.B. beginnt, die Lampen zu zerschmeißen, sollte man seine Kraft vielleicht dahin lenken, daß es den Garten umgräbt. Das Schlimmste, was in der Erziehung geschehen kann, sind die Seelenkrusten, daß sich ein Kind dem Lehrer nicht mehr öffnet und dadurch der gesamte Wille des Kindes unbeackert bleibt.

W.W.: Der Lehrer hat es also in der Hand, die Willenskraft eines Kindes zu schwächen oder auch einseitig zu verstärken, oder sie aber in einem gesunden Maße zu stärken?

A. Engelbrecht: Ganz genau. Man könnte sogar lernen, etwas tiefer zu blicken, indem man unterscheidet, wo *nur* die Seele geschädigt wird und wo tatsächlich auch der Wille als Ganzes geschädigt wird. Das, was ich mit meinen obigen Beispielen geschildert habe, ist eigentlich nur eine Seelenschädigung, die den Zugriff der Seele auf den Willen blockiert. Das ist noch keine direkte Willensschädigung. Aber jeder Mißbrauch und alle weiteren körperlichen Übergriffe gehen direkt in den Willen hinein und schädigen ihn.

Wenn Erwachsene Willenskräfte des Kindes mißbrauchen

W.W.: Kann dieses Willenspaket direkt geschädigt werden?

A. Engelbrecht: Nach meiner Ansicht ja.

W.W.: Oder wird nur der Zugang der Seele zu diesem Willen geschädigt bzw. verhindert? Man könnte das ja so sehen, daß bei einem behinderten Menschen der Geist durchaus gesund ist, aber die Seele bzw. der Körper bieten nicht die richtigen Möglichkeiten, daß das gesunde Ich richtig eingreift. Könnte es nicht genauso sein, daß das Willenspaket urgesund bleibt und nur die Seele zertrümmert wird bzw. gehindert wird, auf das Willenspaket zuzugreifen?

A. Engelbrecht: Wenn es tiefer geht, kann es sein, daß die Erwachsenen aus den Willenskräften des Kindes leben, und hier beginnt der Mißbrauch. Bei jedem Mißbrauch werden dem Erwachsenen Willenskräfte des Kindes zu Verfügung gestellt, sie fließen in ihn über. Und das ist eine noch massivere Form der Willensschädigung des Kindes. Hier entstehen Traumata, die ganz anders geheilt werden müssen.

W.W.: Sie meinen also, daß bei einem Mißbrauch regelrecht Willenskräfte vom Kind in den Erwachsenen überfließen, ähnlich wie bei schwarzer Magie, wenn der Schwarzmagier bewußt seine Willenskräfte so einsetzt, daß er andere Wesen unterdrückt oder foltert und dadurch astrale Substanz, vor allem Willenssubstanz, in sich aufsaugt?

A. Engelbrecht: Ja, Schwarzmagier arbeiten ja u.a. auch mit Sexualität, von daher gibt es Verwandtschaften zu Mißbrauchssituationen. Darüber hinaus kann der Wille eines Kindes geschädigt werden, wenn es stark gezüchtigt oder verprügelt wird – das ist dann eine Art Ausquetschen des Willens, der dann auch Richtung Erwachsenen fließt. Auch bei Kindern, die hart arbeiten oder hungern müssen, wird der Wille geschädigt, der Lebenswille des Kindes wird dadurch verbraucht.

Denn ein hart arbeitendes Kind muß an Willenskräfte heran, die es eigentlich erst im Erwachsenenalter nutzen sollte. Die Willenskräfte zapft man in der schwarzen Magie bewußt an, bei Übergriffen jeglicher Art geschieht dies halbbewußt oder unbewußt – hier gibt es alle möglichen Schattierungen. Bei Eltern herrscht sogar oft ein totales Unbewußtsein, da sie gegenüber ihrem eigenen Verhalten kein Unrechtsbewußtsein aufbringen können. Bei allen diesen Praktiken wird der Wille ahrimanisiert.

Dann gibt es aber auch noch die Luziferisierung des Willens bei Kindern, z.B. indem man durch die Notengebung den Ehrgeiz anstachelt. Überall dort, wo der Ehrgeiz in die Kinder hineingepflanzt wird, wo die Eltern eine ehrgeizbetonte Erziehung an den Tag legen, z.B. durch übertriebenes Loben, kann man auch den Willen des Kindes enorm beeinflussen, indem er aus der Mitte verrutscht, aus der göttlichen Führung hinausgleitet und zu früh von der menschlich-egoistischen Umgebung einseitig geprägt wird. Auch die Werbung, die Mode und der Zwang, Markenartikel zu tragen, gehen in diese Richtung. Hier wird der Wille aufgebläht. Diese Kinder werden vorerst durch den aufgeblähten Willen getragen, bekommen dann aber um das 21. Lebensjahr herum einen Tiefpunkt, wenn der ichgetragene Wille an der Zeit ist, wenn sie in ihren ichgeführten Willen einsteigen müssen. Beide Richtungen gibt es heute, oft wirken sie auch zusammen.

W.W.: Wie äußert sich der Wille in der Seele, auch in seinen unterschiedlichen Gestaltungen?

A. Engelbrecht: Der Wille lebt in der Seele z.B. als Gefühl der Lebenssicherheit, der Lebensverankerung. Es gibt ja Menschen, die äußerlich ganz wenig Existenzsicherung haben, aber ein ganz gesundes Lebensvertrauen haben. Solche Menschen haben oft einen sehr integren, intakten Willen; ihr Wille stellt eine gefühlte, sichere Lebensgrundlage zur Verfügung. Und diese innere Sicherheit ist dann ziemlich unabhängig von der tatsächlich vorhandenen äußeren Situation. Eine solche sichere Willensgrundlage erzeugt auch das Gefühl, daß man sein Ziel im Leben erreichen wird. Durch diese Willensgrundlage wird der Mensch in die Lage versetzt, über Durststrecken hinwegzukommen, aber genauso auch nein zu sagen. Denn es gehört auch zum Willen, wenn man sich von etwas abgrenzt. Sich abgrenzen zu können, auch zu wissen, wann man genug gearbeitet hat, gehört zur Willensstärke.

Depressionen äußern sich eher bei willensstarken Menschen

Ich erlebe sehr oft, daß der Wille zu wenig durchicht ist, also daß Menschen sich für ihr Leben Ziele setzen, die auf Ehrgeiz, Machtstreben, äußerlichem Wunschdenken oder ähnlichem basieren. Wenn sie diese Ziele dann nicht erreichen, fallen sie möglicherweise in eine Depression. Gerade willensstarke Menschen erleben das enorm stark, daß sich ein Wunsch oder eine eigene Zielvorstellung nicht erfüllt. Die Seele ist dann unterbewußt beleidigt. Eine Depression entsteht nämlich keineswegs nur bei willensschwachen, sondern gerade auch bei willensstarken Menschen. Die Depression, also eine Willenslähmung, kann durchaus eine Chance, ein Schubs aus der geistigen Welt sein, sein Selbstverständnis zu überarbeiten.

W.W.: Das würde also bedeuten, daß derartige Depressionen nur dadurch geheilt werden können, daß man sich neue bzw. die eigentlichen Lebensziele bewußt macht, vielleicht auch auf manches verzichtet?

A. Engelbrecht: Genau. Und wenn es manisch-depressive Zustände sind, bricht in der Manie der starke Wille durch. Dies äußert sich z.B. so, daß man sich auf Kredit einen Mercedes kauft. Es bricht der in der Depression unterdrückte Wille in der Manie wie eine Naturgewalt explosionsartig hervor. Da dieser Wille keinerlei Ich-Führung hat, löst er sich nach kurzer Zeit im Nichts auf, und der Mensch landet wieder in der Depression.

Sich mit dem eigenen Willen anfreunden

Auch wenn bei vielen Menschen nicht diese manisch-depressiven Zustände vorherrschen, durchleben sie doch im Kleineren ähnliche Wellengänge, d.h. sie leben abwechselnd eine Weile in mehr euphorischen Stimmungen, dann wieder in niedergedrückten. Das ist an sich nicht krankhaft, sondern das sind die etwas verstärkten Zyklenbewegungen der Seele. Wenn sich die Seele nicht mit dem Willen anfreundet, z.B. weil sie meint, ihre Lebensziele nicht zu erreichen, entsteht die Depression.

Sich mit dem eigenen Willen anzufreunden, ist eine Aufgabe in der Kindheit. Eigentlich will sich jedes Kind da hinarbeiten. Jedes Kind weiß unbewußt, daß die Kindheit vorübergeht, daß man in der Kindheit Fähigkeiten sammeln muß, die man nachher nicht mehr sammeln kann, und daß die Zeit läuft. Eine Lernverweigerung ist sehr oft eine Situation, in der das gerade nicht gelingt. Auch die verbreitete Konzentrationsschwäche bei Kindern gehört dazu, sie wird verursacht durch fehlenden Willen im Denken. Wenn die Kinder nicht mehr eine Viertelstunde lang an einem inhaltlichen Faden bleiben können, liegt das daran, daß die Seele nicht gelernt hat, sich mit ihrem Willen anzufreunden und ihn deswegen nicht führen kann. Daß die Kinder nicht generell willensschwach sind, zeigt sich in der Freizeit und im Sozialverhalten, wo durchaus heftige, sogar aggressive Willenselemente vorherrschen können. Der Wille hat aber keine positive Verflechtung mit der gesamten Seele. Dies ist aber auch im Kontext mit einem zu materialistisch orientierten Unterricht zu sehen. Kinder sind noch in der geistigen Welt zu Hause.

Im Laufe des Älterwerdens entsteht im Kind ein allmählich schärfer werdendes Bild von seinem zukünftigen Leben. Und hieraus kann ein gewisses Erschrecken resultieren, wenn der Mensch merkt, was er sich eigentlich vorgenommen hat, wenn der Mensch also sein schon erwähntes Willenspaket aufschnürt – dann kann es sein, daß ihm von dem Inhalt selbst angst und bange wird. Denn dieses Paket ist meistens ziemlich groß. Die Eltern und Lehrer haben nun die Aufgabe, das Kind dahin zu führen, dieses Willenspaket freundlich anzuschauen, sich klar darüber zu werden, was darinnen eigentlich mitgebracht wird. Die gesamte Erziehung ist also ein gemeinsames Entschlüsseln der Anlagen, dessen, was das Kind sich vorgenommen hat. Und das ist manchmal sehr schwer zu entschlüsseln!

Viele können nicht den Opferschritt gehen

W.W.: Mit dem Willen und den Lebenszielen hängt ja vor allem das Karma zusammen. Wenn ein solcher Mensch in der Mitte seines Lebens oder auch später feststellt, daß er seine Lebensziele nicht erreicht hat, in Depressionen verfangen ist – wie kann er dann noch in der Lebensmitte oder später zu seinen Lebenszielen finden?

A. Engelbrecht: Hier müßte eine Psychotherapie ansetzen, die nicht vorrangig mitleidsorientiert ist. Viele Psychotherapien stärken den Egoismus der Menschen, und viele Menschen scheitern daran, daß sie nicht den Opferschritt gehen können. Sie haben ursprünglich die Gabe des Willens mitgebracht, um sie vor allem auch anderen Menschen zufließen zu lassen. Und diesen Schritt zu tun, ist unglaublich schwer, denn heutzutage erwartet man für alles eine Bezahlung oder einen Gegenwert, aber für das Opfer bekommt man nichts, ein Opfer muß bedingungslos gebracht werden. Wer opfert, schenkt ganz einfach. Falls man dafür etwas bekommt, so ist dies wiederum ein Geschenk aus Freiheit. Durch die bezahlte Arbeit befinden wir uns heutzutage in der Illusion, daß alles das, was wir geben, auch einen materiellen Gegenfluß haben muß.

W.W.: Ich würde gerne noch einmal eine klarere Definition des Willens erfragen. Nehmen wir das Beispiel des Opferns, der Willenssubstanz des Schenkens, die ja eigentlich eine Liebeskraft ist. Wo sitzt diese Willenskraft des Opferns?

Wir haben bisher auf der einen Seite das Willenspaket, dann den Willen in der Seele und letztlich die Ichkraft. Wenn jetzt ein Mensch opfert, wie hängt das dann mit diesen drei Willensbereichen zusammen? Vielleicht schildern Sie einmal das Beispiel des Opferns anhand dieser drei Willensbereiche.

A. Engelbrecht: Nehmen wir an, eine junge Frau wird schwanger und weiß nicht genau, ob sie das Kind bekommen soll, denn sie hat kein Geld und keine Ausbildung, auch keinen Mann. Schließlich entschließt sie sich, das Kind zu bejahen und zu bekommen. Damit opfert sie ganz viel. Sie opfert zunächst einmal jede Chance auf eine gesicherte Existenz. Jetzt kommt ein strahlendes Kind zur Welt und verbreitet ganz viel Sonne. Daran kann die Mutter jetzt eigene seelische Wunden heilen. Wenn eine junge Mutter ein Kind bekommt, arbeitet sie damit noch einmal ihre eigene Kindheit durch. Sie hatte vielleicht eine Mutter, die sie nicht besonders geliebt hat, aber diese junge Mutter liebt nun ihr eigenes Kind, und dadurch entsteht in ihrer eigenen Seele eine Heilung. Weil die Seele dadurch heiler wird, kann sie mehr und mehr an den eigenen Willen heran. Darüber hinaus gibt es immer noch die Freiheit der geistigen Welt, die auch im Moment neue Willenskräfte schenken kann, wenn sie sieht, daß sie eine Aufgabe fördern möchte.

Das ist auch wichtig für die Traumaheilung. Wichtig bei der Traumaheilung ist, daß man alles noch einmal selbst erlebt, aber in diesen Prozeß die geistige Welt mit hineinnimmt. Wenn man beim zweiten Durchgang die geistige Welt mit hineinnimmt, kann aus der geistigen Welt heraus ein frischer neuer Wind kommen, und das ist ein neuer Willensschub. Das ist die eigentliche Heilung. Wenn man sich so nach oben öffnet, können sich auch gesundheitlich neue Strukturen bilden.

In diesem geschilderten Beispiel ist es gut ausgegangen – das, was die junge Frau geopfert hat, hat sie vielfach zurückbekommen. Das wußte sie aber im Moment, in dem sie ihren Egoismus geopfert hat, nicht. Sie hat es aus Liebe zu dem Kind getan. Das ist immer so, der Mensch kennt aber nie das Ergebnis, er muß immer ohne diese Gewißheit seinen Entschluß fassen. Ein Schicksal wie das der jungen Mutter muß keineswegs immer so positiv ausgehen. Es hätte auch die äußere Welt so grausam sein können, daß sie darin keinen Platz findet und in ihrem äußeren Elend zugrunde gehen muß.

Aber wer sich wirklich nach oben hin öffnet, der wird durch die geistige Welt einen neuen Schub bekommen.

Etwas anderes sind Seelenkinder, die der Mensch in seiner Seele gebärt. Und auch bei solchen Geburten ist es nicht von vornherein klar, was daraus wird. Ich hatte z.B. jemanden in meinem Bekanntenkreis, der unbedingt komponieren wollte, der in äußerlichem Elend und Armut lebte, politisch verfolgt wurde, aber seinem Seelenkind treu geblieben ist. Er spürte den Auftrag, Musik zu komponieren. Es ist der rumänische Komponist Aurel Stroé, der vor kurzem verstorben ist. Am Ende seines Lebens bekam er ungeahnte Ehrungen und Dankesbezeugungen von vielen Menschen. Er hat überlebt, ist nicht ins Gefängnis gekommen. Aber er hat seinen Entschluß vorher gefaßt. Das ist der springende Punkt bei einem Opfer: Der Mensch bringt ein Opfer und weiß nicht, was hinterher geschieht.

Das Ich ist der Impulsgeber

W.W.: Ich möchte es noch etwas konkreter fassen: Ein Mensch entschließt sich zu einer Tat und führt sie auch aus. Was ist dabei Ich-Kraft, was ist dabei seelischer Willensvorgang, und inwiefern zapft man das Willenspaket an?

A. Engelbrecht: Das Ich ist die Instanz, die sagt: Ich möchte dieses Ziel verfolgen! Das Ich ist der Impulsgeber. Das Ich setzt das Ziel. Und hier liegt die Freiheit des Menschen, dieses Ziel anzustreben oder es zu lassen. Dann wird das Ziel gedanklich formuliert. Wenn sich z.B. eine Mutter entschließt, ein Kind zu bekommen, dann sprechen sich dieser Wunsch und dieses Ziel gedanklich aus. Das Ich wird dann alle Gedanken so ordnen, daß dieses Ziel unterstützt wird. Der Mensch orientiert alle seine Gedanken so, daß das Ziel im Mittelpunkt steht. – Dann muß die Seele dieses Ziel auch noch einmal für sich bejahen. Sie muß sich – und das ist meistens schwieriger – sympathisch, vielleicht sogar liebend mit diesem Ziel verbinden. Und sie muß erreichen, möglichst alle antipathischen Gefühle zu entfernen; denn je mehr sie ein Ziel liebt, desto leichter fällt es ihr auch, dieses Ziel letztendlich zu verwirklichen. Illusionär sollte die Seele nicht werden, denn das wäre eine Gefahr, sondern sie sollte möglichst viele positive Gefühle um dieses Ziel herumstellen, ähnlich wie einen Schutzzaun. Gefühle sind auch geistige Wesen, und solche Wesen tragen dann die Seele bzw. stützen die Seele für ihr Ziel. Vielleicht kommen dann auch noch andere Wesen, wie z.B. Engel, und helfen mit.

Dann ist die Seele stark geworden. Die Seele kann z.B. mehr arbeiten, weil sie von positiven Seelen und Kräften umgeben ist. Im Fall der Mutter, die ein Kind erwartet, kann sie jetzt vielleicht eine Wohnung renovieren oder ähnliches, was sie ohne dieses Bemühen nicht geschafft hätte. – Wenn die Seele des Menschen solche positiven Gefühle entwickelt, kann sie ihr Willenspaket besser aufschnüren und mehr Willenssubstanz aus diesem Willenspaket herausholen.

Verbindungsrohr zwischen Willenspaket und Seele

W.W.: Wir haben nun die Gedanken und den Entschluß, dann die sympathischen Seelenkräfte und nun das Aufschnüren des Willenspakets. Was aber ist nun die Willenskraft in der Seele? Oder gibt es nur ein Willenserlebnis in der Seele?

A. Engelbrecht: Daß die Seele etwas will, bringt sie zum Wachsen. Dadurch kann sie mit einer anderen und größeren Kraft in das Willenspaket hineingehen, kann sich mehr davon zu eigen machen. Viele Menschen schnüren dieses Willenspaket im Laufe ihres Lebens überhaupt nicht auf, weil die Seele davor Angst hat oder zu faul ist. Meistens hat der Mensch unbewußte Willensreserven, die ihm nicht bewußt sind, denn normalerweise gibt es in diesem Paket einen Willensüberschuß. Wenn es uns seelisch gutgeht, können wir an diesen Überschuß herankommen, und dann können wir diese Kraft in die Seele transportieren und haben dann den Willen in der Seele. Es entsteht also eine Art Verbindungsrohr zwischen Willenspaket und Seele. Wenn das Ich ein Ziel beschreibt und die Seele um dieses Ziel positive Gefühle stellt, kann sie mit einem stärkeren Fühlarm in dieses Paket hineingreifen – und dadurch wird das Wollen stärker.

Auch das Denken verbindet sich mit der Seele. Darüber hinaus gibt es aber ein Denken, welches unabhängig von der Seele existiert, genauso wie es ein Wollen gibt, welches ebenfalls unabhängig von der Seele existiert.

Aber in der Seele treffen sich die drei Seelenkräfte Denken, Fühlen und Wollen. Trotzdem existiert der Wille unabhängig von der Seele, und wenn die Seele etwas aus dem Willenskasten hervorholt, lebt der Wille in der Seele. Solange die Seele nicht in dieses Paket hineingreifen kann, nützt ihr das Willenspaket gar nichts. Wenn die Seele vom Willenspaket abgeschnürt ist, z.B. durch ein Trauma oder durch andere negative Einflüsse, kommt sie an diesen Kasten nicht heran. Dann trauert die Seele.

Jede Willensbewegung ist magisch

W.W.: Wie wirkt sich der Wille im Leib aus?

A. Engelbrecht: Der Wille baut den physischen Leib des Menschen auf. Zuerst einmal ist der physische Leib ein Geschöpf der Götter, auf Zukunft gesehen beginnt aber das Ich hier mitschöpferisch zu werden. In dem Moment aber, in dem der physische Leib bewegt wird, wirkt in ihm Magie. Ohne diese magische Kraft könnte sich der Mensch nicht bewegen. Jede Willensbewegung ist magisch. Wenn der Leib bewegt werden soll, gibt es das Wollen aus der Seele, welches den Leib anstößt. Aber dieses Wollen aus der Seele könnte den Leib keineswegs allein bewegen. Hinzukommen muß der Weltenwille, der bei jeder Willensgeste des Menschen mit eingreift. In jede Bewegung greift der Weltenwille magisch mit ein. Und erst dann, wenn beide – Weltenwille und Wollen aus der Seele – sich treffen, entsteht die tatsächliche Bewegung.

Wenn der Weltenwille zu stark eingreift

Der Weltenwille ist immer im Körper anwesend. Nehmen Sie jetzt eine Krankheit wie z.B. die Querschnittslähmung. Sie heißt so, weil der gesamte Querschnitt des Rückenmarks durchtrennt ist. Wenn eine Querschnittslähmung vorliegt, können die Gliedmaßen nicht mehr bewegt werden, sie sind gelähmt. Der Wille des Menschen kann nicht mehr in die Gliedmaßen eingreifen. Trotzdem entsteht in den Gliedmaßen eine Spastik, das ist ein erhöhter Muskeltonus, eine schmerzhafte Verkrampfung. Es gibt dort fortwährende Muskelkontraktionen, viel stärker als bei normalen Gliedmaßen. Das bedeutet, daß der Weltenwille zu stark in dieses gelähmte Bein hineinwirkt. Und der menschliche Wille prallt eigentlich daran zurück.

Zu stark wollen

W.W.: Und es ist die Kunst des Arztes, den seelischen Willen und den Weltenwillen zusammenzubringen?

A. Engelbrecht: Genau. Beide müssen sich in richtiger Weise begegnen und zusammenwirken.

Es kann aber auch das seelische Wollen zu stark werden, was z.b. dann vorliegt, wenn Menschen sich seelisch überstrapazieren. Dann bauen sie die Materie ab. Wenn man seelisch zu stark will, kann der eigentlich immer aufbauende Weltenwille seinem aufbauenden Strom nicht mehr nachkommen. Denn die Heilung geht immer über den Weltenwillen. Wenn der Weltenwille fließen kann, sei es durch ein Medikament, sei es durch die Heileurythmie oder durch einen Heiler, dann entsteht die Möglichkeit zur Heilung. Der Weltenwille muß an den Heiligen Geist angeschlossen sein, dann kann Heilung entstehen. Und das ist keine Reparatur im äußeren Sinne, sondern eine wirkliche Heilung.

W.W.: Können Sie noch ein Beispiel nennen, was man an seinem Leib kaputtmacht, wenn die Seele zu stark will, den Leib zu stark verbraucht?

A. Engelbrecht: Ein Zeichen davon ist das Rheuma, wo die Gelenke versteifen und die Muskulatur und die Sehnen verhärten. Dadurch ist die normale Willensbetätigung der Gliedmaßen eingeschränkt. Eine Möglichkeit für die Krankheitsentstehung ist, daß die Seele zu einseitig materiebezogen gefühlt hat. Dann verfestigt sich ihr Wille, und dann verfestigen sich auch die willensausübenden Gelenke, Muskeln und Sehnen. Es manifestiert sich dann im Leib etwas als physischer Willensabdruck, was vorher ein seelisches Wollen war.

Manchmal vollzieht sich auch unbewußt eine Spaltung in der Seele. Ein Bereich wird sehr geistig, idealistisch, und die Seele bemerkt nicht, daß sie nur einen Teil von sich mitgenommen hat. Ihren anderen Teil läßt sie zurück, und er fällt dann ganz heraus. Er verselbständigt sich. Deswegen sind die sklerotisierenden Krankheiten bei geistig strebenden Menschen keineswegs selten. Hinter einer solchen Erkrankung steht immer die Chance, auf etwas hinzuschauen, was sich dem eigenen Blick entzogen hat.

Das Fühlen kann sich also entweder zu stark auf die Materie richten, oder es spaltet sich: Eine Hälfte geht hinauf in das Ideale, und die andere fällt in den Egoismus zurück.

Sinnesorgane für die Planetenkräfte

W.W.: Auf welche Weise äußert sich der Wille noch im Physischen?

A. Engelbrecht: Vorwiegend gehört die gesamte Verdauung dazu, die Verbrennung der Nahrung, daß die zugeführten Nahrungsbrocken in die einzelnen kleinsten Bestandteile aufgebrochen werden und auch wieder neu zusammengesetzt werden. Das ist natürlich alles Wille.

W.W.: Ist dies nun der Weltenwille oder der persönliche Wille?

A. Engelbrecht: Beides, aber vorwiegend der persönliche unbewußte Wille. Steiner sagt über die einzelnen Organe, daß die Leber nach dem Jupiter schaut, die Milz nach dem Saturn. So wie wir unsere Augen auf etwas richten, sind unsere Organe die Sinnesorgane für die Planetenkräfte. Insofern wirkt im Leib der individuelle unbewußte Menschenwille im Zusammenhang mit dem kosmischen Weltenwillen. Beide Willensbereiche sind nicht strikt voneinander getrennt, ähnlich wie wir als Menschen nicht von unserer Umgebung getrennt sind. Wenn z.B. eine Leberererkrankung vorliegt, kann die Leber nicht mehr zum Jupiter schauen, und dadurch können die Jupiterkräfte nicht mehr über die Leber in den Organismus hineinwirken. Das ist ein weiterer wichtiger Aspekt z.B. für Rheuma.

Es kann aber auch eine Störung in der Fettverdauung entstehen. Lebererkrankungen sind vielfältig. Die Folgen der Lebererkrankungen im Organismus können ganz unterschiedlicher Art sein. Eine weitere Wirkung ist, daß die Aufspaltung der gesamten Nahrung in Eiweiß und Fett nur noch schlecht möglich ist, die Gallenflüssigkeit nicht mehr richtig zusammengesetzt ist, und dann entstehen eben die Probleme beim Verdauen der Nahrung, so daß Allergien oder Unverträglichkeiten in bezug auf bestimmte Nahrungsmittel entstehen.

Die Milz rhythmisiert eigentlich alles

W.W.: Welche Aufgabe hat die Milz?

A. Engelbrecht: Die Milz nimmt an Bedeutung zu. Über den Saturn ist der Weltenwille noch deutlicher angeschlossen als über die Leber. Bei der Leber ist der Wille sozusagen über das Licht angeschlossen, bei der Milz über die Wärme. Die Milz rhythmisiert eigentlich alles. Alle Rhythmusprobleme im Menschen hängen irgendwie mit der Milz zusammen, seien es Herzrhythmusstörungen, sei es eine falsche Rhythmik in der Verdauung wie z.B. Durchfall oder Verstopfung, oder seien es Störungen im Tag-Nacht-Rhythmus beim Wachen und Schlafen. Alle Rhythmen sind letzten Endes von der Milz impulsiert. In diesem Bereich liegen zunehmend große Krankheitsursachen, und hier haben wir zusammen mit den Natur- und Geistwesen aus der Mühle ein neues Medikament entwickelt.

W.W.: Erzählen Sie mal, was das ist?

A. Engelbrecht: Das ist Marienglas comp., es besteht aus Marienglas und Ackerwinde. Ackerwinde ist eine Pflanze, Marienglas ist ein Mineral. Die Ackerwinde hat einen rhythmisch gewundenen Stengel. Wir verarbeiten zwar die Blüte, aber der Pflanzengestus ist eine rhythmisch sich immer wiederholende Spirale, so daß diese Rhythmik in der gesamten Pflanze enthalten ist. Eigentlich heißt die Ackerwinde auch Mutter-Gottes-Gläschen, weil der Sage nach Maria einmal Wein aus der Blüte getrunken hat, als sie auf der Flucht war. Auf der weißen Blüte sieht man noch kleine rote Streifen von dem roten Wein, den Maria der Sage nach aus der Blüte getrunken haben soll. Die Marienkräfte haben für die Milz eine Bedeutung.

© PD   Foto: Ty von Sevelingen
Marienglas

© GFDL   Foto: Manfred Heyde
Ackerwinde (Convolvulus arvensis)

Denn die Milz gibt über den Saturn die Hülle für den gesamten Organismus, auch für das Immunsystem. Und der Mantel der Maria ist eine ähnliche Kraft, die auf eine wärmende Weise einhüllend wirkt. Jeder Hüllenverlust, wenn der Mensch sich nicht mehr eingehüllt fühlt, hängt auch mit Milzstörungen zusammen.

Ich hatte kürzlich ein Kind in der Behandlung, welches eine Milchallergie hatte. Diesem Kind habe ich das Medikament Marienglas/Ackerwinde gegeben, und mittlerweile verträgt dieses Kind wunderbar Milch. Das hängt damit zusammen, daß offenbar die Milz mit ihrer Rhythmik wieder richtig in den gesamten Organismus eingreifen kann, z.B. in die Verdauung, so daß die nachfolgenden Organe – Leber, Galle und Darm – wieder richtig arbeiten können.

W.W.: Welche Geste liegt in dem Marienglas?

A. Engelbrecht: Es wird auch Selenit genannt. Das ist ein durchsichtiges Calciumsulfat, welches früher vor den Marienaltären als Glas verwendet wurde. Denn es ist in feinen Schichten durchsichtig. Es ist ein Calcium, kein Bergkristall. Calcium, das Material, aus dem unsere Knochen gebaut sind, hängt mit den ganz tiefen Inkarnationskräften zusammen.

Die Milz ist also ein Organ, welches bisher ganz im Unbewußten der Menschheit gelebt und auf ganz unbewußte Weise den Menschen gesund erhalten hat. Heute aber, mit unserer gestörten Rhythmik, entstehen hier die Störungen – und damit sind sämtliche Willensimpulse im menschlichen Organismus gestört. Denn der Wille greift immer rhythmisch ein. Aber das ist noch ein Geheimnis. Der Wille arbeitet nicht kontinuierlich, flächendeckend, sondern er greift rhythmisch ein.

W.W.: Denken Sie dabei an den Weltenwillen?

A. Engelbrecht: Ja. Der Weltenwille wird durch den Rhythmus individualisiert, jeder Mensch hat im Grunde einen eigenen Rhythmus. Wenn wir aber den Anschluß an den Weltenwillen verlieren, muß man zukünftig immer stärker die Milz behandeln. Es gibt z.B. auch Depressionen, die milzbedingt sind, über die sich der Wille vom Weltenwillen abschneidet. Auch gehören die ganz vielen Störungen im Immunsystem hierhin, denn dies sind falsche – überschießende oder zu schwache – Reaktionen im Immunsystem.

Beim Rheuma kann der Mensch z.B. Antikörper bilden, die den Gelenkknorpel zerstören. Der Mensch bildet also selbst Aggressionszellen bzw. Partikel, die seine eigenen Zellen zerstören. Das kann sowohl im zellulären wie im flüssigen Bereich stattfinden, so daß körpereigenes Gewebe angegriffen und zerstört wird.

Hinter einer Leberproblematik kann also noch eine Störung der Milz liegen, weil das Immunsystem überwiegend von der Milz gesteuert wird.

W.W.: Dann ist ja die Milz das Zentralorgan für den Willen!

A. Engelbrecht: So sehe ich das auch. Und in unserer Zeit, in der der Mensch seinen Willen immer freier entwickeln kann, beginnt die Zeit, in der er die Milzprozesse immer mehr ins Bewußtsein bekommen sollte. Wo die Leber und die Galle sitzen, weiß der Mensch meist, aber wo die Milz sitzt, bleibt ihm fast immer verborgen. Die Milz ist ein zutiefst unbewußtes Organ. Aber die Menschen klagen zunehmend über Störungen in der linken Oberbauchseite. Und jetzt haben wir wirklich zum ersten Mal ein Milzpräparat.

Ein neues Milzpräparat

W.W.: Können Sie dieses Präparat noch ein wenig näher beschreiben, auch die Art und Weise, wie es entstanden ist?

A. Engelbrecht: Dieses Medikament ist eines der ganz wenigen Medikamente zur gezielten Beeinflussung der Milz. Durch die Kombination aus Marienglas und der Blüte der Ackerwinde entsteht etwas, was der Milz wieder eine Willensstärkung und eine Rhythmisierung gibt. Und das ist neu. Damit haben wir ganz neue Möglichkeiten, die Willensprozesse im Verdauungsbereich zu beeinflussen.

Entstanden ist es in einer medizinischen Arbeitsgruppe mit Frau Staël von Holstein, in der wir zusammen erforschen, wie moderne anthroposophische Medikamente in der heutigen Zeit entstehen können oder weiterentwickelt werden.

Bei der Herstellung wird Marienglas auf D6 potenziert, die Ackerwinde ebenfalls. Dann werden beide gemischt und zusammen weiter hochpotenziert bis D30. Das eigentliche Medikament gibt es von D7 bis D30. Das Medikament wird zu ganz bestimmten Mond- und Saturnkonstellationen hergestellt. Dieses wurde bei einer Rückläufigkeit und Opposition des Saturns potenziert.

Mit diesem Medikament kann man Verdauungsstörungen, Nahrungsmittelallergien und Immunschwächen verbessern, wenn sie milzbedingt sind. Viele Krankheiten, bei denen man gedacht hat, daß eigentlich die Leber der sogenannte Bösewicht ist, sind in Wahrheit milzbedingt, denn hinter der Leber steht die Milz.

W.W.: Würde dieses Mittel auch bei manchen Depressionen helfen, z.B. bei solchen, bei denen der Wille nicht richtig eingreift, weil sich der Lebensplan nicht verwirklicht hat?

A. Engelbrecht: Ja, auch wenn der Marienmantel in der Kindheit nicht vorhanden war, z.B. durch fehlende Mutterliebe, ist das ein ganz wichtiges Medikament.

Wir Ärzte müssen jetzt auch lernen, die Funktion der Milz genauer zu beschreiben, was bisher bis auf die Rhythmen kaum geschehen ist. Das zweite ist die Entgiftungsfunktion der Milz, denn die Menschen haben große Probleme, weil es viele falsche Stoffe im menschlichen Organismus gibt. Die Milz entgiftet auf der zellulären Ebene, z.B. wenn Bakterien im Menschen vorhanden sind, wenn alte Infekte immer noch als Reste im Organismus ihr Unwesen treiben – dann kann eine Milzstärkung dazu führen, daß diese Reste wirklich ausgeschieden werden. Und dadurch wird das Immunsystem wieder frei, auf neue Sachen zu reagieren. Bei der Nahrungsmittelallergie denkt das Immunsystem, daß die Nahrungsstoffe ein Feind des Organismus seien, und bildet Antikörper gegen Nahrungsbestandteile. Wenn die Milz gesund ist, kann sie Freund und Feind wieder richtig erkennen.

Es gibt ja einige Menschen, die das Ziel haben, hellsichtig zu werden. Solche begegnen mir immer wieder. Ihnen ist es ein großes Anliegen, ihre Erkenntnisfähigkeit weiter auszubilden. Und hier tritt oft ein Widerspruch ein. Für die übersinnliche Wahrnehmung müssen die Chakren ausgebildet werden, also die seelischen Sinnesorgane. Das geht nur, wenn an dieser Stelle der Leib seine materielle Dichtigkeit verliert. An den Stellen, wo die Chakren ihre Funktion aufnehmen, wird die Physis dünner. An dieser Stelle muß schon ein Stückchen Auferstehungsleiblichkeit vorhanden sein, und dafür wird hier schon ein wenig physische Materie abgebaut. Damit dieser Abbau in der richtigen Weise stattfinden kann, spielt die Milz eine große Rolle. Denn die Milz ist das Organ für die Entwicklung der Bewußtseinsseele. Die Leber dagegen ist das Organ für die Entwicklung der Verstandesseele. Bewußtseinsseele bedeutet aber, daß sich die Seele des Geistigen bewußt wird – unmittelbar und ohne Belehrung. Hierzu muß die Milz die nötige Umwandlung der Stofflichkeit leisten. Deswegen ist die Milz jetzt im Kommen.

Allergien sind Zeichen, daß der Wille an einer falschen Stelle arbeitet

Wenn z.B. Allergien auftreten, bedeutet das, daß der Körper seine eigene Körpersubstanz reduziert, und zwar an einer Stelle, an der sie noch sein müßte. Er muß sie aber an manchen Stellen berechtigterweise reduzieren. Die Milz ordnet, wo Substanz wirklich abgebaut werden und wo die Substanz auf jeden Fall bleiben muß; und weil wir noch im Physischen einen brauchbaren Organismus haben müssen, spielt die Milz eine sehr wichtige Rolle. Das sind alles neue Ergebnisse aus der medizinischen Arbeit mit Frau Staël von Holstein.

W.W.: Sind Allergien Zeichen von Willensschwäche, oder wie hängt das zusammen?

© GFDL   Foto: Stephan Brunker

Sternbild Krebs mit den offenen Sternhaufen Praesepe

A. Engelbrecht: Allergien sind Zeichen dafür, daß der Wille an einer falschen Stelle arbeitet. Eigentlich will der Auferstehungsleib ausgebildet werden, aber es wird sozusagen das Material an der falschen Stelle weggehauen. Das kann mitunter sogar eine Willensstärke sein. Diese Willensstärke sollte nur richtig plaziert werden. Es sollte nicht gleich das Fundament eines Hauses weggeschlagen, sondern ein kleines Fenster hineingehauen werden.

Für wen die Krippe bereitet wird

W.W.: Nehmen wir noch einmal eine andere Krankheit, und zwar Krebs. Welche Beziehung besteht zwischen der Krebskrankheit und dem Willen des Menschen?

A. Engelbrecht: Am leichtesten könnte man das am Sternbild Krebs erklären. Wer das Sternbild Krebs am Himmel betrachtet, sieht, daß dort wirklich ein Innenraum gebildet wird und daß nach außen Strahlen oder Beine weggehen, und in der Mitte ist ein Sternenhaufen. Dieser Sternenhaufen heißt Präsepe; das bedeutet Krippe. Am 24. Dezember steht das Sternbild Krebs auf der nördlichen Halbkugel direkt über dem Horizont, und an diesem Tag wird der Jesusknabe in diese Krippe hineingeboren.

Die Krippe gibt es auch im Menschen. Die Frage aber ist, für wen der Mensch die Krippe bereitet. Bereitet er die Krippe in seiner Seele für den Christus, oder bereitet er diese Krippe für einen anderen? Radikal gesprochen kann man sagen, wenn der Mensch nicht den Christus in seine Krippe, seine Seele aufnimmt, dann entsteht der Krebs. Die eigentliche Krebsbehandlung ist die Mistel, die eine total unschuldige Pflanze ist. Sie ist so unschuldig, daß sie dem Menschen wieder den Weg in seine eigene Unschuld weisen kann und ihm hilft, zwischen Gut und Böse zu unterscheiden. Der Krebs hat wirklich etwas mit dem Christus zu tun.

Der finstere Ätherleib und die Königin der Nacht

W.W.: Inwiefern hängt die Multiple Sklerose mit Willensschwäche zusammen? Taucht diese Krankheit besonders bei Menschen auf, die seelisch willensschwach sind, bei denen der Wille nicht greift?

A. Engelbrecht: Oft sind es Menschen, die einen sehr starken Willen hatten, vor allem im motorischen Bereich, die richtige Willensbrocken waren, so daß man hier eigentlich nicht von Willensschwäche sprechen kann. Die Multiple Sklerose erscheint für mich im Bild so, daß im Ätherischen etwas wie Nacht eintritt. Der lichtvolle Ätherleib wird finster. Und diese Krankheit ist oft auch mit Depressionen verbunden. Hier verliert der Ätherleib seine Lichthaftigkeit.

W.W.: Haben Sie zusammen mit den Naturgeistern auch für die Multiple Sklerose ein Mittel entwickelt?

A. Engelbrecht: Ja, das Mittel besteht aus zwei Bestandteilen – aus Flintstein und der Blüte eines Kaktus, der Blüte der Königin der Nacht.

W.W.: Wie oft blüht dieser Kaktus?

A. Engelbrecht: Einmal im Jahr eine Nacht. Er kann viele Blüten haben, aber jede blüht nur einmal in einer Nacht. Der Kaktus muß auch sehr alt sein, bevor er zum ersten Mal eine seiner wunderschönen, kunstvollen, großen Blüten hervorbringt.

Der Kaktus hat ein merkwürdiges Aussehen, anders als andere Kakteen. Er hat lange Auswüchse, die wild und wirr in der Gegend herumhängen und gar keine eigene Form haben. Er besteht aus einem Gewirr von fingerdicken, schlauchartigen Gliedern, die sich nur an einer Stütze emporranken können. Wenn Sie die Gliedmaßen eines Menschen, der an Multipler Sklerose leidet, anschauen, dann bemerkt man eine gewisse Ähnlichkeit – sie hängen, haben keine Führung und können auch nicht mehr aktiv bewegt werden. Sie geben dem Menschen keinen Halt für ein selbstständiges Aufrichten.

Foto: Ty von Sevelingen
Königin der Nacht (Selenicereus grandiflorus)
Blüte

Ein weiteres Krankheitssymptom ist eine **MS**-typische Form der Sehschwäche. Es reduziert sich, oft gleich zu Beginn der Erkrankung, das Augenlicht. Es fehlt also das Licht. Auch im Seelischen geht **MS** mit einer starken Verdunkelung, mit Depressionen,

Foto: Andreas Trepte, Marburg
Feuerstein oder Flint

einher. Im Ätherischen ist der Lichtmangel ebenfalls wahrzunehmen.

Für das Heilmittel wird die nächtliche Blüte verarbeitet. Das ist ein Bild für den Heilungsweg: Es tritt wieder Licht in die Dunkelheit – genauso wie in der Nacht die wunderschöne Blüte aufgeht.

Der andere Bestandteil dieses Heilmittels ist der Flintstein. Flintstein ist Kieselsäure, und Kieselsäure hat eine Beziehung zu den Nerven. Flintstein ist eigentlich eine geronnene flüssige Kieselsäure, sie ist nicht wie beim Bergkristall auskristallisiert, sondern in einem sehr frühen Zustand erstarrt. Deswegen hat die Kieselsäure im Flintstein noch ganz viel Leben in sich.

Beide werden zusammen potenziert, und zwar so, daß sie zweimal durch den gesamten Tierkreis gehen. Man potenziert immer, wenn der Mond am Himmel in einem neuen Sternbild steht; jede Potenz in dem folgenden Sternbild. Durch den Mond überträgt sich die Wirkung des Sternbildes auf das Medikament, das gerade von Hand gerührt wird. Wenn man bei der D24 angekommen ist, ist man zweimal durch den ganzen Tierkreis gegangen. Dazu braucht man fast zwei Monate.

Die Heilwirkung beginnt erst ab der zweiten Runde, ab der D13. Die wirksamen Potenzen liegen zwischen der D13 und der D24. In diesem Medikament sind also zweimal zwölf Tierkreisbilder enthalten. Der erste Durchgang entspricht dem alten Menschen, dem alten Tierkreis, der zweite dem neuen Menschen. Durch dieses Heilmittel wird es dem Menschen ermöglicht, wieder einen Bezug zu den Sternen zu bekommen. Der Tierkreis als Träger des kosmischen Willens, des Weltenwillens, wird konkret in den menschlichen Organismus eingebunden.

W.W.: Dann ist Multiple Sklerose doch eine Willensschwäche-Krankheit?

A. Engelbrecht: Im Grunde haben Sie recht, denn der Menschen kann nicht mehr mit seinem Willen in die Gliedmaßen eingreifen. Das eigenartige bei gelähmten Gliedern ist, daß in ihnen der Kosmos sehr stark zu finden ist. Wenn man ein gelähmtes Bein innerlich anschaut, so hat man den Eindruck, daß ein solches Bein vom Kosmos ganz durchzogen und umgeben ist. Ein gelähmtes Bein ist von dieser Betrachtung her viel perfekter als ein gesundes Bein.

W.W.: Warum?

A. Engelbrecht: Weil da der ganze Kosmos drinnen ist.

W.W.: Im gesunden nicht?

A. Engelbrecht: Nein. Im gesunden Bein begegnen sich immer Kosmos und Mensch.

W.W.: Im gelähmten Bein ist also die menschliche Willensseite herausgezogen?

A. Engelbrecht: Genau. Deshalb gibt es manchmal auch Menschen mit Lähmungen, die ganz viel aus ihrem Leben gemacht haben, die es geschafft haben, glücklich zu sein. Ich habe solche Menschen schon kennengelernt und sie sehr bewundert. Ich habe mir das so erklärt, daß sie den Himmel quasi schon in sich tragen. Natürlich gibt es auch die andere

Seite, die Schmerzen wegen der Muskelkontraktionen, die Mühseligkeit des Alltags usw. – und all dies ist keineswegs himmlisch. Das Bein ist auch nicht dafür gebaut, daß der Kosmos auf diese Weise hineinzieht.

W.W.: Meinen Sie, daß ein solches Mittel wie das von der Königin der Nacht denn auch helfen kann?

A. Engelbrecht: Ja, ich hoffe das sehr, und ich bin beeindruckt, aus welcher Weisheit das Mittel komponiert ist.

Heilung ist Wille

W.W.: Welche Rolle spielt der Wille bei der Heilung, bei der Therapie?

A. Engelbrecht: Ohne daß der Mensch gesund werden will, nützt die beste Medizin nichts. Das ist die Grundvoraussetzung für seine wirkliche Heilung. Auch die unbewußten Willensanteile müssen gesund werden wollen. Eine Krankheit kann karmisch sein, eine andere ist es nicht. Man kann also z.B. den Sinn seiner Krankheit bejahen, aber daraus entsteht in einem späteren Stadium die Frage, wann der Sinn einer Krankheit erfüllt ist, so daß man sie nicht mehr braucht. Das ist eine ernstzunehmende Frage.

Allgemein gilt: Je energischer ein Mensch bis in die unbewußten Willensbereiche hinein gesund werden will, desto besser wird seine Heilung sein. Denn die Heilung ist auch nur Wille, eingefangener Wille. Das Problem ist allerdings, daß die Krankheit sehr oft dem Menschen hilft.

Jähzorn und Leberschädigungen

Bei Leberkrankheiten ist dies relativ deutlich. Der Mensch kann eine Leber haben, die zu schwach arbeitet, so daß er sich immer müde fühlt und gereizt ist, er hat auch Schwierigkeiten mit dem Essen, da die Verdauung nicht gut funktioniert.

Für den inneren Blick kann sich folgendes Bild zeigen: Es gibt verdunkelte Partien in der Leber. Wenn man weiter forscht, woher sie kommen, so bemerkt man, daß die Leber Dinge in sich aufgenommen hat, die eigentlich nicht zu ihr gehören. Die dunklen Anteile sind durch negative Astralität entstanden. Die stammen entweder von dem Menschen selber oder aus seiner Umgebung.

Es ist gut möglich, daß ein Kind mit Menschen zu tun hatte, die unbeherrscht waren. Steiner beschreibt, wie durch den Jähzorn eines Lehrers bei dem Schüler Verdauungsstörungen bewirkt werden. Ein Zornesausbruch bewirkt in der kindlichen Seele einen Schreck, eine Verdunkelung. Damit die Seele des Kindes nicht geschädigt wird, entschließt sich ein Organ, diesen Jähzorn wie ein Schwamm aufzunehmen. Dadurch kann sich das Kind zwar seelisch normal entwickeln, aber die Leber hat einen Schaden. Der macht sich irgendwann nach der Lebensmitte bemerkbar. Steiner beschreibt das ganz genau.

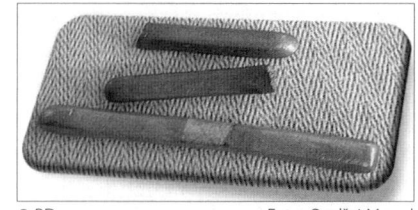
© PD   Foto: Ondřej Mangl
Zinn

Wenn man aber beginnt, die Leber zu therapieren, rührt man an diese Fremdbezirke. In dem Menschen tauchen Erinnerungen auf, die möglicherweise belastend sind. Die Bilder aus der Kindheit, die Hilflosigkeit, das Ausgeliefertsein, die Wut stehen ganz deutlich vor seiner Seele.

Und nun kann sich der Mensch entscheiden – das ist seine persönliche Freiheit – ob er da durchwill oder nicht. Er kann sich auch dafür entscheiden, seine kranke Leber zu behalten. Wenn er sich für den Prozeß entscheidet, dann muß er alles noch einmal anschauen und darum ringen, es zu erlösen. Viel-

© GFDL   Iesl
Löwenzahnblüte (Taraxacum officinale)

© PD   USDA Photo by: Ken Hammondl
Reiner Quarz (Bergkristall)

leicht erkennt er sogar, daß dieses Schicksal irgendeinen Sinn hat. Parallel dazu kann man ein Medikament geben, das die Leber unterstützt.

W.W.: Und wie würden Sie eine solche Leber behandeln?

A. Engelbrecht: U.a. mit unserem neuen Lebermittel.

W.W.: Welcher Art ist dieses Lebermittel?

A. Engelbrecht: In diesem Mittel ist Zinn enthalten, ferner die Löwenzahnblüte und der Bergkristall. Der Bergkristall bringt die Lichtkräfte hinein. Das ist das Neue an diesem Mittel. Bergkristall fördert das ganz bewußte klare Durchschauen und unterstützt so den eben beschriebenen inneren Weg.

Die Leber kann nur mit sehr viel Licht gesund sein und werden. Das Jupiterlicht für das Jupiter-Organ Leber kommt auch noch über die Löwenzahnblüte hinein sowie über das Zinn.

Wenn das Heilmittel eingenommen wird, werden der Leber erst einmal die fehlenden Lichtkräfte ersetzt, so daß sie ihre Tätigkeit nach und nach wieder aufnehmen kann.

Während dessen hat der Mensch Zeit, an sich zu arbeiten. Hier würde die Aufgabe des Psychotherapeuten oder des Biographiearbeiters ansetzen. Der Mensch kann negative Einflüsse durch eine starke Selbsterziehung umarbeiten. Wenn ihm in der Kindheit ein Unrecht geschehen ist, bekommt er die Chance, das Fehlende nachzuarbeiten. Wenn das Unrecht karmisch gesehen berechtigt war, dann ist es schwieriger, heranzukommen. Wenn es karmisch ist, muß er mehr arbeiten. Aber auch dann lohnt sich der Versuch. Wenn der Mensch das Lebermittel einnimmt und gleichzeitig an seiner geistigen Entwicklung dranbleibt, dann besteht auch bei gravierenden Lebererkrankungen Aussicht auf Heilung. Wenn der Mensch sich aber nur bedienen läßt, dann wird das Heilmittel eines Tages immer schwächer und schwächer und wird schließlich überhaupt nicht mehr wirken.

Irgendwann kommt die Entscheidung: Will ich die Verantwortung für mich selbst übernehmen? Das ist ein Willensakt! Das ist der Wille zum Gesundwerden.

Die Verdunklung der Leber

W.W.: Wenn ein Mensch z.B. jähzornige Erzieher gehabt hat, wie äußert sich das in welcher Leberkrankheit? Können Sie das noch etwas genauer darstellen?

A. Engelbrecht Im Körper kann daraus später eine chronische Leberentzündung entstehen, z.B. Hepatitis B, Hepatitis C, und alles kann chronisch werden. Das bedeutet, daß sich die Leberzellen nach und nach zu Bindegewebszellen umbauen und keine Sekrete mehr absondern. Die Leber ist ein Chemielabor, in dem ständig Sekrete mit chemisch wirksamen Bestandteilen abgegeben werden. Und diese Sekrete werden dann nicht mehr gebildet, weil keine Leberzellen mehr vorhanden sind. Auch die Galle wird dann nicht mehr in der nötigen Weise gebildet, denn sie

Foto: Wolfgang Sauber
St. Stanislas auf Pilgerreise nach Rom (1567) begleitet von einem Schutzengel.
Traunkirchen - Pfarrkirche Mariae Krönung: Gobelin (18.Jhdt.)

wird normalerweise aus der Leber heraus gebildet. Und damit liegt dann die gesamte Verdauung brach.

Auch die Hormone sind tangiert, denn in der Leber werden Hormone gebildet und umgeformt. Ebenfalls wird das Immunsystem geschädigt, so

daß der Mensch anfälliger wird für Infekte. Er verliert seine Leistungs-
fähigkeit und ermüdet frühzeitig. Im Oberbauch entsteht ein unange-
nehmer Druck, beim Essen ein Völlegefühl, so daß er nicht mit Freude
essen kann. Trotzdem wird schnell Fett angesetzt, weil die Leber die
Fette nicht mehr richtig abbaut. Auf der Haut entstehen Hautausschläge,
auch eitrige Hautausschläge oder Neurodermitis. Obendrein können
Gelenkschwierigkeiten entstehen, weil die Gelenkflüssigkeit nicht mehr
richtig vorhanden ist. Dadurch reiben sich die Gelenke aneinander, und
die Knorpelschichten nutzen sich ab. Daraus entsteht Arthrose. Oft gibt
es auch Ohrenprobleme, wie z.B. Ohrentzündungen, weil auch die Flüs-
sigkeit im Ohr mit der Leber zusammenhängt. Manchmal treten auch
Ödeme auf, Stauungen in den Beinen usw.

Im Geistigen die Verantwortung für das eigene Tun übernehmen

W.W.: Was bedeutet das Freiwerden des Willens um das 21. Lebensjahr
herum?

A. Engelbrecht: Mit 21 Jahren wird der menschliche Wille frei, und
das bedeutet, daß der Mensch aus seinem Ich heraus frei auf seinen Willen
zugreifen kann. Er kann trennen, was Umwelteinflüsse sind, was Erziehung ist und was er selbst ist. Wenn sein Schicksal gutgegangen ist, weiß
er etwa ab diesem Lebensalter, was sein Ziel ist. Aber bis etwa zu seinem
26. Lebensjahr hilft ihm sein Schutzengel in seinem Schicksal, er steht
noch nicht ganz alleine im Leben. Später ist der Engel zwar nicht weg,
aber deutlich zurückgezogen hinter dem Ich des Menschen. Dann muß
der Mensch so stark werden, sein Leben und sein Schicksal noch mehr
zu wollen, um die helfende Engelkraft selbst zu ersetzen. Sehr oft stellt
der Mensch dann Weichen, ob er sich anpaßt oder ob er seinem Ich treu
bleibt. Leider haben wir heute nicht viele Lebenssituationen, die das freie
Eintreten des eigenen Ichs in das Leben ermöglichen. Eigentlich haben
wir heute eine sehr verbaute Lebenssituation für einen ichbestimmten
Lebensweg, für einen ichbetonten freien biographischen Wandel. Mit
42 Jahren kommt dann die Oktave des 21. Lebensjahres; der Mensch hat
Lebenserfahrung und kann noch einmal neu sagen: Jetzt kann ich auch im
Geistigen die Verantwortung für mein Tun übernehmen. Mit 42 Jahren
gibt es also eine weitere neue Chance. Natürlich hat man auch später noch
Chancen, aber je älter man wird, desto schwerer werden sie, und manchmal muß man dann im nächsten Leben die Aufgaben weiterführen.

W.W.: Erleben Sie in der heutigen Menschheit mehr Willensschwäche oder mehr Willensstärke?

A. Engelbrecht: Eigentlich erlebe ich mehr Willensstärke. Denn aufgrund der Katastrophen, dadurch daß die Lebenssicherheit immer mehr schwindet, sind zunehmend mehr Menschen bereit anzupacken. Immer mehr Menschen sind bereit, das Risiko zur Individualität zu tragen. Wenn man sich hierin unterstützt, bin ich oft freudig überrascht, was alles an guten Dingen zur Zeit geschieht. Aber die Schulmedizin ist hier wirklich ein Feind, da sie oft diesen ichgeführten Weg nicht unterstützt. Die von mir beschriebenen neuen Medikamente unterstützen allerdings diesen ichgeführten Weg sehr wohl. Und das ist eigentlich das, was Spaß macht. Auf der anderen Seite gibt es natürlich auch sehr viele sehr willensschwache Menschen. Eigentlich gibt es beides. Der Mensch wird eben immer individueller. Man sollte sich niemals den Mut nehmen lassen, weil andere anscheinend schneller sind als man selbst.

Anfragen an:

ISIS ISIS Arbeits- und Forschungsgemeinschaft für zeitgemäßes Heilwesen e.V.
Tel: 040 64533751, Fax: 040 64508678
E-mail: Isis.verein@gmx.de

Tu es jetzt

Interview mit Maria Elena Hidalgo

von Heidi Küblbeck

Maria Elena Hidalgo Osco, geb. am 9.11.1968 in Lima als ältestes von sieben Geschwistern. Mit Alan verheiratet, zusammen haben sie einen Sohn, Joseph Kory Smith Hidalgo. Vor Korys Krankheit Laufbahn zur Übersetzerin, dann abgebrochen wegen der schweren Krankheit. Teilnahme an vielen verschiedenen Kursen und Kongressen zur Rehabilitation, Gründerin und Präsidentin des Vereins für Eltern von Kindern mit Zerebralparese. Sie begleitet Kory bei allen Therapien.

Maria Elena kam vor zwei Jahren zu mir ins Reittherapiezentrum. Sie fiel mir von Anfang an auf – äußerlich, da sie die typischen indianischen Züge hat, vom Wesen her, weil sie diese besondere Ausstrahlung hat; mit der sich Bescheidenheit, sehr viel Hingabe und auch eine starke Persönlichkeit ausdrücken. Sie erzählte mir zuerst Korys Geschichte: Er war damals 16 Jahre alt und hatte durch einen Unfall im 6. Lebensjahr eine Zerebralparese[1] erlitten. Seither ist er auf Rehabilitation.

Kory saß in seinem Rollstuhl und konnte weder seine freudigen Gefühle noch Trauer oder Schmerz ausdrücken. Das Schnauben des Pferdes, der Kontakt mit dem warmen Fell ließ ihn aber sehr aufmerksam werden.

Kory konnte am Anfang nur auf dem Pferd liegen; wir versuchten, ihn mit verschiedenen Positionen zu motivieren und stimulieren.

Heute sitzt er gerade auf dem Pferd. Ich gehe zwar immer zur Unterstützung mit ihm drauf, doch kann er sich weitgehend selbst im Gleichgewicht halten. Er liebt es, mit seinem Pferd unter den Bäumen durchzugehen, dem Vogelgezwitscher hört er ganz besonders gerne zu; doch er liebt auch den

---

1 Bewegungsstörung, deren Ursache in einer Hirnschädigung liegt

Strand und das Meer. Wenn sein Pferd durch das Wasser stapft, dann ist er richtig glücklich.

Er hat außerdem sein vestibuläres System[2] viel besser unter Kontrolle, Richtungsänderungen, Geschwindigkeitsänderungen – das alles hat er nun ziemlich gut im Griff. Er treibt sogar sein Pferd an, allerdings nicht mit dem Bein, sondern mit der Hand. Ganz besonders liebt er es, wenn sein Pferd nach dem Spaziergang seine Möhre einfordert. Er gibt ihm die

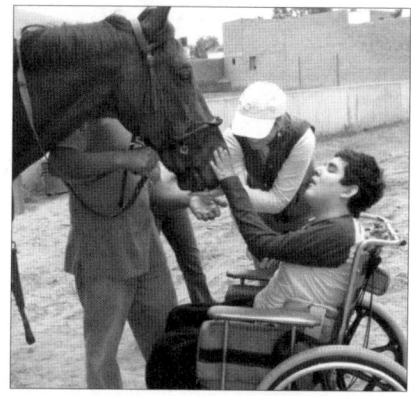

© Heidi Küblbeck   Quelle: Heidi Küblbeck
Streicheleinheiten und Karotten danach

Möhre und streichelt dann seine Nase und sein Maul. Das weiche Fell zu spüren ist für ihn ganz besonders schön, sein Gesicht erstrahlt dabei.

Auch wirft er mir immer noch eine Kußhand zu und umarmt mich herzlich. All diese Zeichen sozialer Verständigung haben wir dank des Pferdes mit ihm während der Reittherapie erreicht.

Das Besondere bei Maria Elena und Kory ist, daß die beiden sehr gut miteinander harmonieren. Kory arbeitet gut mit, wenn seine Mutter dabei ist – er hört auf sie, er erkennt ihre Stimme, sie motiviert ihn, daß es eine Freude ist, mit beiden zu arbeiten.

Heidi Küblbeck: Maria Elena, kannst Du mir von den ersten sechs Lebensjahren Korys berichten?

Maria Elena Hidalgo: Der Vater von Kory ist von Beruf Handelsschiffskapitän, und aus diesem Grunde lebte er immer einige Wochen oder sogar Monate bei uns, mußte sich dafür aber wieder für längere Zeit von uns verabschieden und auf hohe See gehen. Daher war er auch nicht anwesend, als Kory am 19. Dezember um 13.15 Uhr nachmittags durch Kaiserschnitt in der Klinik Santa Mónica in Lince (Stadtteil Limas) auf die Welt kam, sondern sah ihn erst eineinhalb Monate später.

H.K.: War nach oder während der Geburt mit Kory alles okay? Wie waren die Apgarwerte[3]?

---

2 Gleichgewichtsorgan
3 Der Apgar-Score (Apgarwerte) ist ein Punkteschema, mit dem sich der klinische Zustand von Neugeborenen standardisiert beurteilen läßt. Quelle: wikipedia.de

M.E. Hidalgo: Er war völlig gesund, hatte höchste Apgarwerte, sowohl der Kinderarzt als auch der Neurologe waren sehr zufrieden mit den Untersuchungsergebnissen. Außerdem war er recht groß, er maß 53 cm und wog 3600 g.

Verbindung zweier Kulturen

H.K.: Woher kommt der Name Kory?

M.E. Hidalgo: Kory heißt eigentlich Joseph Kory. Dabei kommt Joseph von seinem amerikanischen Vater bzw. Großvater, und Kory ist ein Name aus dem Quechua, der Sprache, die man in Apurimac spricht, der Gegend, aus der meine Familie kommt. Die beiden Namen stehen stellvertretend für beide Kulturen, die wir Kory mit auf dem Weg geben wollten.

H.K.: Was bedeutet Kory auf Quechua?

M.E. Hidalgo: Es bedeutet soviel wie Gold bzw. etwas ganz Besonderes.

H.K.: Nach eineinhalb Monaten kam endlich der Vater; das war sicher ein tolles Wiedersehen!

M.E. Hidalgo: Er kam eines morgens überraschend mit zwei riesengroßen Rosensträußen in den Armen, war völlig überwältigt von seinem Sohn und bedauerte es sehr, die ersten Lebenswochen seines Sohnes nicht direkt miterlebt zu haben. Für die nächsten drei Monate lebten wir zusammen, als wären wir die glücklichste Familie der Welt. Dann mußte Alan wieder auf hohe See, versprach aber, sobald wie möglich wieder zurückzukommen. Es war immer sehr schwierig für uns, Abschied zu nehmen, und als Kory zweieinhalb Jahre alt war, beschloß sein Vater, eine vierjährige Berufspause einzulegen, um sich um seinen Sohn zu kümmern. Er wollte unbedingt die Entwicklung Korys in dessen ersten Lebensjahren selbst miterleben.

H.K.: Wovon habt ihr in dieser Zeit gelebt?

M.E. Hidalgo: Wir gründeten zuerst ein Busunternehmen und zogen dazu nach Trujillo, eine Stadt im Norden Perus. Zum anderen bot es sich an, Landwirtschaft zu betreiben. Daher pachteten wir zwei Hektar Land, auf denen wir verschiedene Lebensmittel wie Paprika, Reis oder Mais anbauen konnten. Das Leben auf dem Land war für Kory ausgesprochen gesund, er hatte einen sehr starken Bezug zur Natur; und wenn wir nicht auf unserem Feld waren, ging er mit seinem Vater fischen oder Krabben sammeln.

Großzügig wie der Weihnachtsmann

Ich denke, er hatte eine sehr glückliche Kindheit, die sich auch in seinem Wesen widerspiegelte. Kory war sehr großzügig: Zu Weihnachten nahm er immer einige Spielsachen zur Seite und beschloß, diese armen Kinder zu schenken. Wir hatten ihm immer gesagt, daß sich der Weihnachtsmann großzügig zeigen würde, wenn er selbst auch großzügig sei. Das nahm er sich sehr zu Herzen. Er war ein ausgesprochen ausgeglichenes und glückliches Kind, das an allem interessiert war. Er galt auch als überdurchschnittlich intelligent, wurde frühzeitig eingeschult und erhielt laufend Bestnoten, obwohl er der Jüngste seiner Klasse war. Außerdem beherrschte er drei Sprachen fließend: Spanisch, Quechua und Englisch. Drei weitere Bereiche waren uns immer besonders wichtig: Musik und Sport sowie die verschiedenen Kulturen und Bräuche. Wir sind sozusagen eine multikulturelle Familie, denn bei uns mischen sich die spanische, die amerikanische und die Kultur der Quechua.

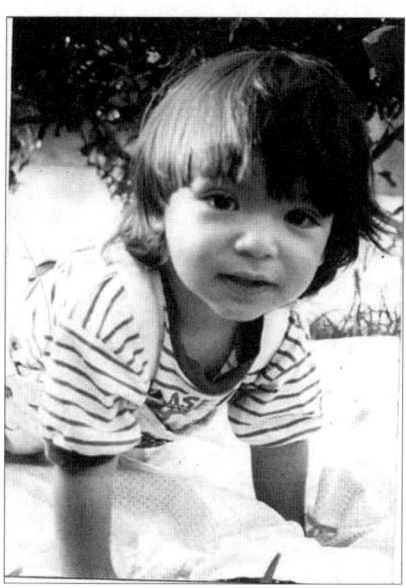

© Heidi Küblbeck   Quelle: Heidi Küblbeck
Kory als Kleinkind

Die Frauen kämpfen für ihre Ideale

H.K.: Welche Besonderheit kennzeichnet Deine Kultur, und was war Dir besonders wichtig zu vermitteln?

M.E. Hidalgo: Die Leute aus meiner Heimat sind sehr stolze, gerechte und großmütige Menschen. Du kannst dort meine Tante oder wen auch immer besuchen, und obwohl sie selbst kaum etwas zu essen haben, so teilen sie großzügig doch das Wenige, das sie haben, mit ihrem Gast. Für uns ist auch die Familie sehr wichtig. Meine Mutter ist eine sehr starke Frau, die immer für ihre Rechte gekämpft hat, und ich denke, daß dies ein sehr typisches Merkmal der Frauen aus meiner Heimat ist. Vor allem die Frauen sind sehr stolz und sehr stark, sie kämpfen für ihre Ideale. Als Beispiel können wir dafür gerne Maria Parado de Bellido nennen: Sie ist eine sehr bekannte Volksheldin, und ebenso wie sie gibt es genauso viele Heldinnen, die nur durch mündliche Überlieferung bekannt sind.

H.K.: Sprichst Du auch Quechua?

M.E. Hidalgo: Nein, leider nicht. Mein Vater wollte es nicht, da es in Lima nicht gerne gesehen und auch nicht angesehen war, Quechua zu sprechen. Diese Leute galten als minderwertig. Doch wenn meine Mutter sich heute mit ihren Freundinnen oder ihrer Familie trifft und sie Quechua sprechen kann, dann sieht man ihre Augen vor Glück leuchten. Auch bat ich meine Mutter, daß sie Kory Quechua beibringen möge. Wenn sie es bei mir schon versäumt hatte, so wollte ich doch, daß Kory diese Sprache erlernen sollte. Er sog sie auf wie ein Schwamm. Es war eine tolle und erfüllte Zeit, die für alle drei ausgesprochen schnellebig war. Alles war so perfekt, daß mir immer wieder Gedanken kamen, daß dieses Glück ein jähes Ende nehmen konnte. Aber ich wollte nicht darüber nachdenken, sondern verwarf diese Gedanken sehr schnell wieder.

Er wollte das Leben der Dinosaurier erforschen

H.K.: Hattet ihr irgendwelche besonderen Zukunftspläne für Kory?

M.E. Hidalgo: Ja, jede Menge, aber auch er selber wußte schon sehr genau und sehr bald, was er werden wollte. Er wollte das Leben der Dinosaurier erforschen, das war sein erster Berufswunsch. Danach, als er die Astronauten im Weltall schweben sah, wollte er gerne Astronaut werden, und zuguterletzt wollte er auch seinen Vater auf dessen Reisen begleiten.

Über uns schwebte ein schlechtes Omen

H.K.: Du sagst, daß Alan sich eine vierjährige berufliche Auszeit gegönnt hatte; hieß das, daß er nach den vier Jahren wieder in seinen alten Beruf zurückkehren wollte?

M.E. Hidalgo: Ja, Alan wollte seinen Sohn in den ersten sechs Lebensjahren begleiten, danach sei er bereits größer und bräuchte seinen Vater nicht mehr so dringend. Da wir Kory eine gute Schulbildung gönnen wollten und Alan wieder von Lima aus seine Arbeit antreten würde, beschlossen wir, nach Lima zurückzugehen. Unsere Entscheidung beschleunigte sich, da gleichzeitig nun auch mehrere unangenehme

Dinge in Trujillo passierten. Eine Bekannte sprach mich eines Tages neiderfüllt an, daß es nicht gerecht sei, daß mir alles Glück der Welt zu Füßen liege, während sie ihr ganzes Leben lang immer hart gelernt und gearbeitet habe und bis heute ums Überleben kämpfen müßte. Das sei ungerecht, und demnächst würde Gerechtigkeit eintreten.

Mich erschreckten diese Worte, ich sprach mit meinem Mann darüber, doch der meinte, ich solle darauf nicht eingehen und sie ignorieren. In mir hinterließen sie einen üblen Beigeschmack. Und es war wie ein schlechtes Omen, das nun über uns schwebte. Zuerst

© Heidi Küblbeck   Quelle: Heidi Küblbeck
Kory sitzt allein auf dem Pferd

wurde unser Haus in Trujillo ausgeraubt. Kory und ich standen zwei bewaffneten Männern gegenüber, die unser Hab und Gut rauben wollten, aber Gott sei Dank kamen wir mit dem Schrecken davon. Danach, als wir schon alle wieder in Lima wohnten, brannte unser Haus in Trujillo ab. Dabei wurde einer unserer besten Freunde sehr schwer verletzt. Und dann passierte das mit Kory, das war dann der dritte schwere Zwischenfall. Oft dachte ich darüber nach, ob es Menschen gibt, die mir Schaden zufügen wollten. Auch wirklich gute Freunde sprachen mich darauf an, daß ich eine sehr positive Energie hätte und zu naiv sei. Daher müsse ich gut aufpassen, da andere Leute ihren Nutzen und ich den Schaden daraus ziehen könnten.

H.K.: Glaubst Du, daß an diesen Verwünschungen was dran war?

M.E. Hidalgo: Ich hatte irgendwie Angst, doch mein Mann sagte mir immer, ich solle darauf nicht hören. Er liebe mich so, wie ich sei, und es gelang ihm, mich davon zu überzeugen, daß an diesen Verwünschungen eigentlich nichts sein könne und daß ich an meinem Glauben an Gott festhalten solle. Im Mai war Alan noch einmal mit Kory zusammen, da er in einem Fortbildungskurs in Miami überraschenderweise einige Tage frei hatte, die er nutzte, um uns zu besuchen. Das waren seine letzten glücklichen Tage mit seinem gesunden Sohn. Auch mir kam dieser Besuch sehr gelegen, da ich mich auf meine Übersetzerprüfung vorbereiten konnte, die ich danach ablegen wollte.

Er krümmte sich vor Schmerzen

H.K.: Sprechen wir nun von Kory. Kannst Du beschreiben, was mit ihm geschah?

M.E. Hidalgo: Es war gerade der 21. September, Frühlingsanfang, und wir wohnten im Hause meiner Eltern im Stadtteil *Los Olivos*. Kory spielte draußen mit seinen Freunden. Ich brauchte mir nie Gedanken zu machen, ob er auch die Hausaufgaben erledigt hatte, denn für ihn galt immer von selbst: Zuerst mache ich die Hausaufgaben, und dann gehe ich spielen. Er war ziemlich früh sehr vernünftig und für sein Alter sehr reif. Am nächsten Tag fand ein Fest in Korys Schule statt, zu dem sich die Kinder verkleiden sollten. Wir Eltern durften Getränke und etwas zu essen mitbringen, ich sollte eine *Chicha Morada* (ein dunkelrotes, stärkehaltiges Maisgetränk) mitbringen. Kory wollte sich als Dinosaurier verkleiden und war überglücklich, daß ich an diesem Tag ein Kostüm gefunden hatte. Er probierte es aus und spielte mit meiner Mutter, dabei schwitzte er ziemlich, und ich wollte ihn danach duschen. Da er mich bat, dies allein tun zu dürfen, ließ ich ihn in der Obhut meiner Mutter, während ich schnell losging, um Limonen für die Chicha Morada zu kaufen.

Als ich nach Hause kam, lief mir meine Mutter entgegen und sagte zu mir: „Du mußt jetzt stark sein, Deinem Sohn geht es nicht gut, er liegt da, krümmt sich vor Schmerzen und kann sich nicht bewegen." Als ich zu ihm kam, hörte ich ihn rufen: „Ich will nicht, ich will nicht, ich spüre nichts mehr auf der rechten Seite. Mamita, lege mich hin, ich will schlafen, ich will mich ausruhen."

Doch ich versuchte, ihn wachzuhalten, ich wollte nicht, daß er schläft. Da sagte mir meine Mutter: „Vor kurzem sprach er, daß er mit Jesus und Maria schlafen wolle."

Ich erschrak fürchterlich und wurde sehr nervös. Fieberhaft dachte ich nach, wie ich meinem Sohn helfen könnte. Sofort dachte ich an Dr. Cabello, Korys Kinderarzt, der ihn vom ersten Tag an kannte und den ich hier in Lima vor kurzem wiedergetroffen hatte, da seine Tochter in dieselbe Klasse wie Kory ging. Ich rief ihn an, und er meinte, ich solle so schnell wie möglich in seine Praxis kommen, damit er ihn untersuchen könne. Während ich zu dem Arzt fuhr, war ich damit beschäftigt, Kory wachzuhalten.

Er wollte lediglich schlafen, und es kostete mich sehr viel Mühe, ihn wachzuhalten.

Nachdem der Arzt mit den Untersuchungen fertig war, meinte er zu mir, ich müsse jetzt stark sein, denn das, was Kory habe, sei etwas sehr Ernstes. Mit Blaulicht fuhren wir im Krankenwagen zu der Klinik *Cayetano Heredia*, wo unser Arzt zufälligerweise Chefarzt der Pädiatrie war und wir somit beruhigt sein konnten, daß Kory in besten Händen war. Das alles geschah an einem Sonntag, und die Krankenhäuser waren nur mit Notbesetzung versehen. Da Kory die Kontrolle über seine rechte Körperhälfte verloren hatte, wollten sie sofort eine Magnetresonanztomographie durchführen. Dr. Cabello holte alle mögliche Unterstützung aus den Fachbereichen, die uns von Nutzen sein konnten.

Ich hatte fünf Minuten, um über das Leben meines Sohnes zu entscheiden

Während die Ärzte Kory untersuchten, versuchte ich, Alan zu erreichen. Ich rief meine Schwiegermutter an, die sich darum kümmern wollte, ihren Sohn auf hoher See zu erreichen. Das ging nur über Satelliten. Nachdem sich die Ärzte besprochen hatten, wandten sie sich mir zu und meinten, ich hätte nur kurz Zeit, um dieses Papier zu unterschreiben. Es handelte sich dabei um die Zustimmung zur Operation meines Sohnes. Sie teilten mir dabei mit, daß Kory im Gehirn innere Blutungen habe, bereits ins Koma gefallen sei und unverzüglich operiert werden müßte. Ein Aneurysma habe wohl eine Ader im Gehirn zerstört, innere Blutungen würden auf die beiden Gehirnhälften Druck ausüben, und Kory wäre kurz vor dem Kollaps. Sie müßten ihn operieren, aufschneiden, alles reinigen und dann seine weitere Entwicklung abwarten. Wenn sie ihn nicht operierten, könne er sterben. Jede Minute, in der wir Zeit verlören, wäre für Korys Weiterentwicklung entscheidend. Daher bräuchten sie meine Zustimmung umgehend. Ich bat um fünf Minuten Bedenkzeit und beschloß dann, diese Erlaubnis zu unterschreiben.

H.K.: Was ging Dir in diesen fünf Minuten durch den Kopf?

M.E. Hidalgo: Ganz viele verschiedene Dinge. Ich hatte fünf Minuten, um über das Leben meines Kindes zu entscheiden. Ich konnte und wollte es nicht glauben, wollte weinen und wünschte mir, daß alles nur ein Alptraum wäre, daß mich jemand in Kürze wecken würde und alles wieder gut sei. Doch auf der anderen Seite wußte ich auch, daß ich gefordert war; ich ganz allein, denn Alan war weit weg. Ich mußte schnell denken, mich erst beruhigen und ordnen, um die richtige Entscheidung zu treffen. Aus diesem Grunde versuchte ich tief durchzuatmen und betete zu Gott. Dabei bat ich ihn, mir dabei zu helfen, mit Ruhe und Intelligenz die richtige Entscheidung zu treffen. Während des Gebets bat ich Gott, großzügig zu mir zu sein.

Auch kamen mir die Gedanken an die Bekannte, die sich so neiderfüllt geäußert hatte, und die schrecklichen Erlebnisse seither: Zuerst der Überfall, dann der Brand – und nun Kory, was die Grundfeste meines Herzens erschütterte. Ich beschuldigte auch Gott, wie er nur so grausam sein könne, doch dann versuchte ich, vernünftig zu sein. Alles lag in meiner Hand. Ich wollte konstruktiv denken. Niemand sollte hinterher ankommen und mir Vorhaltungen machen, daß ich eine falsche Entscheidung getroffen oder einen Fehler begangen habe.

Ich begann bitterlich zu weinen

Dann entschied ich mich für die Operation von Kory, da ich mich nicht mein ganzes Leben fragen wollte, was passiert wäre, wenn ich es nicht getan hätte. Ich sah ihn noch einmal, bevor er in den Operationssaal geschoben wurde und küßte ihn auf die Stirn. Ich hatte das Bedürfnis, in die nahegelegene Kirche zu laufen und zu beten. Aber sie war geschlossen. Allerdings fand ich einen Seiteneingang, durch den ich hineingehen konnte. Ich kniete nieder und begann bitterlich zu weinen. Da kam ein Pfarrer auf mich zu und fragte mich: „Meine Tochter, was machst Du denn hier?" Und ich erzählte ihm von meinem Schmerz, von meinem Alptraum, von meiner so schwierigen Entscheidung, die ich für Kory treffen mußte, und wie ich ihn nun so leblos und blaß nach der Operation antraf. Wie ist es nur möglich, daß das Leben so schön ist, daß alles so perfekt läuft und dann plötzlich so scheußliche Dinge passieren? Ich erzählte ihm von den mysteriösen Dingen, die nach dem Gespräch mit meiner Bekannten passierten, und daß nun das Schlimmste passiert war, was mir passieren konnte: Mein Sohn liegt auf der Intensivstationen, und ich spürte, daß er sterben würde, daß alles aus meinen Fingern glitt. Gott kann mir meinen Sohn doch nicht so einfach wieder wegnehmen.

Ich bat Gott um Willenskraft

Und der Pfarrer sagte zu mir: „Meine Tochter, Du bist sehr jung, um soviel Leid zu erleben, aber Gott wird bei Dir sein, ich werde für Dich beten, und Du wirst sehen, daß er Dich orientieren und Dir helfen wird." Etwas getröstet und beruhigt kehrte ich zu meinem Sohn ins Krankenhaus zurück. Auf dem Weg betete ich nochmal zu Gott und bat ihn, mir die Stärke und die Willenskraft zu geben, dies alles durchzustehen und meinen Sohn so anzunehmen, wie ich ihn vorfinden möge. Es war fast wie eine neue oder eine zweite Geburt meines Sohnes. Als er nach sechsstündiger Operation, in der ich um sein Leben fürchtete, wieder herauskam, war sein ganzer Kopf verbunden, die Haare waren geschoren, und sein ganzes Gesicht war schneeweiß, ohne jegliche Farbe. Ich küßte ihn erneut auf die Stirn und streichelte ihn.

H.K.: Wie war die Diagnose des Arztes? Was ging Dir durch den Kopf, als Du sie hörtest?

M.E. Hidalgo: Keiner konnte mir eine richtige Prognose geben. Kory lag im Koma, und keiner wußte, wie lange dieser Zustand anhalten würde. Ich erinnere mich an den Moment, als ich nach der Operation die nasogastrische Sonde sah: Ich verspürte zuerst eine Wut, dann eine sehr große Trauer, Resignation, ich fühlte mich und mein Leben vollkommen zerstört. Ebenso schockierend war es für mich, daß sein Gesicht so ausdruckslos war, ohne Gestik und Mimik. Er sagte nichts, regte sich nicht, und es sah so aus, als schliefe er in einer anderen Welt. Ich hörte natürlich auf die Ärzte, doch am Ende entschied ich, daß Gott der beste Arzt auf der Welt sei und alleine er entscheiden würde, wie es mit meinem Sohn weiterginge. Durch diese Gedanken konnte ich dann auch akzeptieren, das anzunehmen, was Gott für mich geplant hatte. Ich suchte auch nach Gründen, warum mir dies alles passierte, ich suchte nach Schuldigen. So stellte ich mir z.B. vor, daß Gott womöglich böse auf mich war, weil ich nur zivil, aber nicht kirchlich geheiratet hatte. Als ich diese Frage dem Pfarrer stellte, meinte dieser nur, daß das damit gar nichts zu tun habe.

H.K.: Wann erfuhr der Vater von dem Unglück?

M.E. Hidalgo: Er konnte sich erst nach drei Tagen melden und fragte mich, was denn passiert sei, ob ich nicht auf Kory aufgepaßt hätte. Doch ich konnte ihn vom Gegenteil überzeugen, und er versprach mir, so schnell wie möglich nach Hause zu kommen. In der Arbeit gab man ihm einen Monat frei, um sich um seine Familie zu kümmern.

Unser ganzes Leben drehte sich nur noch um Kory

H.K.: Was änderte sich seitdem in Deinem Leben?

M.E. Hidalgo: Ich war kurz davor, meine Übersetzerausbildung abzuschließen, und hatte bereits ein Stellenangebot im Gerichtshof. Ich sollte dort bei verschiedenen Gerichtsverhandlungen Übersetzungen anfertigen. Dieses Angebot kam für mich jetzt nicht mehr in Frage, wir mußten alles auf Kory abstimmen, unser ganzer Lebensrhythmus änderte sich. Nun drehte sich alles nur noch um Kory. Wir wollten ihn retten und ihm die beste Lebensperspektive geben. Daher lebte ich im Krankenhaus. Ich war Tag und Nacht bei ihm, war rund um die Uhr für Kory da, denn ich wollte bei ihm sein, wenn er aus dem Koma erwachte. Auch während des Komas erzählte ich ihm fortwährend die Geschichten, die er liebte. Ich stellte mir vor, daß er mir zuhören würde. Erst nach drei Wochen öffnete er die Augen, konnte sich aber weiter nicht ausdrücken oder bewegen. Sieben Monate lang wurde er über eine Sonde ernährt und lag praktisch regungslos im Bett. Im Krankenhaus gab es keine Rehabilitation, keine Physiotherapie oder dergleichen, um ihn zu stimulieren. Es erforderte sehr viel Geduld, alles ging ausgesprochen langsam voran, doch zusammen mit meinem Vater waren wir rund um die Uhr für Kory da.

Sobald mich mein Vater ablöste, suchte ich die Kirche auf, um zu beten. Ich bat Gott darum, mir zu helfen, die richtigen Entscheidungen zu treffen; ich bat ihn um Geduld und Bescheidenheit, Liebe, Unterstützung, Stärke und Gesundheit für die ganze Familie, denn alle wurden hier irgendwie auf die Probe gestellt.

Ich weinte allen Schmerz heraus

H.K.: Was gab Dir die Kraft, so positiv zu denken, nach vorne zu blicken, anstatt einen Schuldigen zu finden oder Dich zu beschweren?

M.E. Hidalgo: Ich weiß nicht, ich glaube, daß ich eine große spirituelle Unterstützung in der Kirche fand. Ich denke, daß dies meine größte Hilfe war. Ich spürte dort eine große innere Ruhe und einen wunderbaren Frieden. Ich kniete mich immer nieder und weinte allen Schmerz aus mir heraus. Ich denke, daß es sehr wichtig ist, seine Trauer aus sich herauszulassen und über den Schmerz, den man verspürt, zu weinen.

Sie erschien mir wie ein Engel

Auch der Pfarrer in dieser Kirche sprach mir gut zu, er gab mir immer wieder Mut und meinte, ich solle den Kopf hochhalten, denn Kory brauche mich jetzt, ich müsse ihm helfen. Es gab auch eine Frau, die mir Mut zusprach. Sie kam eines Tages auf mich zu und meinte: „Mein Kind, ich sah Dich die ganze Woche bitterlich weinen. Ich habe noch nie eine Frau wie Dich gesehen, die jedesmal, wenn sie die Kirche betritt, niederkniet und unaufhörlich weint." Als ich ihr dann von meinem Schicksal erzählte, meinte sie, daß Gott sehr

© Heidi Küblbeck   Quelle: Heidi Küblbeck
Papa, Mama und Kory

großzügig und gütig sei und auch nie etwas vergessen würde. Ich solle nicht aufgeben, so weitermachen und glauben. Sie verabschiedete sich von mir mit den besten Wünschen für die Zukunft. Dabei umarmte sie mich auf eine derart innige Weise, daß ich das Gefühl hatte, von ihrer Liebe erfüllt zu sein. Danach sah ich diese Frau nie wieder, sie erschien mir beinahe wie ein Engel. So gab es auch immer wieder Momente, in denen ich in der Kirche niederkniete und Gott darum bat, mir bei schwierigen Entscheidungen behilflich zu sein. In der Tat erhielt ich immer wieder eine Antwort auf scheinbar unlösbare Probleme.

H.K.: Kannst Du hierzu ein Beispiel nennen?

M.E. Hidalgo: Ja, natürlich! Da Kory die Nahrung lediglich über die nasogastrische Sonde zu sich nahm, beschlossen die Ärzte, ihn zu operieren und ihm eine Magensonde zu legen. Er sollte auf diese Weise Nahrung aufnehmen, denn die Sonde durch die Nase verstopfte zunehmend. Es blieb uns wohl keine andere Wahl, als Kory erneut einer Operation zu unterziehen. Der Gedanke gefiel mir gar nicht, dennoch hatten wir das chirurgische Material besorgt, damit die Operation durchgeführt werden konnte. Auch der Operationstermin stand fest, ich mußte nur noch meine Genehmigung erteilen. Dies war einer der Anlässe, in der Kirche zu beten, damit Gott mir bei meiner Entscheidungsfindung behilflich war.

Als ich nach diesem Gebet zu Kory aufs Zimmer zurückkam, lief mir mein Vater, der solange bei Kory war, entgegen und sagte: "Elena, stell Dir vor, Kory hat versucht zu essen. Er hat etwas durch den Mund zu sich genommen!" Ich konnte es kaum glauben, doch ich sah mit eigenen Augen, wie Kory jeden Tag ein bißchen mehr Nahrung mit dem Mund aufnehmen konnte. Freudestrahlend erzählten wir dem Arzt, daß Kory jeden Tag ein bißchen mehr Nahrung aufnehmen würde, und als der Arzt uns fragte, wieviel er denn inzwischen zu sich nähme, prahlten wir mit den 15 g, da diese uns wie ein großer Sieg erschienen. Doch der Arzt entmutigte uns gleich wieder und sagte, daß er mindestens 120 ml pro Mahlzeit schlucken müsse, und dies achtmal pro Tag.

Dies erschien uns unerreichbar, doch wir gaben nicht auf. Zusammen mit meinem Vater erhöhten wir täglich die Dosis. Der Operationstermin war nur noch vier Tage entfernt, und wir standen unter dem Druck, die geforderten 120 ml zu erreichen. Bis zum Operationstermin schafften wir es auf 80 ml, es schien uns wie ein Wunder, daß Kory bei jeder Mahlzeit 80 ml essen konnte. Auch der Arzt war sehr verwundert, dennoch blieb es bei dem Operationstermin, da die 80 ml nicht ausreichten und der Arzt sich nicht einmal durch die positive Entwicklung in den letzten Tagen zu einer Verzögerung der Operation breitschlagen ließ.

Gerade an dem Tag, an dem Kory operiert werden sollte, erwachte er mit Fieber. Da er mit Fieber unmöglich operiert werden konnte, rettete ihn dies vor der Operation. Die Operation sollte sich um eine Woche verzögern. Dies wiederum bedeutete für meinen Vater und mich eine Woche länger Zeit, um Kory zu der geforderten Nahrungsaufnahme von 120 ml zu bringen. Doch wir erreichten die geforderte Menge nicht.

Wieder bestand der Arzt auf der Operation. An dem Tag, an dem Kory wieder in den Operationssaal geschoben werden sollte, bemerkte ich, daß Kory die Nase lief. Ich teilte dies dem Arzt mit und fragte ihn: „Merken Sie denn nicht, daß Kory niest, daß er erkältet ist? Wollen Sie ihn so operieren?" Und wieder wurde ihm der Zutritt zum OP verwehrt. Ich war überglücklich und dankte Gott dafür, uns geholfen zu haben und mir diese schwere Entscheidung abgenommen zu haben. Ich sprach daraufhin mit dem Arzt und wies ihn darauf hin, daß Kory nicht operiert werden wolle, daß er uns auf seine Art zu verstehen gab, daß er es auf andere Art und Weise schaffen würde, Nahrung aufzunehmen. Da wir aber immer noch nicht bei der nötigen Menge angekommen waren, bat ich den Arzt um etwas mehr Zeit. Ich konnte am Ende noch zwei Wochen herausschlagen, in denen mein Vater und ich zusammen mit Kory kämpfen wollten, um das Mindestmaß zu erreichen.

Am Ende schafften wir es in der Tat, wir erreichten das, was uns keiner zugetraut hatte. Nach Ablauf der zwei Wochen beglückwünschte uns der Arzt und meinte, es sei unglaublich, was mein Vater und ich erreicht hätten: Kory brauche nicht mehr operiert zu werden. Mein Herz jubilierte, ich war gerührt, dankbar, und vor allem dankte ich Gott für seine Hilfe und seinen Beistand. Stolz und überglücklich spendeten wir das Operationsmaterial, das Kory nicht mehr brauchte, einem anderen Patienten. Ich könnte mehrere solcher Beispiele nennen.

Ich gab nie auf und suchte nach einer Lösung

H.K.: Nun ist das ca. elf Jahre her, und seit elf Jahren ist Kory in Rehabilitation. Es ist eine lange Zeit, und ich kann mir gut vorstellen, daß es für dich manchmal auch eine sehr schwierige Zeit gewesen ist. Woher nimmst Du die Kraft und den Willen, dies alles so durchzuhalten?

M.E. Hidalgo: Aus dem Glauben. Als Kind ging ich 13 Jahre in eine Klosterschule, in der viele christliche Werte in uns gesät wurden. Nach der Schule entfernte ich mich von dem Glauben, ich wollte leben, das Leben genießen, wie jede andere junge Frau. Ich reiste, lernte auch auf einer dieser Reisen in Brasilien Alan kennen. Dennoch denke ich, daß ich am Ende wieder zu diesen Wurzeln zurückgefunden habe. Ich kämpfte immer um das Wohl Korys. Oftmals sagten mir die Ärzte oder Therapeuten, daß man nichts mehr machen könnte, doch ich gab mich nie damit zufrieden, gab nie auf, sondern suchte immer nach einer Lösung. All das empfand ich als Herausforderung, als einen Liebesdienst. Ich denke, daß mir diese Einstellung half, durchzuhalten und immer weiter mit Kory für sein Leben, für ein besseres Leben zu kämpfen. Dann kamen auch immer die wunderbaren Zeichen der Besserung, die mir oft wie ein Zauber erschienen. Ich war mir sicher, daß wir beide für etwas Schönes arbeiteten.

Wie Tiere angekettet

H.K.: Wie ging nun Dein Leben weiter?

M.E. Hidalgo: Mein Leben änderte sich grundlegend. Alles drehte sich nur noch um Kory und dessen Bedürfnisse. Ich dankte Gott dafür, daß er überlebt hatte und daß er bei mir sein konnte. Alles richtete sich nach Kory, um das, was er brauchte; und alles, was er erreichte, jeder Erfolg, den er verzeichnen konnte, war immer auch eine riesige Freude für uns, ein Erfolgserlebnis für die ganze Familie. Wir konzentrierten uns darauf, bessere Eltern zu werden. Gott hat unsere Familie noch enger zusammengeführt, und wir alle spüren, daß wir von Gott gesegnet sind, und danken für all das, was Kory uns beibringt und uns lehrt.

H.K.: Was motivierte dich, Kory immer zu begleiten und bei all seinen Therapien aktiv anwesend zu sein? Ich möchte erklärend hinzufügen, daß in Lima viele reiche behinderte Kinder vom Dienstpersonal, z.B. Krankenschwestern, betreut werden. Die Eltern tauchen nur sehr selten auf, gefahren werden die Kinder meist von einem Chauffeur. In der armen Bevölkerungsschicht werden sie meist gar nicht betreut, da beide Elternteile arbeiten müssen. Unter absolut unmenschlichen Zuständen sind sie teilweise sogar wie Tiere zu Hause angekettet.

Ich wollte mich der Herausforderung stellen

M.E. Hidalgo: Ich hatte das Gefühl, daß ich die einzige war, die ihn verstehen konnte. Schon als gesundes Kind war er sehr eigenwillig, großzügig, eitel, eben auch genial. Ich war mir sicher, daß er diesen Charakter nicht verloren hatte. Daher spürte ich, daß nur ich ihn richtig verstehen und auch begleiten konnte, da er sich nun nicht mehr richtig ausdrücken konnte. Kory war ein Kind von Alan und mir, und ich wußte, daß ganz viele schöne Eigenschaften von uns beiden in ihm waren; auch hatte ich so viele schöne Erinnerungen an Korys glückliche Kindheit, die mich emotional sehr an ihn banden und faszinierten. Ich spürte oft, daß die guten Charakterzüge in ihm schliefen und daß er dafür kämpfte, sie zeigen zu können. Dabei wollte ich ihm helfen. Hier gibt es einen Spruch, der besagt: Es gibt nichts Böses, das länger als 100 Jahre andauert – und daher wußte ich auch, daß bessere Zeiten kommen würden. Das war *ein* Grund. Der andere war, daß ich mich dieser schönen Herausforderung stellen wollte; uns verbindet eine Liebe ohne Grenzen.

Manchmal hatte ich das Gefühl, verrückt zu werden

H.K.: In welcher Hinsicht oder in welcher besonderen Situation brauchtest Du einen besonders starken Willen? Kannst Du mir hier Beispiele nennen?

M.E. Hidalgo: Ja, ich brauchte oft einen sehr starken Willen. Zum Beispiel war ich früher immer stinksauer, wenn man mich aufweckte, da mir mein Schlaf heilig war. Jetzt stehe ich, egal zu welcher Tages- oder Nachtzeit, auf, um für Kory zu sorgen und um mich um seine Bedürfnisse zu kümmern. Als Kory aus dem Krankenhaus entlassen wurde, war er extrem sensibel auf alle möglichen Geräusche. Sobald es an der Tür klingelte oder das Telefon klingelte, weinte er. Wenn der Wecker klingelte und er schlafen wollte, weinte er, wenn jemandem beim Essen die Gabel auf den Boden fiel, weinte er auch. Ebenso reagierte er ausgesprochen empfindlich auf Berührungen. Wenn ich ihn umarmen oder streicheln wollte, begann er ebenso zu weinen. Ich mußte lernen, viel Geduld aufzubringen. Manchmal hatte ich das Gefühl, verrückt zu werden. In diesen Momenten ging ich für kurze Zeit spazieren und versuchte mich durch Atmung zu kontrollieren und zu entspannen. Dabei betete ich immer zu Gott, daß er mir die Kraft geben möge, dies in Ruhe durchzustehen. Von diesen Spaziergängen kam ich jedesmal entspannt zurück, und ich bemerkte, daß mich oftmals nicht Kory, sondern Eigenheiten an meiner Person nervten.

Sich auf den Weg machen, um sich selbst zu suchen

H.K.: Kannst Du hierzu ein Beispiel nennen?

M.E. Hidalgo: Ja, ich konnte nach und nach mein neues Leben und meine neue Situation annehmen und versuchte, das Beste daraus zu machen, anstatt mich zu beschweren und mich dagegenzustemmen. Natürlich hatte ich auch, gerade zu Beginn, sehr viele negative Gefühle: Ich war sauer, fühlte Ungerechtigkeit, sonst wäre ich kein Mensch. Doch ich habe gelernt, mein Leben anders zu sehen, und gab den verschiedenen Werten in meinem Leben eine andere Reihenfolge. Diese Neuordnung habe ich nie bereut, sondern ich habe gelernt, bescheidener und geduldiger zu sein.

Viele Dinge schätze ich heute auf eine andere Art und Weise, ich packe sie mit mehr Überzeugung und Leidenschaft an und lebe bewußter, ich schätze das Leben. Alles, was ich für und mit Kory mache, teile ich mit ihm, da ich spüre, daß er es mit mir spürt und lebt. Noch vor dem Unfall spielten wir immer mit ihm, alles teilten wir mit ihm, und er genoß es, „verrückte Eltern" zu haben, wie er es nannte. Ich hatte immer das Gefühl, daß dies in ihm weiterlebte, und daher teilten wir die Aktivitäten auch weiterhin. Als Kory dann im Krankenhaus war und ich auf dem Nachhauseweg andere Kinder traf, die mich nach Kory fragten, erzählte ich ihnen, daß es ihm gut ginge, und jedesmal, bevor sie gingen und ihm Grüße ausrichteten, bat ich sie um eine Umarmung. Da diese bei einem Kind immer von Herzen und nicht aus Berechnung kommt, gaben sie mir gleichzeitig Kraft und Trost.

Zwei Dinge vermißte ich ganz besonders, als es Kory so schlecht ging: Eine feste Umarmung von ihm und die Worte „Mama". Ich selbst suchte nach Wegen und Möglichkeiten, aus denen ich für meine Situation Kraft schöpfen konnte. Auch war ich früher viel impulsiver, aber durch Kory lernte ich, mich selbst zu kontrollieren, zu beherrschen und ruhiger zu sein. Das ist oft die einzige Möglichkeit, die richtige Entscheidung zu treffen. Das bedeutet auch, daß man sich auf den Weg machen muß, um sich selbst zu suchen. Auch lernte ich, Problemen zuvorzukommen

© Heidi Küblbeck   Quelle: Heidi Küblbeck
Maria Elena Hidalgo und Kory

und Lösungen im voraus zu suchen. Das gab mir immer einen Zeitvorsprung und diente am Ende Kory in seiner Entwicklung.

Dein Herz zeigt Dir den richtigen Weg

H.K.: Kannst Du Müttern oder auch anderen Personen, die ein schweres Leid ertragen müssen, etwas Tröstendes raten?

M.E. Hidalgo: Ich würde zuerst sagen, daß sie den Glauben nicht verlieren sollen. Wir müssen versuchen, den inneren Frieden zu erlangen, denn Dein Herz betrügt Dich nicht, sondern leitet Dich und zeigt Dir den richtigen Weg. Dann sollte man sich an etwas anlehnen, das man schätzt, das einem Kraft gibt. Das war mein Weg, und ich denke, daß es ein guter Weg war. Es ist auch wichtig, eine Methode zu finden, bei der man Kraft tankt, sich selbst motiviert und stimuliert. Für mich waren das immer die Kinder, denn sie sind Engel für mich, und sie halfen mir in den schwierigsten Momenten meines Lebens über Krisen hinweg. In schwierigen Momenten ist man oft verwirrt und befindet sich in einem emotional chaotischen Zustand, da der Verstand etwas anderes will als das Herz. Gerade dann ist aber Umsicht und Selbstkontrolle gefragt, um sich auf das Wesentliche zu besinnen. Es ist wichtig, das Gleichgewicht in Körper, Geist und Seele zu finden.

Seit gut elf Jahren begleite ich Kory täglich, also von Montag bis Samstag, zu den Therapien. Ich suchte immer nach den besten Möglichkeiten, wie ich ihn unterstützen konnte, wählte auch immer zwischen angenehmeren Therapien, um ihn bei Laune zu halten, wie gerade die Reittherapie, und anderen Therapien, bei denen er durchhalten muß und die ihm schwerfallen, wie die Physiotherapie.

Es dreht sich auch nicht alles nur um Therapien. Die Kinder brauchen auch Zeit, um spielen zu können. Wir nahmen jedes Jahr immer zwei Wochen Urlaub, in denen wir uns gehenlassen, doch danach verfolgten wir unser Programm weiter. Ganz wichtig ist, daß die Eltern ihre Kinder bei diesen Therapien unterstützen, daß sie sich genau erklären lassen, wie sie durchgeführt werden und wie sie sie dann zu Hause unterstützen können. Der physische Kontakt ist auch sehr wichtig, menschliche Wärme, Massagen. Keiner macht dies mit so viel Liebe wie eine Mutter. Die Ärzte erkennen das auch an, auch die Therapeuten lassen mich immer an den Therapien teilhaben, da Kory und ich sehr eng und intim miteinander verbunden sind. Und zuguterletzt lernen wir immer von den anderen. Ich habe von allen Therapeuten etwas gelernt, doch mein großer Meister ist: Kory!

Ich sah ihn als Lichtgestalt

H.K.: Woher nahmst Du diese Kraft? Erhieltst Du auch Botschaften oder Zeichen aus einer anderen Welt?

M.E. Hidalgo: Ich kann mich sehr gut an einen Nachmittag erinnern, an dem ich Kory massierte. Er lag vor mir, und ich begann seine steifen Gelenke und Glieder zu lockern und zu massieren. Nach kurzer Zeit schloß ich die Augen, um mich noch mehr auf ihn konzentrieren zu können. Und da erschien mir plötzlich Kory als eine Lichtgestalt oder in einem Lichterkegel. Er stand vor mir, so wie früher, als er noch gesund war, und sagte: „Mama, verlaß mich nicht, Mama, hilf mir". Er wiederholte diese Worte mehrere Male. Als ich die Augen wieder öffnete, war es, als erwachte ich aus einem tiefen Traum. Ich umarmte ihn und weinte neben ihm und versicherte ihm, daß ich immer für ihn da sein werde. Dieses Bild habe ich heute noch vor mir, und als ich es Alan erzählte, wollte er mir nicht recht glauben. Ich versuchte ganz bewußt, dies noch einmal zu erleben oder zu sehen, doch leider gelang es mir nicht mehr.

Davon abgesehen suchte ich oft in Momenten der Trauer und Depression eine Kirche auf. Dort erhielt ich in diesen schwierigen Situationen immer eine wundervolle Botschaft, die mir Mut machte und mich erfreute. Wenn ich dann zu Kory zurückkam, spürte er wohl immer den inneren

Frieden in mir, und dieser Friede übertrug sich auf das Kind, denn auch er war dann immer wesentlich ruhiger und ausgeglichener als zuvor. Eine tolle Botschaft und ein großes Geschenk ist es auch für mich, wenn Kory morgens lächelnd aufwacht.

H.K.: Welche praktischen Ratschläge hast Du für unsere Leser?

M.E. Hidalgo: Da gibt es eine ganze Menge, meist sind es bestimmte Verhaltensformen, die ich mir angewöhnte:

Warte nicht auf eine besondere Gelegenheit, um Deinem Kind Deine Liebe zu zeigen oder ihm eine Umarmung zu schenken, sondern tu es jetzt und wann immer Du daran denkst und es willst.

Es gibt viele gute Methoden, um die kognitive Seite, Erinnerung, Aufmerksamkeit, Konzentration etc. zu trainieren. Laß Dich beraten von den Therapeuten, denn alle zusammen sind wir ein Team.

Sprich viel mit Deinem Kind, auch wenn Du denkst, es verstehe Dich nicht; mach Witze, sing mit ihm, laß es an Deinem Leben teilhaben.

Wenn Du müde bist, dann nimm Dir ein paar Minuten, um in die Natur hinauszugehen, um völlig abzuschalten und zu entspannen.

Immer, wenn ich kurz davor war, die Geduld zu verlieren, dann zählte ich bis 3 und atmete dabei tief durch.

Denke immer daran, daß alles geht, es hängt von der Einstellung und dem Willen ab. Denke positiv, glaube und hoffe!

Schreibe ein Tagebuch, indem Du alles Wichtige notierst.

Stelle Dir selbst die Aufgabe, ein besserer Vater bzw. eine bessere Mutter zu werden, und suche Alternativen. Beobachte Dein Kind genau und konzentriere Dich auf Deine Fähigkeiten; gib ihm auch Gelegenheit, seine Fähigkeiten darzustellen. Motiviere es, beglückwünsche es und ermutige es mit Worten, weiter durchzuhalten.

Glaube an Dein Kind und unterstütze es immer. Lernt von euren Kindern und entdeckt, wie ihr zusammen glücklich sein könnt.

So wie wir es von Kory gelernt haben:

Kory ist unser großer Lehrmeister! Dafür danken wir ihm und auch Gott.

H.K.: Das waren sehr schöne Worte. Mit denen würde ich gerne schließen, oder möchtest Du noch etwas anfügen?

M.E. Hidalgo: Es gäbe noch so viel zu sagen, doch ich will allen Eltern Hoffnung und die Stärke zum Glauben wünschen, daß Gott sie alle beschützen möge. Kory und ich schicken ihnen die besten Wünsche.

Kontakt zu Maria Elena Hidalgo: elkoala2090@hotmail.com

Zitate

▲ „Alles Fühlende leidet in mir, aber mein Wille ist stets mein Bezwinger und Freudenbringer."
Franziska zu Reventlow, Tagebücher

▲ „Auch wenn die Kräfte fehlen, ist doch der [gute] Wille zu loben."
Ovid, Ex Ponto (Briefe aus der Verbannung) III, Brief IV (an Rufinus), 79

▲ „Das Gute, selbst bös gemeint, geschieht häufig wider jeden blamablen Willen."
Ernst Moritz Mungenast, Tanzplatz der Winde

▲ „Das ist das Ungeheure in der Liebe, meine Teure, daß der Wille unendlich ist und die Ausführung beschränkt; daß das Verlangen grenzenlos ist, und die Tat ein Sklav' der Beschränkung"
William Shakespeare, Troilus und Cressida – Troilus and Cressida, 3. Akt, 2. Szene/Troilus

▲ „Das will ich, so befehl ich's, als Grund genügt (mein) Wille."
Juvenal, Satiren VI, 223

▲ „Denn es gibt ja noch viele, die den besten Willen haben, etwas recht Gutes zu tun und auszuführen, aber es fehlen ihnen total die Mittel und die äußeren Kräfte und Geschicklichkeiten, die dazu doch so notwendig wie die Augen zum Sehen sind. Nun, in solchen Fällen gilt bei Mir der gute Wille stets soviel wie die Tat selbst."
Jakob Lorber, Großes Evangelium Johannes, Band 3, Kapitel 171, Absatz 08

▲ „Der Mensch hat freien Willen – d.h. er kann einwilligen in's Nothwendige."
Friedrich Hebbel, Sämtliche Werke: Tagebücher, 2. Band. 2504 (1842). Hist.-krit. Ausgabe besorgt von Richard Maria Werner. Zweite Abteilung. Neue Subskriptions-Ausgabe, 3. unv. Auflage. Berlin: Behr, 1905. S. 155. books.google.com-USA*

▲ „Der Wille bestimmt die Bewegung."
Oswald Spengler, Urfragen. Fragmente aus dem Nachlass

▲ „Der Wille zur Mitte ist der greisenhafte Wunsch nach Ruhe um jeden Preis, nach Verschweizerung der Nationen, nach geschichtlicher

Abdankung, mit der man sich einbildet, den Schlägen der Geschichte entronnen zu sein."
Oswald Spengler Jahre der Entscheidung, 1933

▲ „Die Begründung für die Alternativlosigkeit der Demokratie kam nie über die Bemerkung hinaus, dass Demokratie die schlechteste unter aller Staatsformen sei – abgesehen von sämtlichen anderen. Trotz nachlassenden Interesses der Bürger an der Politik wagte niemand den Gedanken, dass die Demokratie sich überlebt habe, dass die Politikverdrossenheit kein vorübergehendes Phänomen, sondern ein Zeichen dafür sei, dass der Wille aufhörte, vom Volke auszugehen."
Juli Zeh, „Alles auf dem Rasen:kein Roman", Schöffling, Frankfurt am Main 2006, ISBN 9783895610592, S.167, Z.18-26

▲ „Ein Charakter ist ein vollkommen gebildeter Willen."
Novalis, Neue Fragmente, 2076

▲ „Eine Folge von kleinen Willensakten liefert ein bedeutendes Ergebnis."
Charles Baudelaire, Tagebücher

▲ „Es ist traurig zu beobachten, wie viele Misserfolge im Leben letzten Endes auf die unbedeutendsten Ursachen zurückzuführen sind und ohne besonderen Aufwand an Verstand oder Willenskraft hätten vermieden werden können."
William McDougall, Charakter und Lebensführung

▲ „Gedanken sind die bequemen Brüder des Willens."
Billy, Wir Kleindenker, S. 8

▲ „Handle so, dass die Maxime deines Willens jederzeit zugleich als Prinzip einer allgemeinen Gesetzgebung gelten könne."
Immanuel Kant, eine Form seines Kategorischen Imperatives, Kritik der praktischen Vernunft, 1. Teil, 1. Buch, §7

▲ „Immer mehr zu werden, was ich bin, das ist mein einziger Wille."
Friedrich Schleiermacher, Monologe

▲ „In dem Maße, wie der Wille und die Fähigkeit zur Selbstkritik steigen, hebt sich auch das Niveau der Kritik am andern."
Christian Morgenstern, Stufen, Ethisches, 1909

▲ „Ja, mit dem besten Willen leisten wir // So wenig, weil uns tausend Willen kreuzen."
Johann Wolfgang von Goethe, Natürliche Tochter, 1. Akt, 5. Szene/König, Vers 415

▲ „Kein Wille: keine Vorstellung, keine Welt."
Arthur Schopenhauer, Die Welt als Wille und Vorstellung, Viertes Buch, § 71

▲ „Keine Unterwerfung ist so vollkommen wie die, die den Anschein der Freiheit wahrt. Damit lässt sich selbst der Wille gefangen nehmen."
Jean-Jacques Rousseau, „Emile"

▲ „Moral ist ein Maulkorb für den Willen, Logik ein Steigriemen für den Geist."
Franz Grillparzer, Aphorismen

▲ „Nichts ist mühsam, was man willig tut."
Thomas Jefferson, Lebensregeln

▲ „Suchst du das Höchste, das Größte? Die Pflanze kann es dich lehren. Was sie willenlos ist, sei du es wollend – das ist's!"
Friedrich Schiller, Das Höchste

▲ „Unter 20 Fällen macht 19 mal fester Wille und Geduld das sogenannte Unmögliche ganz über alle Erwartungen leicht möglich"
Hermann von Pückler-Muskau, Andeutungen über Landschaftsgärtnerei

▲ „Wo ein Wille ist, ist auch ein Holzweg."
André Brie, Die Wahrheit lügt in der Mitte. Am Anfang war das letzte Wort

▲ „Zu geistiger Offenbarung gehört der Wille, den Geist zu entfalten."
Bettina von Arnim, Clemens Brentanos Frühlingskranz. Charlottenburg: Egbert Bauer, 1844. S. 458. books.google.com

Koran (nach Suren geordnet)

◆ „Und hätte dein Herr Seinen Willen erzwungen, wahrlich, alle, die auf der Erde sind, würden geglaubt haben insgesamt. Willst du also die Menschen dazu zwingen, dass sie Gläubige werden?"
Sure 10, 99 (Ahmadiyya) Onlinetext

◆ „Die Sache ruht völlig bei Allah. Haben denn die Gläubigen nicht (längst) erfahren, dass, hätte Allah Seinen Willen erzwungen, Er sicherlich der ganzen Menschheit hätte den Weg weisen können?"
Sure 13, 31 (Ahmadiyya) Onlinetext

Quelle: Wikiquote: http://de.wikiquote.org/wiki/Wille

Interviewer und Autoren

 **Elisabeth Hüttermann,** geb. 1945 in Luzern, Grafikerin und Herausgeberin. Seit über 20 Jahren ist sie in Bolivien in der Bildungsarbeit und Nord-Süd-Kommunikation tätig. Sie hat vierzehn Jahre die bolivianische Kinderzeitschrift Chaski geleitet. Vor kurzem wurde ihr Buch „ICH BIN...Lebensgeschichten aus Bolivien" in einem Schweizer Verlag publiziert.

 **Matthias Klaußner,** geb. 1969 in Hagen, Ausbildung zum Schauspieler, seit 1993 bis heute kontinuierliche Tätigkeit am Theater sowie immer wieder „journalistische Ausflüge". 2003–2006 Studium der Kulturwissenschaften (Uni). Ab 2005 Ausbildung zum Waldorfpädagogen im Fernstudium Waldorfpädagogik und Coaching e.V. Seit 2007 Klassenlehrer an der FWS Leipzig. Vater einer Tochter.

 **Heidi Küblbeck,** geb. 1966 in Wertingen, geschieden, drei Kinder, Reittherapeutin in Lima, Perú, u.a an der anthroposophischen Behinderteneinrichtung San Christoferus. Mitbegründerin des Vereins für Therapeutisches Reiten und integraler Gesundheit in Lima, Peru. Tätigkeit in der Erwachsenenbildung als Spanisch- und Englischlehrerin, derzeit Fernstudium Waldorfpädagogik und Coaching e.V.

 **Anne Sophie Pehrs,** geb. 1986 in Oldenburg/Holstein, 2005 Abitur an der Freien Waldorfschule Flensburg, 2006 halbjähriges Praktikum in einem Krankenhaus auf der Krebsstation, 2006 halbjähriges Praktikum in einem Kinderheim und Unterrichtsbetreuung an einer Förderschule, 2008 Praktikum in einem Jugendgefängnis in Peru, seit 2007 Studium der Rehabilitationspsychologie in Stendal.

 **Susanne Wecker,** geb. 1959 in Lübeck, Studium der Pädagogik in Flensburg, Arbeit in der Heilpädagogik in Berlin, Ausbildung zum Waldorflehrer am Seminar in Stuttgart, kurzes Studium der Sprachgestaltung. Seit 1986 als Klassenlehrerin und Fachlehrerin für Englisch und freie christliche Religion an der Waldorfschule Flensburg.

 **Wolfgang Weirauch,** geb. 1953 in Flensburg, Studium der Politik und Germanistik. Studium der Theologie an der Freien Hochschule der Christengemeinschaft. Herausgeber der FLENSBURGER HEFTE, Politiklehrer an der FWS Flensburg, Vortragsredner, Mitarbeiter beim Fernstudium Waldorfpädagogik und Coaching e.V.

Die Titelbildgestalterin

 **Veronika Emendörfer,** geb. 1957 in Stuttgart, Studium der Aquarellmalerei in Regensburg. Seit 2000 freischaffende Künstlerin in Darmstadt mit eigenem Atelier. Mitglied im Bundesverband Bildender Künstler (BBK, Frankfurt/Main). Seit 1982 regelmäßige Ausstellungen. Gestaltung von Buchtiteln, Kunstkarten und Kalendern. Aquarellkurse: www.atelier-holzhofallee.de